neukirchener
theologie

Torsten Jantsch (Hg.)

Frauen, Männer, Engel

Perspektiven zu 1Kor 11,2–16

Mit Beiträgen von
David S. du Toit, Torsten Jantsch
und Loren T. Stuckenbruck
sowie einer Bibliographie von
Jacob Brouwer

2015

Neukirchener Theologie

Biblisch-Theologische Studien 152

Herausgegeben von
Jörg Frey, Friedhelm Hartenstein, Bernd Janowski,
Matthias Konradt und Werner H. Schmidt

MIX
Papier aus verantwortungsvollen Quellen
FSC® C016439
FSC
www.fsc.org

Dieses Buch wurde auf FSC-zertifiziertem Papier gedruckt. FSC (Forest Stewardship Council) ist eine nichtstaatliche, gemeinnützige Organisation, die sich für eine ökologische und sozialverantwortliche Nutzung der Wälder unserer Erde einsetzt.

Umschlaggestaltung: Andreas Sonnhüter, Niederkrüchten
Lektorat: Volker Hampel
DTP: Torsten Jantsch
Gesamtherstellung: Hubert & Co., Göttingen
Printed in Germany
ISBN 978-3-7887-2867-0 (Print)
ISBN 978-3-7887-2868-7 (E-Book-PDF)
ISSN 0930-4800
www.neukirchener-verlage.de

Bibliografische Information der Deutschen Nationalbibliothek

Die Deutsche Nationalbibliothek verzeichnet diese Publikation in der Deutschen Nationalbibliografie; detaillierte bibliografische Daten sind im Internet über http://dnb.d-nb.de abrufbar.

Vorwort

Der Abschnitt 1Kor 11,2–16 gehört zweifelsohne zu den umstrittensten Texten, die uns von Paulus überliefert sind. Kontrovers diskutiert werden dabei – wie so oft – viele Einzelheiten des Textes, aber darüber hinaus herrscht keinerlei Einigkeit darüber, aus welchem Anlass Paulus schrieb und gegen welches Problem in Korinth er sich wandte. So gibt es seit der Zeit der Alten Kirche eine Vielzahl von Deutungen, und bis heute ist kein Konsens in den strittigen Fragen erreicht.
Dieser Band will zur besonders in den letzten Jahrzehnten geführten Diskussion um 1Kor 11,2–16 und seine Hintergründe einen Beitrag leisten und versammelt Essays, die auf im Dezember 2013 während eines Symposiums an der Evangelisch-Theologischen Fakultät der Ludwig-Maximilians-Universität München gehaltene Vorträge zurückgehen. Die hier vorliegenden Beiträge beleuchten diesen schwierigen Text aus verschiedenen Perspektiven und stellen seine Forschungsgeschichte wie auch seine sozialgeschichtlichen und religiösen Hintergründe im Bereich der griechisch-römischen Kultur und des antiken Judentums dar.
Zunächst führt der Herausgeber in den Text und in seine forschungsgeschichtlichen Probleme ein, wobei er sich auf die wissenschaftliche Diskussion seit dem 19. Jahrhundert konzentriert (S. 1–60). Es zeigt sich dabei, dass sich eine Reihe von Positionen seit der Zeit der Alten Kirche bis in unsere Gegenwart durchziehen. Es wird bei diesem thematisch strukturierten forschungsgeschichtlichen Durchgang deutlich, wie entscheidend es ist, wo ein

Exeget den Ausgangspunkt seiner Auslegung nimmt. So erweist sich 1Kor 11,2–16 als Kaleidoskop, in dem das Wechselspiel der exegetischen Methoden je nach unterschiedlicher Gewichtung der Einzelaspekte ein völlig anderes Gesamtbild ergibt. Dabei spielen für diesen Text Gesichtspunkte der Semantik und des enzyklopädischen Wissens der antiken Zeitgenossen, Fragen der Textstruktur und religionsgeschichtliche Hintergründe eine Rolle. Diesen gehen auf je eigene Weise die Beiträge dieses Bandes nach, so dass auch sie die Pluralität der Meinungen aufgrund verschiedener Ausgangspunkte widerspiegeln.

David S. du Toit beleuchtet in seinem Beitrag (S. 61–96) die Argumentationslogik von 1Kor 11,2–16 und legt die expliziten und impliziten Prämissen der paulinischen Argumentation dar. Er zieht die antike Sozialgeschichte zur Interpretation des Textes heran, insbesondere den höheren sozialen Status von Männern im Vergleich zu Frauen, wie er in der antiken patriarchalen Gesellschaft als selbstverständlich angesehen wurde. In diesen Zusammenhang zeichnet er auch die Argumentation mittels des Schemas von Ehre und Schande ein. Wichtig ist dabei die parallele Formulierung zwischen 1Kor 11,7 und 11,10: Während der Mann beim Beten und prophetisch Reden nicht dazu verpflichtet ist, seinen Kopf zu verhüllen, gilt dies für die Frau nicht – *sie* ist dazu verpflichtet. Die entscheidende Begründung sieht er dabei im Verweis auf die Engel in V. 10, dem Dreh- und Angelpunkt der gesamten Argumentation. Als so entscheidend wertet auch Loren Stuckenbruck den Verweis auf die Engel in seinem Beitrag, während Torsten Jantsch darin nur eine unterstützende Argumentation erkennt, die in ihrer Bedeutung für 1Kor 11,2–16 nicht überschätzt werden darf.

In seinem zweiten Beitrag (S. 97–144) behandelt der Herausgeber zunächst die Frage, ob es überhaupt um eine Kopfbedeckung (einen „Schleier“) geht. Dies ist aus seiner Sicht und mit einem wachsenden Konsens der

Exegeten zu verneinen: Das Problem, mit dem Paulus sich hier beschäftigt, betrifft die Frisur der Frauen. Daraus ergibt sich die Frage, woran Paulus dann Anstoß genommen habe. Um dies zu klären, nimmt der Beitrag seinen Ausgangspunkt bei der Direktive des Paulus in 1Kor 11,10a, dass die Frau Kontrolle über ihren Kopf ausüben soll, und erklärt dies vor dem Hintergrund ekstatischer Phänomene im Zusammenhang mit Prophetie und ihrer Wertung in der griechisch-römischen Antike.
Loren T. Stuckenbruck geht in seinem Beitrag (S. 145–185) der Frage nach, welche Rolle die Engel in 1Kor 11,10b haben. Ausgehend von antiken Sitten, sieht er das Problem, das Paulus verhandelt, in der fehlenden Kopfbedeckung der Frauen im Gottesdienst in Korinth. Den Hintergrund für die Argumentation bilden antike Konzepte von der Frau und ihrem Körper, der als für ein Eindringen äußerer Mächte gefährdet galt, und andererseits selbst eine Gefahr für Männer und Engel darstellte. So dient die Kopfbedeckung zum einen zum Schutz der Frau, und zum anderen zum Schutz *vor* der Frau.
Den Abschluss des Bandes bildet eine umfangreiche, thematisch und chronologisch gegliederte wissenschaftliche Bibliographie zu 1Kor 11,2–16 von Jacob Brouwer, die bei der Weiterarbeit an diesem Text sehr hilfreich sein dürfte (S. 187–235). Der Autor ist Pfarrer der Hervormde Gemeente Veen (Noord-Brabant, Niederlande) und pflegt diese Bibliographie zu 1Kor 11,2–16 seit Jahren. Der Herausgeber freut sich sehr, dass er sie für diesen Band zur Verfügung gestellt hat. Hierin werden zunächst Quellentexte und Sekundärliteratur nachgewiesen, die die Rezeptions- und Wirkungsgeschichte von 1Kor 11,2–16 von der Zeit der Alten Kirche bis ins 20. Jahrhundert beleuchten. In einem zweiten Teil ist die wissenschaftliche Literatur seit dem 19. Jahrhundert fast vollständig erfasst – soweit Vollständigkeit in der exegetischen Wissenschaft überhaupt möglich ist.
Der Herausgeber bedankt sich an dieser Stelle bei allen, die an der Fertigstellung dieses Bandes beteiligt waren.

Herr Nara Kim und vor allem Herr Daniel Banzhaf kümmerten sich um die sprachliche Richtigkeit der Beiträge, von Letzerem stammen auch die Register. Ich danke den Herausgebern, insbesondere Jörg Frey, für die Aufnahme des Bandes in die Reihe der *Biblisch-Theologischen Studien*. Dank gebührt auch Volker Hampel vom Neukirchener Verlag für Rat und Tat und seine große Geduld mit dem Herausgeber.

Freising, Epiphanias 2015 Torsten Jantsch

Inhalt

Torsten Jantsch

Einführung in die Probleme von 1Kor 11,2–16 und die Geschichte seiner Auslegung

Die Erörterungen des Paulus in 1Kor 11,2–16 sind sehr umstritten. Schon Carl Friedrich Georg Heinrici urteilte in seinem Kommentar über den Ersten Korintherbrief von 1880 zu diesem Text, „der Abschnitt gehört sachlich zu den schwierigsten Stücken“, er sei voller „Dunkelheiten“.[1] Robin Scroggs brachte dies prägnant auf den Punkt, indem er schrieb: „This is hardly one of Paul's happier compositions. The logic is obscure at best and contradictory at worst.“[2] Diese Probleme ergeben sich zunächst daraus, dass die Argumentation des Paulus in 1Kor 11,2–16 eine Reihe von Widersprüchen und Spannungen bietet, zum anderen aber auch daraus, dass wir

[1] *C.F.G. Heinrici*, Das erste Sendschreiben des Apostels Paulus an die Korinthier, Berlin 1880, 321. Vgl. hierzu auch *D.S. du Toit*, Status und Anstand als Schlüssel zum Verständnis von 1Kor 11,2–16. Argumentationslogische und sozialgeschichtliche Überlegungen, in diesem Band S. 61–96, hier 61–63.

[2] *R. Scroggs*, Paul and the Eschatological Woman, JAAR 40 (1972), 283–303, hier 297. Die negativen Urteile ließen sich noch vermehren. Troy W. Martin fasst dies mit den Worten zusammen: „Paul's notorious argument in 1 Cor 11:2–16 for the veiling of women in public worship is frequently criticized for being logically convoluted and confused“ (Paul's Argument from Nature for the Veil in 1 Corinthians 11:13–15. A Testicle instead of a Head Covering, JBL 123 [2004], 75–84, hier 75, weitere Beispiele ebd., 75f.). Vgl. auch *M. Böhm*, 1Kor 11,2–16. Beobachtungen zur paulinischen Schriftrezeption und Schriftargumentation im 1. Korintherbrief, ZNW 97 (2006), 207–234, hier 207–209.

nur bruchstückhaft über den historischen Hintergrund informiert sind. Ich stelle hier die Forschungsgeschichte seit dem 19. Jahrhundert dar.[3]

1 Ein erster Blick: Widersprüchliche Aussagen in 1Kor 11,2–16

Betrachten wir zunächst in aller Kürze einige der „Dunkelheiten" in 1Kor 11,2–16, die diesen Text zu einem so „schwierigen Stück" machen. Bereits bei einem oberflächlichen Durchgang durch 1Kor 11,2–16 fallen einige Spannungen und Widersprüche im Text auf.[4] Dabei kann man getrost über die Spannung zwischen dem Lob in V. 2 und der Ermahnung in V. 16 als rhetorische *captatio benevolentiae* zu Beginn hinweggehen.[5] Auffällig ist dann aber der Widerspruch zwischen V. 8f. und 11f.: Nach V. 8f. sagt Paulus unter Bezugnahme auf den biblischen Schöpfungsbericht, dass die Frau „aus dem Mann" und „um des Mannes willen" geschaffen wurde.

[3] Angesichts des begrenzten Rahmens muss eine Darstellung der vorkritischen Rezeptions- und Wirkungsgeschichte von 1Kor 11,2–16 unterbleiben, vgl. hierzu aber *W. Schrage*, Der erste Brief an die Korinther (1Kor 6,12–11,16) (EKK VII/2), Neukirchen-Vluyn 1995, 525–541. Die altkirchlichen Texte sind übersichtlich zusammengestellt in: *J.L. Kovacs*, 1 Corinthians. Interpreted by Early Christian Commentators, Grand Rapids 2005, 178–184 und *G. Bray*, Ancient Christian Commentary on Scripture. New Testament VII: 1–2 Corinthians, Downers Grove, IL ²2006, 101–107. Zur Rezeption im Mittelalter vgl. *G. Signori*, Schleier, Hut und Haar. Gedanken zur Rezeptionsgeschichte von 1 Korinther 11,3–16, in: *dies.*, Räume, Gesten, Andachtsformen. Geschlecht, Konflikt und religiöse Kultur im europäischen Mittelalter, Ostfildern 2005, 96–113. Ferner sei auf die Bibliographie von Jacob Brouwer in diesem Band verwiesen (S. 187–235, hier bes. 188–202).

[4] Zu den Widersprüchen vgl. ausführlich *A. Padgett*, Paul on Women in the Church. The Contradictions of Coiffure in 1 Corinthians 11,2–16, JSNT 20 (1984), 69–86, hier 70, 72f. *et passim*.

[5] *Schrage*, Brief (s. Anm. 3), 499, erwägt, dass V. 2 ironisch gemeint sei; weitere Vertreter hierfür a.a.O., 499 Anm. 54.

Dies – so wird man den Zusammenhang zu verstehen haben – *begründet*, weshalb nach V. 10 die Frau verpflichtet ist, ἐξουσίαν ἔχειν ἐπὶ τῆς κεφαλῆς (dabei ist umstritten, was dies bedeutet). In V. 11–12 dagegen findet sich die Aussage, dass „im Herrn" weder die Frau ohne den Mann, noch der Mann ohne die Frau ist, und hier kommt neben dem Schöpfungsbericht (V. 12a) auch die menschliche Erfahrung ins Spiel, dass jeder Mann von einer Frau geboren wird (V. 12b). Das Verhältnis von Mann und Frau, das eingangs in V. 3 so deutlich im Sinne einer Überordnung des Mannes als „Haupt" über die Frau bestimmt zu sein scheint, wird dann also als gegenseitige Angewiesenheit von Mann und Frau dargestellt.

Es fällt weiterhin auf, dass in 1Kor 11,2–16 zwei verschiedene Sinnlinien miteinander konkurrieren: Zum einen scheint es darum zu gehen, dass Frauen eine textile Kopfbedeckung tragen müssen (ἀκατακάλυπτος, V. 5a. 13b; κατακαλύπτω, V. 6a.bβ.7a).[6] Demgegenüber gibt es auch Äußerungen, in denen Paulus statt von einer Kopfbedeckung von *Haaren* bzw. von der *Frisur* spricht: Langes Haar, κόμη, wird in V. 15b genannt; langes Haar tragen, κομάω, in V. 14b.15a. Auf kurzgeschnittene bzw. geschorene Haare verweist das Verb κειράσθαι in V. 6aβ.bα, auf einen kahlrasierten Kopf das Verb ξυρᾶσθαι in V. 5c.6bα. Schließlich besteht ein Widerspruch gegenüber dem scheinbar dominierenden Thema, dass eine Frau eine textile Kopfbedeckung tragen soll, in V. 15b: „denn langes Haar ist (ihr) *anstelle* einer Bedeckung (ἀντὶ περιβολαίου) gegeben". Wir sehen also, dass der Text genügend Schwierigkeiten in sich birgt.

[6] Dabei übergehen wir einmal die Formulierung ἐξουσίαν ἔχειν ἐπὶ τῆς κεφαλῆς in V. 10a, die klassischerweise auch in dieser Richtung interpretiert wird, weil dies umstritten ist. Vgl. hierzu unten S. 35–42 und in meinem zweiten Beitrag S. 126–131.

2 Literarkritische Thesen zu 1Kor 11,2–16

Angesichts der Schwierigkeiten, 1Kor 11,2–16 kohärent zu verstehen, verwundert es nicht, dass Exegeten entweder den Abschnitt als ganzen oder Teile davon als Interpolationen betrachteten.

Dafür, dass der ganze Abschnitt (oder auch nur V. 3–16) interpoliert sein soll,[7] wurde angeführt, dass (a) 1Kor 11,17 gut an 11,1 anschließen würde und das Thema den Zusammenhang 1Kor 8,1–11,1; 11,17ff. unterbrechen würde; (b) dass es eine Spannung zwischen der Aufforderung an die Frau zu schweigen in 1Kor 14,34f. und ihrem Beten und prophetisch Reden in 11,2–16 gebe; (c) dass das im Text dargestellte Verhältnis von Mann und Frau nicht zu Gal 3,28 passen würde, wonach nach der Taufe der Gegensatz zwischen Mann und Frau aufgehoben sei (ob das tatsächlich aus Gal 3,28 abgeleitet werden kann, lassen wir einmal dahingestellt sein); vielmehr würden die Ausführungen in 1Kor 11,2–16 zur Auffassung von der Rolle der Frau in den Pastoralbriefen passen; (d) dass das Vokabular eher an Kol 3,18f. und Eph 5,22f. erinnere; (e) dass es weitere inhaltliche Unterschiede zu Paulus gebe (z.B. das metaphorische Verständnis von κεφαλή, der Gebrauch von δόξα), wie überhaupt, dass Paulus sonst solche Fragen hinsichtlich des Verhaltens der Frauen nicht behandelt.[8]

[7] Vgl. etwa *A. Loisy*, Remarque sur la littérature épistolaire du Nouveau Testament, Paris 1935, 60–62; *W.O. Walker*, 1 Corinthians 11:2–16 and Paul's Views Regarding Women, JBL 94 (1975), 94–110; er hat seine Position wiederholt in: *ders.*, The „Theology of Women's Place" and the „Paulinist Traditions", Semeia 28 (1983), 101–112; *ders.*, The Vocabulary of 1 Corinthians 11.3–16: Pauline or Non-Pauline?, JSNT 35 (1989), 75–88. Walker teilt die seiner Meinung nach unpaulinische Interpolation 1Kor 11,3–16 in drei Teile (vgl. *ders.*, 1 Corinthians 11:2–16): Abschnitt A betrifft das Verhältnis von Mann und Frau in der Kirche und besteht aus V. 3, 8f., 11f., Abschnitt B behandelt die Frage der Kopfbedeckung im Gottesdienst (V. 4–7, 10, 13, 16), Abschnitt C dagegen befasst sich mit der angemessenen Haarlänge bei Mann und Frau (V. 14f.). Weitere Vertreter einer Interpolationsthese sind *L. Cope*, 1 Cor 11,2–16. One Step Further, JBL 97 (1978), 435f.; *G.W. Trompf*, On Attitudes Toward Women in Paul and Paulinist Literature. 1 Corinthians 11:3-16 and its Context, CBQ 42 (1980), 196–215.

[8] Vgl. hierzu *Walker*, 1 Corinthians (s. Anm. 7). – Zuletzt wurde die Interpolationsthese hinsichtlich 1Kor 11,3–16 von *Christopher Mount* u.a. mit dem Argument vertreten, dass der Zusammenhang 1Kor 11,2/

Die Behauptung, dass 1Kor 11,2(3)–16 eine Interpolation sei, wurde bereits ausführlich und überzeugend von Jerôme Murphy-O'Connor widerlegt,[9] und so setzen auch wir mit guten Gründen voraus, dass unser Abschnitt einheitlich ist, von Paulus stammt und seinen ursprünglichen Ort zwischen 1Kor 11,1 und 11,17 hat.[10]
Aber nicht nur der ganze Text 1Kor 11,2–16, sondern auch Teile von ihm standen im Verdacht, Interpolation zu sein. Johannes Weiß äußerte 1910 die Vermutung, dass die Sentenz in V. 3 interpoliert sei; diese Aussage sei aus V. 7 heraus entwickelt und dann als Glosse vor V. 4f. eingefügt worden. Eine argumentative Verbindung

17ff. unterbrochen werde, vgl. *ders.*, 1 Corinthians 11:3–16. Spirit Possession and Authority in a Non-Pauline Interpolation, JBL 124 (2005), 313–340, hier bes. 315. Mount führt zudem weitere Argumente an, die kaum überzeugen können.

[9] Vgl. *J. Murphy-O'Connor*, The Non-Pauline Character of 1 Corinthians 11:2-16?, JBL 95 (1976), 615–621. Seinem Urteil, „a closer examination reveals that the arguments used to justify it [the thesis of interpolation] are highly questionable on both factual and methodological grounds" (ebd., 615), ist nichts hinzuzusetzen. *M.M. Mitchell*, Paul and the Rhetoric of Reconciliation. An Exegetical Investigation of the Language and Composition of 1 Corinthians (HUTh 28), Tübingen 1991, 261f. mit Anm. 417, nennt weitere Exegeten, die die Integrität von 1Kor 11,2–16 verteten.

[10] Johannes Weiß hält zwar den Text 1Kor 11,2–16 (mit der kleinen Ausnahme V. 10b) für paulinisch, weist ihn allerdings im Rahmen einer Briefteilungshypothese zum 1. Korintherbrief dem ersten Brief zu; vgl. *J. Weiß*, Der erste Korintherbrief (KEK 5), Göttingen [9]1910 (ND 1970), 268. Seine Teilungshypothese zum 1Kor rechnet mit zwei oder eher noch drei Briefen – hier ist Weiß vorsichtig – nämlich A: 1Kor 10,1–22 (23); 6,12–20; 9,24–27; 11,2–34, eventuell noch 1Kor 6,14–7,1; B1: 1Kor 7,1–9,23; (10,23) 10,24–11,1; 12,1–16,24; B2: 1Kor 1,1–6,11 (vgl. ebd., XLI–XLII). *G. Sellin*, Hauptprobleme des ersten Korintherbriefes, ANRW II, 25.4 (1987), 2940–3044, hier 2975, weist 1Kor 11,2–16 dem in 1Kor 5,9 erwähnten Vorbrief zu. Eine andere literakritische These vertritt *Pagdett*, Paul (s. Anm. 4), 77: V. 3–7b und 15 entstammen dem Schreiben der Korinther an Paulus.

zu V. 4f. könne er nicht erkennen.[11] Ferdinand Christian Baur dagegen äußerte 1845 die Vermutung, dass die Formulierung διὰ τοὺς ἀγγέλους in V. 10 eine Glosse sei, weil diese zweite Begründung den Gedankengang störe und weil dieser Gedanke im Text ein Fremdkörper sei, der weder zuvor noch danach eine Rolle spiele.[12] Carl Holsten dagegen meinte, dass die Formulierung διὰ τοὺς ἀγγέλους die davor stehende Aussage erkläre, hielt allerdings den ganzen V. 10 für eine Interpolation, weil seine Aussage nicht zur Argumentation des gesamten Abschnitts passe und sich gut in die Theologie der Kirchenväter einfüge.[13]

Solche literarkritischen Thesen sind natürlich spekulativ und dürfen nur eine *ultima ratio* darstellen, wenn die Kohärenz eines Textes nicht gesichert werden kann; allerdings ist stets die These der Einheitlichkeit vorzuziehen. Entsprechend hat sich auch das Pendel der Forschung dorthin bewegt, dass 1Kor 11,2–16 als Einheit

[11] *Weiß*, Korintherbrief (s. Anm. 10), 271. Dass V. 3 nicht zu V. 4f. passen könne, leuchtet mir nicht ein. Paulus setzt oft an den Anfang eines Abschnitts eine zusammenfassende These. Das Hauptargument von Weiß für seine Behauptung, V. 3 sei eine Glosse, lautet, dass in V. 3 und V. 4f. κεφαλή auf unterschiedliche Größen referiere, zum einen auf den Kopf (V. 4: κατὰ κεφαλῆς ἔχων; V. 5: ἀκατακαλύπτῳ τῇ κεφαλῇ), zum anderen in dem übertragenem Sinne, der sich aus V. 3 ergibt (καταισχύνει τὴν κεφαλὴν αὐτοῦ/αὐτῆς) in V. 4 auf Christus, in V. 5 auf den Mann. Doch fügt sich dieser Gedanke gut in den gesamten Zusammenhang ein, geht es doch V. 7–10 darum, dass zum einen der Mann Christus und zum anderen die Frau den Mann nicht beschämen soll.

[12] Vgl. *F.C. Baur*, Paulus, der Apostel Jesu Christi. Sein Leben und Wirken, seine Briefe und seine Lehre. Ein Beitrag zu einer kritischen Geschichte des Urchristenthums, Stuttgart 1845, 637.

[13] Vgl. *C. Holsten*, Das Evangelium des Paulus, Teil 1: Die äußere Entwicklungsgeschichte des paulinischen Evangeliums. Abteilung 1: Der Brief an die Gemeinden Galatiens und der erste Brief an die Gemeinde in Korinth, Berlin 1880, 340.

gesehen werden muss.[14] Dies gilt auch für den Vorschlag, die Widersprüche zwischen 1Kor 11,2–16 und Gal 3,28 dadurch zu lösen, dass die Aussagen über die Notwendigkeit der Verschleierung und der Unterordnung der Frau von den Korinthern geäußert wurden und von Paulus nur zitiert und korrigiert würden.[15] Ein solcher Wechsel der „Sprecher“ kann zwar auch sonst bei Paulus gefunden werden, sollte doch aber deutlicher angezeigt sein, wenn Paulus eine aus seiner Sicht falsche Position korrigiert (vgl. etwa 1Kor 1,12; 6,1; 7,2; 15,12). Eine Zuweisung von Abschnitten an die Korinther ist spekulativ. Zudem gehe ich davon aus, dass 1Kor 11,2–16 im Ganzen kohärent verstanden werden kann.

3 Forschungsgeschichtliche Bestandsaufnahme zu den Problemen in 1Kor 11,2–16

3.1 Problem und Thema in 1Kor 11,2–16

Neben einer Vielzahl von Einzelproblemen des Textes ist schon die Frage umstritten, wer die impliziten Adres-

[14] Es sei an dieser Stelle auch auf Huub van de Sandt hingewiesen, der die rhetorische Einheit von 1Kor 11,2–16 aufgewiesen hat: I Kor. 11,2–16 als een retorische eenheid, Bijdr. 49 (1988), 410–425. Auch *du Toit*, Status (s. Anm. 1), bes. 68–72, verdeutlicht die argumentative Geschlossenheit des Abschnitts.

[15] Z.B. *Padgett*, Paul (s. Anm. 4), bes. 77: Die Korinther selbst wandten sich an Paulus und beschwerten sich darüber, dass einige Männer und Frauen ihr Haar nicht auf angemessene Weise tragen; V. 3–7b und 15 entstamme ihrem Schreiben bzw. gebe ihre Position wieder; ähnlich *T.R. Shoemaker*, Unveiling of Equality. 1 Corinthians 11:2–16, BTB 17 (1987), 60–63. *J.D. BeDuhn*, „Because of the Angels“. Unveiling Paul’s Anthropology in 1 Corinthians 11, JBL 118 (1999), 295–320, hier 318f., meint, dass der Text der Sache nach auf eine Anfrage der Korinther zurückgeht, die allerdings in ihrem Enthusiasmus Paulus fragten, warum die Unterschiede der Geschlechter bewahrt werden sollen. Zur Kritik solcher Deutungen vgl. *Schrage*, Brief (s. Anm. 3), 497.

saten sind und was das Thema dieses Abschnitts ist. Wendet sich Paulus an die Frauen, an die Männer oder an beide? Der Umstand, dass neben den Frauen in 1Kor 11,2–16 auch die Männer erwähnt werden (V. 3, 4, 7–8a, 14), wurde bereits in der Alten Kirche so verstanden, dass Paulus die *Männer* zurechtweisen wollte, sich beim Beten und Reden nicht den Kopf zu bedecken (so z.B. bei Johannes Chrysostomos), und auch im 20. Jahrhundert wurde diese Position vertreten.[16]

3.1.1 Das grundsätzliche Verhältnis von Mann und Frau

In der älteren Forschung wurden die Erörterungen des Paulus auf das Verhältnis von Mann und Frau in der Ehe bezogen; es gehe also nicht um die Frau an sich, sondern um die *Ehefrau*, die sich ihrem Manne unterordnen soll.[17] Andere meinten, dass Paulus zwar zunächst an verheiratete Frauen denke, dass seine Forderung aber „grundsätzlich [...] auch für die unverheiratheten [gilt], die nach der Schöpfungsordnung (V. 7, 8) darauf gewiesen sind, sich

[16] Vgl. etwa *Padgett*, Paul (s. Anm. 4), 77f.; *J.W. Thompson*, Creation, Shame and Nature in 1 Cor 11:2–16. The Background and Coherence of Paul's Argument, in: *J. Fitzgerald/T.H. Olbricht/L.M. White* (Hg.), Early Christianity and Classical Culture. Comparative Studies in Honor of Abraham J. Malherbe (NT.S CX), Leiden/Boston 2003, 237–257.

[17] So z.B. schon *J. Calvin*, Auslegung des Römerbriefes und der beiden Korintherbriefe, übersetzt und bearbeitet von *G. Graffmann*, *H.J. Haarbeck* und *O. Weber* (Johannes Calvins Auslegung der Heiligen Schrift, Neue Reihe 17), Neukirchen 1960, 412. Vgl. hierzu ausführlich auch *P. Bachmann*, Der erste Brief des Paulus an die Korinther (KNT 7), Leipzig 1910, 348–351. Vgl. *H.A.W. Meyer*, Kritisch exegetisches Handbuch über den ersten Brief an die Korinther (KEK 5), Göttingen [5]1870, 302: Die Frau sei insofern δόξα ἀνδρός, „in so fern nämlich ihre ganze eheliche Würde, die Hoheit, das Eheweib des Mannes zu sein, vom Manne herrührt und im Gehorsam gegen den Mann geführt wird".

nicht an den Platz des Mannes zu setzen“[18] – d.h. es geht (in irgendeiner Weise) um das Verhältnis der Geschlechter, nicht jedoch speziell um Ehemann und -frau. Darauf verweist m.E. die Argumentation des Paulus selbst, insbesondere V. 4f., 14f., und auch die Argumentation mit dem Schöpfungsbericht, mindestens in V. 7–10, lässt sich in diesem Sinne verstehen.[19]

3.1.2 Überzogene religiöse Freiheit der Frauen

Andere sehen das Thema des Abschnitts zwar auch im Verhältnis von Mann und Frau in der Ehe, beziehen dieses aber auf den Bereich der Religionsausübung, in dem die Frauen sich in der Freiheit des Glaubens Rechte der Männer – das Beten und Prophezeien – angeeignet hätten.[20] Diese Ansicht geht auf das frühe 19. Jahrhundert zurück; bereits W.M.L. de Wette vermutete, dass die christlichen Frauen in Korinth aufgrund von Gal 3,28 die Gleichheit mit den Männern in Anspruch nahmen, was in der Folge die beherrschende Ansicht wurde.[21] Ferdinand

[18] *C.F.G. Heinrici*, Der erste Brief an die Korinther (KEK 5), Göttingen $^{8=1}$1896, 326f. Ähnlich schon *J.A. Bengel*, Gnomon Novi Testamenti in quo ex nativa verborum vi simplicitas, profunditas, concinnitas, salubritas sensuum coelestium indicatur, hg. von *P. Steudel*, Stuttgart 1915, 565 (*viri Corinthii non velabantur: et in eo ipso mulieres imitabantur viros*).

[19] Vgl. *Schrage*, Brief (s. Anm. 3), 501.

[20] Dabei hätten, erklärt Philipp Bachmann, die Frauen das Recht des Hausvaters okkupiert, bei Hausandachten zu beten und zu prophezeien, „wobei sie den Schleier ablegten, um dadurch jenen Anspruch auf volle Gleichheit zu dokumentieren“ (Brief, [s. Anm. 17], 349).

[21] *F.C. Baur* nimmt darauf Bezug und nennt dies 1852 „die gewöhnliche Ansicht“ (Beiträge zur Erklärung der Korinthierbriefe, ThJB[T] 11 [1852], 535–574 [hierin 6. Die Frauen der korinthischen Gemeinde und die Schleiersymbolik des Apostels, 1Kor. 11,2–16, a.a.O., 563–574], hier 563). Nach *Meyer*, Handbuch (s. Anm. 17), 295, wurde die These der überzogenen Freiheit in Korinth mit den Parteien verbunden, von denen Paulus in 1Kor 1,10–4,21 handelt; einmal waren es die Pauliner, die gegen die Sitte des Verschleierns der Frauen

Christian Baur leitete die „Emanzipationsbestrebungen“ der korinthischen Frauen vom Wirken des Geistes ab, wie es in Joël 3 angekündigt war; die daraus entstehende ekstatische Begeisterung „konnte daher [...] die Scheidewand nicht mehr stehen lassen, die sie [die Frauen] von den Männern trennte“.[22] Diese Thesen werden bis heute vertreten; dabei werden sie mit religionsgeschichtlichen Hypothesen über proto-gnostische Tendenzen[23] oder über Pneumatiker[24] in Korinth verbunden.

Dabei gibt es zwei Hauptpositionen: Die eine besagt, dass Frauen wie Männer *betrachtet* worden seien – d.h. die Aufhebung der Geschlechterrollen wird als eine *Wertung* verstanden[25] –, die andere

opponierten (Neander, 1848–1849), ein anderes Mal die Christiner (Olshausen, 1836), dann wieder die Apollonier (Räbiger, 1886).

[22] *Baur*, Beiträge (s. Anm. 21), 565.

[23] So etwa *Y. Khiok-khng*, Differentiation and Mutuality of Male-Female Relations in 1 Corinthians 11:2–16, Journal of the Chicago Society of Biblical Research 63 (1998), 7–21, bes. 9f. Diese „proto-gnostic women“ nutzen männliche Frisuren, um die Geschlechterrollen zu unterlaufen.

[24] Vgl. nur *L.A. Jervis*, „But I Want You to Know ...“. Paul's Midrashic Intertextual Response to the Corinthian Worshippers (1 Cor 11:2–16), JBL 112 (1993), 231–246, hier 236–238. Dies ist eine sehr verbreitete Position. Bereits Bachmann (^{2}1910) dachte wohl in diese Richtung, wenn er schreibt: „Derartige Emanzipation setzt immer einen gewissen Erregungszustand voraus“ (Brief [s. Anm. 17], 349).

[25] So neben *M. Gielen*, Beten und Prophezeien mit unverhülltem Kopf? Die Kontroverse zwischen Paulus und der korinthischen Gemeinde um die Wahrung der Geschlechtsrollensymbolik in 1Kor 11, 2–16, ZNW 90 (1999), 220–249, hier 231–237, schon *A. Schlatter*, Paulus. Der Bote Jesu. Eine Deutung seiner Briefe an die Korinther, Stuttgart ^{5}1985 (Erstveröffentlichung 1934), 309. *J. Jervell*, Imago Dei. Gen I,26f. im Spätjudentum, in der Gnosis und in den paulinischen Briefen (FRLANT 76), Göttingen 1960, 293f.; *J. Murphy-O'Connor*, Sex and Logic in 1 Corinthians 11:2–16, CBQ 42 (1980), 482–500, hier 490f.; *D.E. Blattenberger III*, Rethinking 1 Corinthians 11:2–16 through Archaeological and Moral-Rhetorical Analysis (SBEC 36), Lewiston, NY 1997, 65; *H. Merklein*, Im Spannungsfeld von Protologie und Eschatologie. Zur kurzen Geschichte der aktiven Beteiligung von Frauen in den paulinischen Gemeinden, in: *M. Evang/H. Merklein/M. Wolter* (Hg.), Eschatologie und Schöpfung (FS

dagegen, dass die korinthischen Pneumatiker glaubten, die Geschlechterdifferenz von Mann und Frau sei *ontologisch* aufgehoben – etwa, weil die Pneumatiker wie Engel seien,[26] oder, von Philos Interpretation der Schöpfungsgeschichte her verstanden, weil die Geschlechterdifferenz durch Restitution des ersten, androgynen Adams, aufgehoben sei.[27]

Diese religionsgeschichtlichen Deutungen wurden zwar kritisiert,[28] bestimmen aber noch immer die Diskussion über 1Kor 11,2–16. Dabei gibt es verschiedene Ausprägungen.

(1) Nach James W. Thompson legt Paulus den Fokus darauf, dass Mann und Frau sich in der Öffentlichkeit – die ja im Gottesdienst gegeben ist – gemäß ihrer geschöpflich gegebenen Geschlechterrolle verhalten sollen.[29] Besonders prägnant bringt dies Birgitte Graakjær Hjort, auf den Punkt, wenn sie formuliert: „Paul argues against a form of androgyny in which men, and in particular women, have aspired to transvestism and the neutralization of the sexes by dressing and cutting their hair in accordance with the customs of the opposite sex."[30] Auch David W.J. Gill meint, dass es Paulus in 1Kor 11,2–16 um Männer *und* Frauen gehe, erklärt dies aber vor einem anderen Hintergrund: Demnach hätten Männer in der Gemeinde ihren priesterlichen Status dadurch untermauern wollen, dass sie wie Augustus mit bedecktem Kopf auftraten, die Frauen dagegen hätten ihre Haare wie

E. Gräßer) (BZNW 89), Berlin/New York 1997, 231–259, hier 236–245; *J. Gundry-Volf*, Gender and Creation in 1 Corinthians 11:2–16. A Study in Paul's Theological Method, in: *J. Ådna/S.J. Hafemann/O. Hofius* (Hg.), Evangelium – Schriftauslegung – Kirche (FS P. Stuhlmacher), Göttingen 1997, 151–171, bes. 154; *Thompson*, Creation (s. Anm. 16) u.a.

[26] *G.D. Fee*, The First Epistle to the Corinthians (NICNT), Grand Rapids, MI 1987, 498.

[27] *Jervis*, „But I Want You to Know ..." (s. Anm. 24), 236–238; *BeDuhn*, „Because of the Angels" (s. Anm. 15), 308f. *B.G. Hjort*, Gender Hierarchy or Religious Androgyny? Male-Female Interaction in the Corinthian Community – a Reading of 1 Cor. 11,2–16, StTh 55 (2001), 58–80, bes. 72–75, vermutet als Hintergrund des prägnostischen pneumatischen Enthusiasmus den „ritual transvestism" des Dionysuskultes.

[28] Vgl. etwa *Thompson*, Creation (s. Anm. 16), 245 Anm. 35.

[29] *Thompson*, Creation (s. Anm. 16), 237–257.

[30] *Hjort*, Gender Hierarchy (s. Anm. 27), 68.

im Dionysuskult gelöst. Beides hätte die Einheit wie auch das Ansehen der Gemeinde bedroht.[31]

(2) In Richtung der *Männer* verschiebt dagegen Jerôme Murphy-O'Connor den Schwerpunkt:[32] Weil es bei den korinthischen Pneumatikern zur Auflösung der klassischen Geschlechterrollen gekommen sei, neigten Männer in der korinthischen Gemeinde nun zur Homosexualität; Paulus argumentiere mit dem Hinweis darauf, dass langes Haar zu tragen für einen Mann eine Schande sei (V. 14, vgl. V. 4) dafür, dass Männer sich *nicht* wie Frauen verhalten sollen.[33]

(3) Diese These dreht Marlis Gielen um, indem sie meint, Thema des Abschnitts sei die „Kurzhaarfrisur" von Frauen, die aus einer missverstandenen Anwendung der These von Gal 3,28 alle gesellschaftlichen Konventionen durch Aufhebung der Geschlechterrollensymbolik ver-

[31] *D.W.J. Gill*, The Importance of Roman Portraiture for Head-Coverings in 1 Corinthians, TynB 41 (1990), 245–260.

[32] *Murphy-O'Connor*, Sex (s. Anm. 25), 490f.

[33] Im Hintergrund steht die These vom *vir effeminatus*, dem sich „weibisch" gebenden homosexuellen Mann, wogegen in der Antike polemisiert wurde; *Murphy-O'Connor*, Sex (s. Anm. 25), 485–487, nennt hier Ps-Phokylides 210–214; Philo, Spec. leg. 3,36.38 und weitere Belege von Juvenal, Horatius, Musonius Rufus und Epiktet. Ihm folgt der Sache nach *M. Ebner*, Wenn alle „ein einziger" sein sollen ... Von schönen theologischen Konzepten und ihren praktischen Problemen: Gal 3,28 und 1 Kor 11,2–16, in: *E. Klinger* (Hg.), Der Körper und die Religion. Das Problem der Konstruktion von Geschlechterrollen, Würzburg 2000, 159–183. Kritisiert wurde diese These u.a. von *J. Delobel*, 1 Cor 11:2–16. Towards a Coherent Explanation, in: *A. Vanhoye* (Hg.), L' apôtre Paul. Personnalité, style et conception du ministère (BETL 73), Leuven 1986, 369–389, bes. 372–374 (es gehe nicht um langes Haar, sondern um einen Schleier; die These der Homosexualität sei „a highly hypothetical reconstruction of the Corinthian situation", a.a.O., 370). Gegen diese Kritik wiederholte J. Murphy-O'Connor seine Position in *ders.*, 1 Corinthians 11:2–16: Once Again, CBQ 50 (1988), 265–274. Weitere Vertreter der Interpretation von 1Kor 11,2–16 vor dem Hintergrund des antiken Diskurses über Homosexualität sind z.B. *C.K. Barrett*, A Commentary on the First Epistle to the Corinthians (BNTC), London 1968, 257; *Scroggs*, Paul (s. Anm. 2), 297. – Kritisch hierzu auch *N. Baumert*, Antifeminismus bei Paulus? Einzelstudien (fzb 68), Würzburg 1992, 60–62, der dadurch neue Aspekte in die Diskussion einbringt, dass lange Haare beim Mann in der Antike keineswegs (immer) als Schande galten und auch nicht durchweg mit dem Phänomen der Homosexualität verbunden waren.

letzen, indem sie wie Männer auftreten. Die Formulierung „nicht männlich und weiblich" in Gal 3,28 sei im dem Sinne missverstanden worden, dass es nicht mehr die Differenzierung der Geschlechter gebe, sondern auch Frauen wie (und als) Männer angesehen wurden.[34] Eine ähnliche These findet sich schon bei Johannes Weiß, der allerdings in den Kurzhaarfrisuren von Frauen in der Antike nicht etwa einen emanzipatorischen Akt sah, sondern mutmaßte, dass Frauen mit solcher Frisur in lesbischen Beziehungen lebten und hierbei einen sexuellen bzw. sozialen Rollentausch vornehmen und sich auf diese Weise männlich gaben.[35]

3.1.3 Das Verhalten im Gottesdienst als Thema

Andere Exegeten rechnen den argumentativen Zusammenhang ein und sehen daher den Fokus des Textes auf dem Verhalten der Frau im urchristlichen Gottesdienst, wie es sich in einem bestimmten Auftreten äußert. Wenn Paulus hier über das Verhältnis von Mann und Frau im allgemeinen spricht (vgl. V. 3, 7b–9, 11–12), habe das rhetorische Gründe; dies dient ihm zur Begründung seiner Position.[36]

Dabei war auch umstritten, in welchem gottesdienstlichen Rahmen sich die Frauen so „unangemessen" verhielten. Im 19. Jahrhundert wurde erörtert, dass es sich um häusliche Privatandachten handele (so etwa Johann Christian Konrad von Hofmann[37]). Das kritisierte bereits

[34] *Gielen*, Beten (s. Anm. 25), 231–237; vgl. auch *dies*., „Gehört es sich, dass eine Frau unverhüllt zu Gott betet?" Der Streit um Kopfbedeckung oder Frisur in 1 Kor 11,2–16, BiKi 57/3 (2002), 134–138; vgl. auch *H. Merklein/M. Gielen*, Der erste Brief an die Korinther. Kapitel 11,2–16,24 (ÖTK 7/3), Gütersloh 2005, 25–72.

[35] Vgl. *Weiß*, Korintherbrief (s. Anm. 10), 272 unter Hinweis auf Apuleius, Met. 7,32 (= 7,6,4) und Lukian, Fugitivi 27; vgl. hierzu unten S. 29f.

[36] So z.B. schon *Heinrici*, Brief (s. Anm. 18), 322: An Paulus sei eine Anfrage hinsichtlich der „Tracht der Frauen in den Gottesdiensten gerichtet" worden; dieser aber „beleuchtet dieselbe grundsätzlich, indem er das Verhältnis von Mann und Weib" behandelt; vgl. auch ebd., 325.

[37] *J.C.K. von Hofmann*, Die heilige Schrift neuen Testaments zusammenhängend untersucht. 2. Theil, 2. Abtheilung: Der erste Brief Pauli an die Korinther, Nördlingen ^{2}1874, 226.

H.A.W. Meyer mit dem Hinweis, dass προσεύχομαι vom „lauten öffentlichen Beten in Versammlungen“ gebraucht wird und προφητεύειν „nicht [...] für die Privat-Andacht von Mann und Frau passt, sondern immer den *öffentlich* lehrhaften Gebrauch [...] der apokalyptischen Rede meint“. Der Charakter der Öffentlichkeit ergebe sich zudem aus V. 5f.10, denn das Unterlassen der Verschleierung sei nur im öffentlichen Raum der ἐκκλησία skandalträchtig.[38]

Die klassische Deutung lautet, dass die Frauen im Gottesdienst ihren Kopf bedecken oder sich ganz verhüllen sollen, entweder als Zeichen ihrer Unterordnung unter den Mann bzw. „wegen der Engel“ (hierzu gibt es wiederum eine Reihe von Deutungen).[39]

Diese These ändert Francis Watson dahingehend ab, dass der Schleier, mit dem Frauen ihr Gesicht verhüllen sollen, gerade dazu diene, ihre Weiblichkeit zu verstecken, was anzeigt, dass sie im Gottesdienst im Raum der ἀγάπη, nicht des Eros, sind. So sollen die Männer gerade auf die Stimme der Frau, also auf ihr Beten und Prophezeien, ohne Ablenkung achten.[40]

Andere sagen, das Thema von 1Kor 11,2–16 sei nicht die Bedeckung des Kopfes, sondern die *Haartracht*, die *Frisur* – demnach sollen Frauen im Gottesdienst nicht ihre hochgesteckten Haare lösen.[41] Der Hintergrund ist die Frisurenmode in der römischen Kaiserzeit, bei denen die

[38] *Meyer*, Handbuch (s. Anm. 17), 297f., Zitate 297. – Für die andere Position, dass es um eine kleinere Zusammenkunft „in der einfachen Haus- und Familiengemeinde“, „in den kleineren Zusammenkünften, die durch Vereinigung engerer, durch Nachbarschaft oder persönliche Beziehungen aufeinander angewiesener Kreise entstanden“ (die er gegen größere öffentliche Gottesdienste stellt), argumentiert dagegen ausführlich *Bachmann*, Brief (s. Anm. 17), 347f. Eine ähnliche Position vertrat *P. Ellingworth*, Hê ekklêsia hai ekklêsiai in the Pauline Corpus with Special Reference to 1 Corinthians 11.2–16 and 14.33b–35, in: *J. Kerkovský* (Hg.), EPITOAUTO (FS P. Pokorný), Prag 1998, 121–129. – Zur Kritik vgl. *Schrage*, Brief (s. Anm. 3), 505.
[39] Vgl. hierzu unten S. 42–48.
[40] *F. Watson*, The Authority of the Voice. A Theological Reading of 1 Cor 11.2–16, NTS 46 (2000), 520–536.
[41] Vgl. hierzu meinen zweiten Beitrag, bes. S. 119–123.

Haare kunstvoll aufgesteckt waren.[42] Bereits 1947 verstand Stephan Lösch[43] 1Kor 11,2–16 so, dass Paulus sich dagegen wende, dass Frauen ihre Haare auflösten. Er schlug vor, dies vor dem Hintergrund der antiker religiöser Praktiken zu verstehen: Demnach beteten die Frauen in Korinth nach heidnischer Sitte mit aufgelöstem Haar.[44] Cathrine Kroeger folgte den Spuren Löschs; ihr zufolge wende Paulus sich gegen „Maenadism in the Corinthian congregation", also gegen die Praktizierung des Dionysoskultes durch einige Frauen, zu dem auch religiöse Ekstase gehört, in der Frauen ihre Haare auflösen.[45] Einige andere verbanden die These des korinthischen Enthusiasmus mit der vom Dionysoskult als Modell für gottesdienstliches Verhalten.[46] Einen anderen religionsgeschichtlichen Hintergrund vermutet Elisabeth Schüssler Fiorenza: Wie die Priesterinnen im Isiskult ihre Haare gelöst herabfallen ließen, taten dies auch die Frauen in Korinth.[47]

[42] Vgl. hierzu ausführlich *C.L. Thompson*, Hairstyles, Head-Coverings, and St. Paul. Portraits from Roman Corinth, BA 51 (1988), 99–115, hier 106–111 (mit Abbildungen).
[43] *S. Lösch*, Christliche Frauen in Korinth (1Cor 11,2–16). Ein neuer Lösungsversuch, ThQ 127 (1947), 216–261.
[44] Dennoch verbindet er die klassische Deutung mit diesem Neuansatz, indem er meint, Paulus gehe es seinerseits um die Bedeckung des Kopfes mit einem Schleier als Symbol dessen, dass die Frau dem Mann untersteht.
[45] *R. Kroeger/C. Kroeger*, An Inquiry into Evidence of Maenadism in the Corinthian Congregation, SBL.SP 14,2 (1978), 331–338; vgl. auch *C. Kroeger*, The Apostle Paul and the Greco-Roman Cults of Women, JETS 30 (1987), 25–38.
[46] So *G.P. Corrington*, The „Headless Woman". Paul and the Language of the Body in 1 Cor 11:2–16, PRSt 18 (1991), 223–231; *Hjort*, Gender Hierarchy (s. Anm. 27), bes. 68–70.
[47] Sie begründet diese These damit, dass „ja Isis dafür bekannt war, daß sie die Macht der Frauen der der Männer gleich gemacht hat, und ihre GenossInnenschaften – wie die christlichen Gemeinden – Frauen und SklavInnen zu gleichberechtigter Mitgliedschaft und aktiver Teilnahme aufnahmen" (*E. Schüssler Fiorenza*, Zu ihrem Gedächtnis …

Es gibt auch Forscher, die keinerlei religiösen Hintergrund hinter den Erörterungen von 1Kor 11,2–16 erkennen; so ergebe sich nach Klaus Thraede das Problem aus der Mode junger Frauen, die gegen die „alte“ Sitte gestellt werde.[48] Elisabeth Schüssler Fiorenza dagegen meint, dass der Schleier die Frauen vor verbalen und sexuellen Übergriffen der Männer auf die Frauen schützen soll.[49]

Eine feministisch-theologische Rekonstruktion der christlichen Ursprünge, München 1988, 283f., Zitat ebd., 284).

[48] So *K. Thraede*, Ärger mit der Freiheit. Die Bedeutung von Frauen in Theorie und Praxis der alten Kirche, in *G. Scharffenorth/K. Thraede* (Hg.), „Freunde in Christus werden …“. Die Beziehung von Mann und Frau als Frage an Theologie und Kirche (Kennzeichen 1), Gelnhausen/Berlin/Stein 1977, 31–181, der ausdrücklich gegen die These von den korinthischen Pneumatikerinnen äußerte, dass es im 1. Jh. n.Chr. eben verschiedene Moden gegeben habe – neben der „Kopftuchmode“ älterer, besonders judenchristlicher, Frauen stand die Mode der jungen Frauen, ihren Kopf nicht zu bedecken. Demgegenüber schieße die Argumentation des Paulus weit über das Thema und Ziel hinaus (a.a.O., 105). Ihm stimmt *Hartwig Thyen* zu: „… nicht mehr männlich oder weiblich …“ Eine Studie zu Galater 3,28, in: *F. Crüsemann/H. Thyen*, Als Mann und Frau geschaffen. Exegetische Studien zur Rolle der Frau (Kennzeichen 2), Gelnhausen/Stein, Mfr. 1978, 107– 201, hier 181f.

[49] So etwa auch Luise Schottroff, der zufolge es bei dem geforderten Schleier für Frauen um einen Schutz vor verbalen und sexuellen Übergriffen der Männer auf die Frauen gehe, indem die Frauen sich durch den Schleier wie ehrenhafte römische Ehefrauen kleiden (Der erste Brief an die Gemeinde in Korinth [Theologischer Kommentar zum Neuen Testament 7], Stuttgart 2013, 205, 208f.); ähnlich schon *A. Thiselton*, The First Epistle to the Corinthians. A Commentary on the Greek Text (NIGTC), Grand Rapids, MI 2000, 821: Die Frauen sollen nicht aus falsch verstandener Freiheit „destroy their proper self-respect in the eyes of others by taking part in worship dressed like an ‚available‘ woman.“ – Ich kann allerdings nicht erkennen, dass es in 1Kor 11,2–16 um die Gefahr (verbaler) sexueller Übergriffe geht.

3.2 Die Bezugnahme auf die Schöpfungsgeschichte in 1Kor 11,2–16

Es besteht in der Forschung Einigkeit darüber, dass ein wichtiger Intertext für 1Kor 11,2–16 die biblischen Schöpfungsgeschichten sind.[50] Unstrittig dürfte dies insbesondere für V. 7–9 sein, wo Paulus in V. 7 die aus Gen 1,26f. begegnende Vorstellung aufnimmt, wonach der Mensch Ebenbild Gottes (εἰκὼν θεοῦ) ist. Allerdings fällt auf, dass Paulus in 1Kor 11,7 die Aussage aus Gen 1,26f. – in der Septuaginta steht hier ἄνθρωπος – ausschließlich auf den Mann bezieht, was sich jüdischer Auslegungstradition verdankt,[51] wiewohl es auch andere frühjüdische Traditionen gab, nach denen Adam *und* Eva als Gottes Ebenbild gelten.[52] Der intertextuelle Bezug

[50] Dass nicht nur in 1Kor 11,7 auf Gen 1,26f., sondern in 1Kor 11, 8f. auch auf Gen 2,22f., oder aber insgesamt auf den Gesamtzusammenhang von Gen 1–2 angespielt wird, zeigte bereits *Jervell*, Imago Dei (s. Anm. 25), 292–312. – *Jervis*, „But I want you to know" (s. Anm. 24) interpretiert 1Kor 11,2–16 als Midrasch: Paulus wende sich gegen die korinthischen Pneumatiker, die auf der Basis der philonischen Interpretation von Gen 1,26f. die Gleichheit von Mann und Frau als Restitution des einen Bildes Gottes vertraten, indem er den ersten Schöpfungsbericht durch den zweiten „retextualisiert" (vgl. a.a.O., bes. 246). Sehr viel mehr Anspielungen in 1Kor 11,2–16 auf biblische und außerbiblische Parallelen zeigt *J.P. Heil*, The Rhetorical Role of Scripture in 1 Corinthians (Studies in Biblical Literature 15), Atlanta, GA 2005, 173–190, auf; doch kann dem hier nicht nachgegagnen werden.

[51] Die handschriftliche Überlieferung der Septuaginta ist hier eindeutig. Eine jüdische Tradition interpretiert den hebräischen Text, אָדָם, „Mann, Mensch", so, dass nur Adam nach dem Bild Gottes geschaffen wurde; vgl. *Jervell*, Imago Dei (s. Anm. 25), 110, 300 (z.B. TanB Tasria 10; BemR 3,140d; vgl. Bill. 3,435); so auch VitAd 13 (vgl. *Schrage*, Brief [s. Anm. 3], 509 Anm. 126). – Religionsgeschichtliche Erwägungen, wonach dies auf Philos Vorstellung vom androgynen Adam bei Philo zurückgehen könnte (vgl. C. Holsten, J. Weiß u.a., s. unten S. 20 mit Anm. 60), erscheinen dagegen als abwegig.

[52] Vgl. z.B. Philo, Decal 107; Spec. leg. 2,225; bKid 30b, s. hierzu *M.R. D'Angelo*, The Garden: Once And Not Again. Traditional Interpretation of Genesis 1:26–17 in I Corinthians 11:7–12, in: *G.A.*

wird insbesondere durch das Lexem εἰκών (vgl. Gen 1,26) und das Syntagma εἰκών θεοῦ (vgl. Gen 1,27; auch 5,1) markiert. Allerdings wurde diese Stelle der Schöpfungsgeschichte auch im hellenistischen Judentum rezipiert (vgl. Sap 2,23; Sir 17,3), so dass nicht zu entscheiden ist, ob die Anspielung direkt auf Gen 1,26f. zurückgeht, oder auf die Rezeptionsgeschichte dieser Aussage.
Undeutlicher ist dagegen die mögliche Anspielung auf Gen 2,22f. in 1Kor 11,8f. (und V. 12) – die sprachlichen Übereinstimmungen „sind [...] äußerst schmal", „die inhaltlichen Bezüge sind dafür allerdings umso deutlicher, so dass die intendierte Referenz auf den zweiten Schöpfungsbericht kaum bestritten werden kann."[53] Denn der Gedankengang in 1Kor 11,8f. ist nur unter Bezugnahme auf Gen 2,22f. zu verstehen:

> (8) Denn nicht ist der Mann von der Frau, sondern die Frau aus dem Mann (γυνὴ ἐξ ἀνδρός; Gen 2,23: σὰρξ ἐκ τῆς σαρκός μου und ἐκ τοῦ ἀνδρὸς αὐτῆς ἐλήμφθη αὕτη); (9) denn auch ist nicht der Mann wegen der Frau geschaffen, sondern die Frau wegen des Mannes.

Den Umstand, dass Eva aus Adams[54] Rippe erschaffen wurde mit dem Zweck, ihm zur Hilfe zu sein (Gen 2,18:

Robbins (Hg.), Genesis 1–3 in the History of Exegesis. Intrigue in the Garden (SWR 27), Lewiston, NY 1988, 1–41, hier 11, sowie *Jervell*, Imago Dei (s. Anm. 25), 107–112, und *M. Küchler*, Schweigen, Schmuck und Schleier. Drei neutestamentliche Vorschriften zur Verdrängung der Frauen auf dem Hintergrund einer frauenfeindlichen Exegese des Alten Testaments im antiken Judentum (NTOA 1), Freiburg/Göttingen 1986, 83–85.

[53] *A. Labahn/M. Labahn*, Die biblischen Schöpfungsgeschichten als paulinische Argumentationshilfe im Konfliktfall. Zur Rezeption von Genesis 1–3 im 1. Korintherbrief, in: *M.R. Hoffmann/F. John/E.E. Popkes* (Hg.), Paulusperspektiven (FS D. Sänger), Neukirchen-Vluyn 2014, 82–118, hier 99.

[54] In Gen 2,22f. findet sich Ἀδάμ; nur in V. 23dβ stattdessen ἀνήρ; dafür steht Gen 2,22f. durchweg γυνή.

βοηθόν), legt Paulus in 1Kor 11,8–10 dahingehend aus, dass sich daraus bestimmte Verpflichtungen hinsichtlich ihres Verhaltens ergeben. Dies ist im Kontext der Argumentation so zu verstehen, dass die Frau dem Mann durch angemessenes, d.h. gesellschaftlich akzeptiertes Verhalten, keine Schande machen darf.[55] Das stoische Motiv, dass sich ein Mensch seiner „Natur" gemäß verhalten solle (φύσις, V. 14),[56] bezieht Paulus hier auf die alttestamentlichen Schöpfungsgeschichte und wendet es auf die Frau an.

Ausleger haben einen weiteren intertextuellen Bezug zur biblischen Schöpfungsgeschichte in 1Kor 11,3 ausgemacht.[57] Dies wäre dann in der Tat eine „eher summarisch verfahrend[e], versteckt[e] Anspielung"[58] und im ganzen nicht überzeugend, weil die sprachlichen Parallelen zu gering sind, so dass nicht zu vermuten ist, dass die antiken (heidenchristlichen!) Rezipienten die Anspielung erkennen können. Dasselbe gilt für die vermutete Bezugnahme von 1Kor 11,3 auf Gen 3,16, die in der 27. Auflage des Nestle-Aland als Parallele am Rand verzeichnet war;[59] sachgerecht ist in der 28. Auflage dieser Hinweis verschwunden.

[55] Vgl. καταισχύνω, 1Kor 11,5; αἰσχρόν, V. 6; πρέπον, V. 13; ἀτιμία, V. 14; δόξα, V. 7, 15.

[56] Vgl. *Weiß*, Korintherbrief (s. Anm. 10), 276 mit Anm. 2; *Thompson*, Creation (s. Anm. 16), 239, bes. bei Anm. 12f.

[57] Vgl. z.B. *Böhm*, 1 Kor 11,2–16 (s. Anm. 2), die diesen Text „als konsequente Argumentation des Paulus mit der Schöpfungsgeschichte" versteht – „freilich unter seinen besonderen Verständnisvoraussetzungen dieses Schriftabschnitts", nämlich mit einem christologischen Rezeptionsansatz. Neben den stets diskutierten Referenzen auf Gen 2–3 (s.o.) vermutet sie zudem unter den in 1Kor 11,10 erwähnten Engeln eine Anspielung auf Gen 1,26 (a.a.O., 210 Anm. 18). Die Referenz von 1Kor 11,3 auf Gen 1–2 begründet sie a.a.O., 214–221.

[58] *Böhm*, 1 Kor 11,2–16 (s. Anm. 2), 210.

[59] *Labahn/Labahn*, Schöpfungsgeschichten (s. Anm. 53), 91–95. Es ist in der Tat nicht naheliegend, dass die Aussage in Gen 3,16, der Mann wird über die Frau herrschen (LXX: κυριεύσει), in der κεφαλή-Metapher in 1Kor 11,3 aufgegriffen werde.

Einen kaum überzeugenden Hintergrund für die Differenz zwischen Mann und Frau führt Carl Holsten (1880) an: Demnach sei zu unterscheiden zwischen „dem Himmelsbilde einer Mannesform", dem Messias (vgl. 1Kor 15,45), das Paulus εἰκὼν θεοῦ nenne und der geschlechtslos sei, und dem irdischen Menschen, auf den die Formulierung εἰκὼν καὶ δόξα θεοῦ verweise. Diese Unterscheidung begründet Holsten mit einem Rekurs auf Philos Interpretation der Schöpfungsgeschichte (vgl. Opif. 134; Leg. all. 1,31). Dieser zweite, vom himmlischen Bild abgeleitete irdische Mensch sei in zwei Stufen erschaffen worden: zuerst der Mann, danach die Frau. Der (irdische) Mann sei vom (geschlechtslosen) Himmelsmenschen abhängig und darum sein „alleiniger Vertreter"; die Frau ihrerseits sei vom (irdischen) Mann abhängig als sein „Abschein".[60]

3.3 Umstrittene Einzelfragen

Wenden wir uns nun den Einzelfragen zu, die verschieden beurteilt wurden.

3.3.1 Zur Bedeutung von κεφαλή in 1Kor 11,3–5

Unklar und z.T. heftig umstritten ist die Bedeutung von κεφαλή in V. 3–5. Dabei ist zunächst der Referent von κεφαλή in V. 4 und 5 strittig. Klar ist, dass κεφαλή dort, wo es um „Verhüllung" geht, auf den Kopf des Mannes bzw. der Frau referiert.[61] Hinsichtlich der anderen Belege für κεφαλή in V. 4b, 5b hingegen nennt bereits H.A.W. Meyer drei mögliche Positionen:[62] Hier bezieht sich κεφαλή (1) auf das in V. 3 genannte jeweilige

[60] *Holsten*, Evangelium (s. Anm. 13), 351; ähnlich *Weiß*, Korintherbrief (s. Anm. 10), 270. Zu Philos Interpretation der Schöpfungsgeschichte vgl. *W.A. Meeks*, The Image of the Androgyne. Some Uses of a Symbol in Earliest Christianity, History of Religions 13 (1974), 165–208. Auf 1Kor 11,2–16 wendet dies etwa auch *Jervis*, „But I want you to know" (s. Anm. 24) an. Zur Kritik an dieser Konstruktion vgl. schon *Heinrici*, Brief (s. Anm. 18), 324 Anm. *).

[61] Dies ist der Fall bei den Formulierungen κατὰ κεφαλῆς ἔχων, 1Kor 11,4a, ἀκατακαλύπτῳ τῇ κεφαλῇ, V. 5a, κατακαλύπτεσθαι τὴν κεφαλήν, V. 7a, ἐξουσίαν ἔχειν ἐπὶ τῆς κεφαλῆς, V. 10a.

[62] *Meyer*, Handbuch (s. Anm. 17), 298f.

metaphorische Haupt – also für den Mann auf Christus, für die Frau auf den Mann[63] –, oder (2) auf das „leibliche“ Haupt,[64] also den Kopf im wörtlichen Sinne, oder aber es liegt (3) eine Doppelsinnigkeit vor, nach welcher beides zugleich gemeint sei.[65] Diese dritte Lösung lässt die Aussage unbestimmt und zeigt so eher die Aporie des Exegeten. Nach der zweiten Lösung würde der Mann „seinen Kopf“ schänden und entsprechend auch die Frau, was bedeutet, dass sie sich selbst Schande bereiten. Die erste Lösung bedeutet, dass die Frau mit unverhülltem Kopf ihren Mann beschämt, der Mann aber, wenn er seinen Kopf bedeckt, sein „Haupt“ – nämlich Christus. Am wahrscheinlichsten ist dabei die erste Lösung, weil sich so die thetische Aussage über die κεφαλή aus V. 3 am besten erklärt und die Kohärenz zwischen V. 3 und 4f. gegeben ist.

Weiterhin gehen die Meinungen darüber, was κεφαλή in seiner metaphorischen Verwendung in V. 3 bedeutet, auseinander: Die einen verstehen hier κεφαλή als

[63] Nach *Meyer*, Handbuch (s. Anm. 17), 298f., vertraten dies bereits: Oecumenius, Theophylakt (jedoch „zweifelhaft“), Calvin, de Wette, Osiander, Maier, Hofmann. Eine sehr ausführliche Begründung für diese Sicht bietet *Bachmann*, Brief (s. Anm. 17), 352f. – Eine Variante dieser Lösung scheinen *A.T. Robertson/A. Plummer*, A Critical and Exegetical Commentary on the First Epistle of Saint Paul to the Corinthians (ICC), Edinburgh ^{2}1929, 230, zu intendieren, wenn es dort heißt: „[...] by claiming equality with the other sex [i.e., man], she [the woman] disgraces the head of her own sex.“ Hier geht es um eine metaphorische Bedeutung, die sich aber nicht auf das „Haupt“ von V. 3 bezieht.

[64] Nach *Meyer*, Handbuch (s. Anm. 17), 298f., vertraten dies bereits: Erasmus, Beza, Grotius, Estius, Bengel, Flatt, Ewald, Neander.

[65] So nach *Meyer*, Handbuch (s. Anm. 17), 298f., u.a. Wolf und Olshausen. Für das 20. Jh. vgl. etwa *E.-B. Allo*, Saint Paul. Première Èpître aux Corinthiens (EtB), Paris ^{2}1956, 257f., der die Stelle von 2Kor 3,18 her versteht: Der (männliche) Christ reflektiert die Herrlichkeit Christi; wenn er nun seinen Kopf bedeckt, beraubt er ihn dieser Funktion, und zugleich würde er Christus, das Haupt, des Glases berauben, in dem sich seine Herrlichkeit reflektieren soll.

„Haupt“ im Sinne der Überordnung – als „Anführer, Autorität, Herrscher“.[66] Entsprechend sind dann die Verhältnisse von Mann und Frau, Christus und Mann sowie Gott und Christus in V. 3 im Sinne von Über- und Unterordnung zu verstehen.[67] Dies ist aber nicht das einzig mögliche Verständnis von κεφαλή in V. 3.

Im letzten Drittel des 20. Jahrhunderts wurde eine lebendige Debatte darüber geführt, wie κεφαλή in seiner metaphorischen Verwendung in 1Kor 11,3 zu verstehen ist. Den Auftakt dieser Debatte machte ein Aufsatz von Stephen Bedale von 1954. Seine These ist: „[i]n normal Greek usage, classical or contemporary, κεφαλή does not signify ‚head‘ in the sense of ruler, or chieftain, of a community.“[68] Wenn dies bei Paulus der Fall sein sollte, so ergebe sich dies aus jüdischem Sprachgebrauch der Septuaginta. Doch auch hier gilt, dass κεφαλή selten ראש im Sinne von Anführer bedeute (212f.). Daraus folgert Bedale, dass, wenn Paulus κεφαλή in metaphorischem Sinne gebraucht, dieses „beginning“ oder „principle“ bedeute (213) – dabei stellt er allerdings auch Stellen aus Kol und Eph in Rechnung. Für 1Kor 11,3 bedeute dies, dass κεφαλή im Sinne von ἀρχή zu verstehen sei; die Subordination der Frau ergebe sich nicht aus den Konnotationen von κεφαλή, sondern aus der der Argumentation zugrunde liegenden Vorstellung der Schöpfungsordnung (214f.). Ähnlich argumentierten später Robin Scroggs (1972) und Jerôme Murphy-O'Connor (1980): κεφαλή bedeute nicht „chief, ruler“,[69] bzw. es sei im allgemeinen Sprachgebrauch nicht nachweisbar, dass κεφαλή die Konnotationen „supremacy“ oder „authority“ besitze.[70]

[66] *Meyer*, Handbuch (s. Anm. 17), 296: „Das mit κεφ[αλή] bezeichnete Verhältnis ist das der organischen Unterordnung.“

[67] Dass eine Gesamtdeutung von 1Kor 11,2–16 von diesem vorausgesetzten Verständnis von V. 3 ausgehen soll, erhob *W. Thüsing*, Per Christum in Deum. Studien zum Verhältnis von Christozentrik und Theozentrik in den paulinischen Hauptbriefen (NTA.NF 1), Münster 1965, 21, zum methodischen Prinzip. Auch wenn dies nicht so deutlich von anderen Exegeten zugegeben wird, gehen auch sie von dieser scheinbar so einleuchtenden Vorentscheidung aus.

[68] *S. Bedale*, The Meaning of κεφαλή in the Pauline Letters, JThS.NS 5 (1954), 211–215, hier 211.

[69] *Scroggs*, Paul (s. Anm. 2), 198f.; *ders.*, Paul and the Eschatological Woman: Revisited, JAAR 42 (1974), 532–537, hier 534f.

[70] *Murphy-O'Connor*, Sex (s. Anm. 25), 491; später wiederholte er seine Position, vgl. *ders.*, 1 Corinthians 11:2–16 (s. Anm. 33).

Als Kritiker dieser Position meldete sich zunächst Wayne A. Grudem 1985 zu Wort, der das Ergebnis seiner Untersuchung von 2.336 Belegen für κεφαλή vom 8. Jh. v.Chr. bis zum 4. Jh. n.Chr. vortrug. Demnach gebe es 49 Fälle, in denen κεφαλή einen „ruler" oder „one having authority over" bezeichne.[71] Später bekräftigte er seine Position gegen Kritik,[72] die u.a. Richard S. Cervin 1989 vorgebracht hatte, indem er die Ergebnisse Grudems im einzelnen in Zweifel zog und die Position Bedales erneuerte.[73] Daraufhin meldete sich 1989 Joseph A. Fitzmyer zu Wort; er zeigte, dass in der Septuaginta und in jüdischer Literatur κεφαλή durchaus auf „Anführer" referiert, und wandte dies auf 1Kor 11,3 an;[74] 1993 stellte er noch einmal die strittigen Belege aus paganer, jüdischer und christlicher Literatur zusammen, in denen κεφαλή auf „leader, ruler" referiert.[75]

Diese Debatte zusammenfassend, kann m.E. kein Zweifel daran bestehen, dass κεφαλή in paganer, jüdischer und christlicher Literatur auf „Herrscher, Anführer" o.ä. referieren kann und dass auch die Erstrezipienten des Paulus in Korinth diese Denotation von κεφαλή kannten. Dennoch deckt κεφαλή in seinen metaphorischen Bedeutungen einen großen Bereich ab, und auch die Kenntnis dieser Denotationen muss den antiken Rezipienten von 1Kor 11,2–16 zugestanden werden. So kann

[71] *W.A. Grudem*, Does Kephalê (Head) Mean „Source" or „Authority over" in Greek Literature? A Survey of 2,336 Examples, TrinJ 6 (1985), 38–59. Die Belege verteilen sich auf 13 in der Septuaginta zuzüglich fünf in anderen griechischen Versionen der LXX, einen in TestXII, einen bei Philo, 12 im Neuen Testament, aber auch in nichtjüdischer griechischer Literatur, nämlich Herodot (2), Platon (1), Plutarch (5) und weiteren einzelnen Stellen.

[72] *W.A. Grudem*, The Meaning of Kephalê. A Response to Recent Studies, TrinJ 11 (1990), 3–72.

[73] *R.S. Cervin*, Does kephalê Mean „Source" or „Authority Over" in Greek Literature? A Rebuttal, TrinJ 10/1 (1989), 85–112. Er hat vehement bestritten, dass die unserem heutigen Sprachgebrauch von „Kopf, Haupt" entsprechenden Bedeutungen „supremacy, authority" bzw. „someone in authority over others", also: „chief, leader, ruler" u.ä. auch in der Antike mit κεφαλή verbunden waren.

[74] *J.A. Fitzmyer*, Another Look at KEPHALÊ in 1 Corinthians 11.3, NTS 35 (1989), 503–511, hier 505–511.

[75] *J.A. Fitzmyer*, Kephalē in 1 Corinthians 11:3, Interpr 47/1 (1993), 52–59, bes. 54f.

κεφαλή etwa *pars pro toto* für die ganze Person[76] oder auch für deren „noblest part“ stehen.[77] An anderen Stellen wird κεφαλή am besten mit „crown, completion“ wiedergegeben.[78] Auf dieser Linie liegt dann auch die Bedeutung „preeminence“, Vorrang im Hinblick auf die Ehre, wobei Exegeten dabei betonen, dass damit noch keine hierarchische Subordination des anderen impliziert ist.[79]

Im Zusammenhang von 1Kor 11,2–16 ist jedoch besonders interessant, dass κεφαλή auch „eine Quelle (von etwas)“ bezeichnen kann,[80] so z.B. die Quelle eines Flusses (Herodot 4,91), oder in übertragener Bedeutung eine „Quelle“ bzw. einen „Ursprung“. Auf einer ähnlichen Linie liegt die Bedeutung „Anfang“ oder „Beginn“ – so etwa in Bezug auf die Zeit.[81] In den Orphischen Frag–

[76] Homer, Il. 18,82; Herodot 3,29; 9,99; Aristophanes, Ach. 285 (auch als Anzahl von Personen); für „Leben“: Homer, Il. 4,162; 17,242; Od. 2,237; Herodot 8,65; vgl. LSJ 945 s.v. κεφαλή 2.

[77] Homer, Il. 8,281; 11,55, vgl. Homer, Od. 1,343; Pindar, Olympien 7,67, vgl. LSJ 945 s.v. κεφαλή 2.

[78] LSJ 945 s.v. κεφαλή V.2. Vgl. Plat., Tim. 39d; 69b; Phlb. 66d; Gorg. 505d; Aristot., Nic. Eth. 1141a 4.

[79] Dies betont im Hinblick auf 1Kor 11 besonders *Cervin*, Κεφαλή, (s. Anm 73), 112; ähnlich auch *A.C. Perriman*, The Head of a Women. The Meaning of κεφαλή, in 1 Cor 11:3, JThS 45 (1994), 602–622, bes. 618; *Gundry-Volf*, Gender (s. Anm. 25), 159. Ähnlich *Thiselton*, Epistle (s. Anm. 49), 816–823, der, unter Berufung auf *G.W. Dawes*, The Body in Question. Metaphor and Meaning in the Interpretation of Ephesians 5:21–33 (Biblical Interpretation Series 30), Leiden 1998, 122–149, κεφαλή versteht als „preeminent, foremost, and synecdoche for a representative role“.

[80] So mit Nachdruck *Scroggs*, Paul (s. Anm. 2), 298f. *Murphy-O'Connor*, Sex (s. Anm. 25), 491–493; vgl. ferner *C. Kroeger*, The Classical Concept of „Head“ as „Source“, in: *G.G. Hull* (Hg.), Equal to Serve. Women and Men in Church and Home, London 1987, 267–283; *Fee*, Epistle (s. Anm. 26), 502f.; *Thompson*, Creation (s. Anm. 16), 247–250, der κεφαλή als „source“ und „ontological preeminence“ bestimmt.

[81] Ps.-Plutarch, Placita Philosophorum 2,32,2; Lydos, Mens. 3,4; 3,12 (vom Monat).

menten 21A wird dies etwa von Zeus gesagt.[82] Im 2. Jahrhundert n.Chr. verwendet Artemidorus Daldianus κεφαλή, um einen Vater als Ursache und Quelle des Lebens zu bezeichnen (Oneirocriticon 1,2; 1,35; 3,66). Auch in frühjüdischen Texten ist diese Bedeutung gut bezeugt.[83] Dies würde sich sehr gut zur Argumentation des Paulus in V. 8f. fügen, wo Paulus unter Rekurs auf den Schöpfungsbericht erörtert, woher die Frau ihren Ursprung hat – nämlich aus dem Mann (vgl. Gen 2,21–23).[84]

Es ist also gar nicht sicher, dass κεφαλή in V. 3 sowie in V. 4 und 5 für denjenigen steht, der einem anderen hierarchisch überlegen ist.[85] Dies stellt nicht nur die Interpretation in Frage, die in 1Kor 11,2–16 ein hierarchisches Verhältnis von Mann und Frau erkennt, sondern auch jene, nach der die Frau in diesem Text eine ontologisch zweitrangige, weil vom Manne abgeleitete, Position hat.[86]

[82] Ζεὺς κεφαλή [v.l. ἀρχή], Ζεὺς μέσσα, Διὸς δ' ἐκ πάντα τελεῖται. Vgl. hierzu auch *Barrett*, Commentary (s. Anm. 33), 248.

[83] Vgl. Philo, De congr. quaer. erud. gratia 12,61 (Esau als Stammvater, κεφαλή erklärt als ὁ γενάρχής ἐστιν); Philo, De praem. et poen. 20,125 (κεφαλή als Quelle geistlichen Lebens der guten Menschen); TestRub 2,2 (κεφαλή als Ursprung der Taten der rebellischen Jugend); Vit. Adae et Evae 19,3 (κεφαλή als Ursprung aller Sünde). Vgl. zum ganzen *Fitzmyer*, Kephalē (s. Anm. 75), 54.

[84] So urteilt auch *Barrett*, Commentary (s. Anm. 33), 248, dezidiert zu dieser Stelle: „Paul does not say that man is the lord (κύριος) of the woman; he says that he ist he origin of her being."

[85] Dennoch wird diese Position noch immer vertreten, so etwa von *V. Hasler*, Die Gleichstellung der Gattin. Situationskritische Reflexionen zu I Kor 11,2–16, ThZ 50 (1994), 189–200, hier 192–194. Allerdings werden seit der Debatte um κεφαλή keine neuen Argumente vorgetragen. Dies zeigt sich z.B. deutlich bei Hasler, der schlicht konstatiert: „Im vorliegenden Textzusammenhang aber gibt nur die Bedeutung ‚Oberhaupt' einen angemessenen Sinn" (a.a.O., 193). Ähnlich *Corrington*, „Headless Woman" (s. Anm. 46), 225f.

[86] So unter Verweis auf V. 7–9 z.B. *Weiß*, Korintherbrief (s. Anm. 10), 273; in der neueren Forschung vgl. z.B. *T. Engberg-Pedersen*, 1 Corinthians 11:16 and the Character of Pauline Exhortation, JBL

Es hat sich gezeigt, dass κεφαλή in V. 3–5 semantisch polyvalant ist. Es besteht die große Gefahr, dass eine Vorentscheidung über die Bedeutung von κεφαλή in V. 3–5 die Weichen zum Verständnis des gesamten Textes stellt. Vielmehr muss sich die Referenz von κεφαλή in V. 3–5 an der Argumentation des gesamten Abschnitts messen lassen.

3.3.2 Zur Bedeutung von κατὰ κεφαλῆς ἔχων (V. 4), ἀκατακαλυπτός (V. 5a, 13b) und κατακαλύπτομαι (V. 6a, 6bβ, 7a)

Ein zweites Problem betrifft die Syntagmata und Lexeme κατὰ κεφαλῆς ἔχων (V. 4), ἀκατακαλυπτός (V. 5a, 13b) und κατακαλύπτομαι (V. 6a, 6bβ, 7a). Das Syntagma κατὰ κεφαλῆς ἔχων in V. 4 wird – in Verbindung mit ἀκατακαλυπτός „unbedeckt" (V. 5a, 13b) und κατακαλύπτομαι „bedecken" (V. 6a, 6bβ, 7a) – von den meisten so verstanden, dass es sich auf eine „auf dem Kopf" getragene textile Bedeckung bezieht.[87] Diese Deutung wurde von Abel Isaakson in Zweifel gezogen.[88] Er schlug vor, ἀκατακαλυπτός in V. 5a, 13b als „mit ungebundenem bzw. mit herunterhängendem Haar" – nicht: „unbedeckt" – zu verstehen; dies gilt dementsprechend auch für κατὰ κεφαλῆς ἔχων, das dann „vom Kopf herunter hängen haben" bedeutet, und κατακαλύπτομαι entsprechend „sich den Kopf mit langem Haar bedecken". Darin folgten ihm viele.[89] Gegenwärtig scheint

110 (1991), 679–689, hier 681f. und *BeDuhn*, „Because of the Angels" (s. Anm. 15), 298 et passsim.

[87] Vgl. z.B. *Meyer*, Handbuch (s. Anm. 17), 298: „(Etwas) vom Haupte herab hängen, d.h. mit einer Kopfbedeckung".

[88] *A. Isaksson*, Marriage and Ministry in the New Temple. A Study with Special Reference to Mt. 19.13–12 [sic!] and 1. Cor. 11.3–16 (ASNU 24), Lund 1965, 165–186.

[89] *J.B. Hurley*, Did Paul Require Veils or the Silence of Women? A Consideration of 1 Cor. 11:2–16 and 1 Cor. 14:33b-36, WThJ 35

sich diese Interpretation mehr und mehr durchzusetzen.[90] Andere kritisieren diese Deutung und verstehen die betreffenden Lexeme so, dass sie auf eine textile Kopfbedeckung der Frauen verweisen,[91] während eine dritte

(1973), 190–220, hier 191–216. Hurley wiederholte seine Position in *ders.*, Man and Woman in Biblical Perspective, Eugene, OR 2002, 162–184. *P.T. Massey*, The Meaning of κατακαλύπτω and κατὰ κεφαλῆς ἔχων in 1 Corinthians 11.2–16, NTS 53 (2007), 502–523, nennt in seinem forschungsgeschichtlichen Überblick: J.A. Fitzmyer, J.M. Ford, E. Schüssler Fiorenza und viele andere (ebd., 503 Anm. 2–3, 6–7, 9).

[90] Neben Isaksson und Hurley (s. oben Anm. 88 und 89) votieren für diese Lösung z.B. *W.J. Martin*, I Corinthians 11:2–16: An Interpretation, in: *W.W. Gasque/R.P. Martin* (Hg.), Apostolic History and the Gospel (FS F.F. Bruce), Grand Rapids, MI 1970, 231–241; *Murphy-O'Connor*, 1 Corinthians 11:2–16 (s. Anm. 33), bes. 269; *ders.*, Sex (s. Anm. 25), bes. 488f.; *Padgett*, Paul (s. Anm. 4); *Thompson*, Hairstyles (s. Anm. 42); *Khiok-khng*, Differentiation (s. Anm. 23); *Hasler*, Gleichstellung (s. Anm. 85), bes. 191, 197f.; *Schrage*, Brief (s. Anm. 3), 492–494, 505–509; *Blattenberger*, Rethinking (s. Anm. 25); *T. Schirrmacher*, Paulus im Kampf gegen den Schleier. Eine alternative Auslegung von 1. Korinther 11,2–16. Mit einem Vorwort von Hans–Georg Wünch, Nürnberg [5]2002, 15 *et passim*; *Gundry-Volf*, Gender (s. Anm. 25); *Gielen*, Beten (s. Anm. 2); *dies.*, „Gehört es sich" (s. Anm. 34); *Merklein/Gielen*, Brief (s. Anm. 34), bes. 33–41; *A. Lindemann*, Der erste Korintherbrief (HNT 9/I), Tübingen 2000, 240 *et passim*; *Thompson*, Creation (s. Anm. 16); *Ebner*, Wenn alle „ein einziger" sein sollen (s. Anm. 33); *Hjort*, Gender Hierarchy (s. Anm. 27); *W. Harnisch*, Das anarchische Gebaren der Frauen im Gottesdienst, in: *ders.*, Rhetorik und Hermeneutik in der Apokalyptik und im Neuen Testament (SBAB 45), Stuttgart 2009, 102–119, bes. 109.

[91] So z.B. ausführlich *Massey*, Meaning (s. Anm. 89), der alle von Isaakson und Hurley diskutierten Stellen gerade nach der „klassischen" Lesart versteht; zur Kritik vgl. meinen zweiten Beitrag, unten S. 121f. Auch andere vertreten die „klassische" Position, wonach Frauen einen Schleier tragen sollen, und kritisieren mit z.T. gleichen Argumenten die alternative Lesart, so z.B. *Delobel*, 1 Cor 11:2–16 (s. Anm. 33); *R.E. Oster*, When Men Wore Veils to Worship. The Historical Context of I Corinthians 11,4, NTS 34 (1988), 481–505, bes. 502–505; *Engberg-Pedersen*, 1 Corinthians 11:16 (s. Anm. 86), bes. 679, 682; *BeDuhn*, „Because of the Angels" (s. Anm. 15); *R.F. Collins*, First Corinthians (Sacra Pagina 7), Colledgeville, MN, 1999, 400f.; *Thiselton*, Epistle (s. Anm. 49), 823–826; *E. Zenger*, Der erste

Partei sich eines Urteils enthält und konstatiert, dass die geschichtlichen Hintergründe nicht mehr zu erheben sind.[92]

3.3.3 Zum Scheren und Kahlrasieren in 1Kor 11,5f.

In V. 5f. unterstreicht Paulus seine Argumentation auf sarkastische Weise,[93] wenn er behauptet, dass eine Frau, die ἀκατακαλύπτῳ τῇ κεφαλῇ betet und prophezeit, einer Kahlgeschorenen gleichzustellen ist („denn es ist das einunddasselbe [wie] bei der Kahlgeschorenen"). Dies setzt Paulus in V. 6 fort:

> Denn wenn eine Frau nicht „bedeckt" (οὐ κατακαλύπτεται) ist, soll sie sich (doch gleich) scheren lassen. Wenn es aber für eine Frau schändlich ist, geschoren oder kahlrasiert zu werden, so soll sie sich „bedecken".

In der Literatur ist umstritten, weshalb Paulus hier auf den Aspekt des Geschorenseins und Rasiertseins zu sprechen kommt. Klar ist nur, dass es hiernach für eine Frau eine Schande ist, geschoren oder kahlrasiert zu sein. Dies wird häufig damit erklärt, dass Prostituierte oder Sklavinnen in der Antike die Haare kurz bzw. geschoren oder ganz rasiert trugen.[94] Allerdings hat dies bereits Philipp Bachmann mit dem Hinweis in Frage gestellt, dass eine solche Sitte nicht generell bezeugt ist;[95] im Gegenteil haben Prostituierte wohl besonderen Aufwand mit ihren

Brief an die Korinther (KEK 5), Göttingen 2010, 350–363, bes. 354–357; *Schottroff*, Brief (s. Anm. 49), 200–203.

92 *Schüssler Fiorenza*, Zu ihrem Gedächtnis (s. Anm. 47), 282; *Massey*, Meaning (s. Anm. 89), 504 Anm. 10; *Fee*, Epistle (s. Anm. 26), 497, 508–510 u.a.

93 Vgl. hierzu besonders *Harnisch*, Gebaren (s. Anm. 90), 108.

94 So z.B. *Meyer*, Handbuch (s. Anm. 17), 300f.; *Heinrici*, Brief (s. Anm. 18), 327.

95 *Bachmann*, Brief (s. Anm. 17), 354 mit Anm. 1.

Haaren gepflegt.[96] Ebenso ist nicht sicher, dass das Geschorensein als Teil der Strafe von Ehebrecherinnen die Frau entehre.[97]

William J. Martin vermutete aufgrund des bestimmten Artikels bei ἡ ἐξυρημένη, dies „would seem to point to a specific class to whom this designation could be applied".[98] Es sei nicht mehr sicher zu erheben, was es bedeutet, dass eine Frau geschoren ist – die Referenz auf Prostituiere sei nicht sicher.[99] V. 6 paraphrasiert Martin wie folgt: „‚For if a woman is not covered' (has not long hair) then let her remain cropped (for the time being […]), but since it is a shame for a woman to be cropped or shorn let her become ‚covered' – (i.e. let her hair grow again […]). Dabei stehe langes Haar für „a gesture of subordination" unter den Mann.[100]

Was entgegen diesen Vermutungen der eigentliche Hintergrund dieser Vorstellung sein könnte, zeigt sich in Lukians *Fugitivi* 27, wo von einer Frau die Rede ist, die nach Art der Lakedaimonier die Haare kurz geschnitten trug und die daher sehr männlich aussah (γυναῖκα … κεκαρμένην εἰς τὸ Λακωνικόν, ἀρρενωπὴν καὶ κομιδῇ ἀνδρικήν):[101] Kurz geschorene Kopfbehaarung

[96] Vgl. hierzu Lukian, Bis accusatus sive Tribunalia 31; vgl. hierzu *W.A. Becker*, Charikles. Bilder altgriechischer Sitte. Zur genaueren Kenntnis des griechischen Privatlebens I, Leipzig 1840, 127f.

[97] *Bachmann*, Brief (s. Anm. 17), 354 mit Anm. 1; so aber etwa *Heinrici*, Brief (s. Anm. 18), 327. Dass die Germanen Ehebrecherinnen die Haare abschneiden und sie in Schande durch das Dorf treiben, berichtet Tacitus, Germania 19,2.

[98] *Martin*, I Corinthians 11:2–16 (s. Anm. 90), 234.

[99] *Martin*, I Corinthians 11:2–16 (s. Anm. 90), 233 Anm. 4.

[100] *Martin*, I Corinthians 11:2–16 (s. Anm. 90), 238f.

[101] Vgl. auch Apuleius, Met. 7,6,4: Plotina begleitet ihren in Ungnade gefallenen Ehemann mit kurz geschnittenem Haar und als Mann verkleidet (*tonso capillo in masculiman reformato habitu*); vgl. hierzu *Weiß*, Korintherbrief (s. Anm. 10), 272 mit Anm. 2. Diese Belege zeigen, dass die Vorstellung weiblicher Homosexualität nicht mit kurz geschnittenem Haar verbunden sein musste; diese aber findet sich in Lukians *Dialogi Meretricii* 5,3, wonach Megilla aus Lesbos sich die Haare wie ein Athlet kurz schnitt, weil sie in einer lesbischen Beziehung die Rolle eines Ehemannes übernommen hat (vgl. hierzu *Barrett*, Commentary [s. Anm. 33], 257).

passte nach antiker Meinung nicht zu einer Frau, weil sie dadurch männlich erscheint, was ihrer natürlichen Konstitution widerspricht.[102] Langes Haar ist mit der Schönheit einer Frau konnotiert, entsprechend kurzes Haar mit Hässlichkeit.[103]

Eine etwas abwegige Erklärung liefert Gerd Theißen unter Hinweis auf TestHi 23–25: Hiobs Frau bettelte; daraufhin begegnet ihr der Satan als Brotverkäufer. Da sie ihn nicht anders bezahlen kann, gibt sie ihm ihre Haare. Danach folgte der Satan ihr heimlich und verdrehte ihren Sinn (23,11), so dass sie an Gott zweifelt. Theißen folgert daraus: Der „Verlust ihrer Haare hat sie den Einflüsterungen des Satans zugänglich gemacht",[104] und Wolfgang Harnisch folgt ihm darin: „Das Dilemma der Kahlgeschorenen liegt somit darin, dass sie dem Zugriff dämonischer Mächte schutzlos preisgegeben ist",[105] womit er eine Verbindung mit V. 10fin herstellt. Dass jedoch der geschorene Kopf der Frau der *Grund* dafür sein soll, ergibt sich nicht aus TestHi 23; der Text stellt keine Verbindung zwischen beiden Aspekten her.

3.3.4 Zum Verständnis von δόξα in 1Kor 11,7.15

In V. 7 und 15 begegnet das Lexem δόξα. Während es in V. 15 auf die „Ehre, das gute Ansehen" der Frau referiert, ist die Referenz in V. 7 umstritten. Weil εἰκών in 1Kor 11,7 צֶלֶם „Bild" aus Gen 1,26f. wiedergibt, sehen viele δόξα als Äquivalent für דְּמוּת „Abbild" (vgl. Gen 1,26; 5,1), so dass δόξα synonym zur Aussage über den Mann als εἰκὼν θεοῦ in 1Kor 11,7 verstanden wird.[106]

[102] Interessant ist in diesem Zusammenhang ein Text von Epiktet über die natürliche Haartracht von Mann und Frau (Diss. 1,16,9–14 und Diss. 3,1); vgl. hierzu unten, S. 55f.

[103] Vgl. Apuleius, Met. 2,8,1–4, für den es ein Frevel wäre, wenn einer schönen Frau die Haare abgeschnitten würden. Vgl. *Schottroff*, Brief (s. Anm. 49), 205f.

[104] *G. Theißen*, Psychologische Aspekte paulinischer Theologie, Göttingen ^{2}1993, 174.

[105] *Harnisch*, Gebaren (s. Anm. 90), 108f.

[106] So z.B. *Jervell*, Imago Dei (s. Anm. 25), 299f. Es besteht hierbei nur das Problem, dass in Gen 1,26 LXX דמות mit ὁμοίωμα wiedergegeben wird. Darum leitete Leopold Immanuel Rückert δόξα in 1Kor

Jacob Jervell etwa spitzt dies darauf zu, dass „Paulus die Gottebenbildlichkeit gerade auf dem Haupt des Mannes gesehen hat“, weil „Gottes Bild und Herrlichkeit“ „auf dem Antlitz des Mannes“ anschaulich wird. Daraus ergibt sich dann, dass die Frau nach V. 7 „Abglanz“ des Mannes ist – also (minderer) Abglanz eines Abbildes Gottes.[107] Damit spreche Paulus hier der Frau die Gottebenbildlichkeit ab, weil diese nur über den Mann vermittelt sei.[108] Das erscheint allerdings überzogen.

Es gab auch andere Versuche, 1Kor 11,7 zu verstehen. Wenn etwa die Gottebenbildlichkeit nach Gen 1,26 auf Adams *herrscherliche* Stellung bezogen wird, würde εἰκών angesichts der untergeordneten Stellung der Frau nicht auf diese passen[109] – eine Deutung, die auf

11,7 von תמונה „Ähnlichkeit, Form, Gestalt“ her, weil δόξα in der Septuaginta z.B. in Num 12,8; Ps 17,15 für dieses hebräische Lexem steht (Die Briefe Pauli an die Korinther. Erster Theil: Der erste Brief, Leipzig 1836, 295). Dies verband er wiederum mit Gen 1,26f., wobei hier allerdings צלם und דמות steht. Hier liegt also jeweils eine semantische Vertauschung vor, die *J. Barr*, Bibelexegese und moderne Semantik. Theologische und linguistische Methode in der Bibelwissenschaft, München 1965, 218, als „unberechtigte Identitätsübertragung“ kritisiert hat.

[107] So bei *Jervell*, Imago Dei (s. Anm. 25), 299f. Darum auch sprechen die Rabbinen der Frau die Gottebenbildlichkeit ab. So auch *Schrage*, Brief (s. Anm. 3), 511: Der Mann reflektiert Gottes Lichtglanz, „die Frau reflektiert nur diesen Reflex“. Zur Kritik vgl. schon *A. Feuillet*, L'homme „gloire de Dieu“ et la femme „gloire de l'homme“ (1Cor XI:7b), RB 81 (1974), 161–182. – Victor Hasler hat dieses Verständnis kritisiert (Gleichstellung [s. Anm. 85], 196): „Niemals hätte Paulus behauptet, dass der virile glamour eines nach Gottes Ebenbilde erschaffenen Adams auf die aus seiner Rippe abstammende Eva abstrahlen würde. [...] Ehre und Würde des Mannes bestehen darin, dass Gott ihn erschaffen hat, die ganze Würde und Ehre der Frau darin, dass sie Gott zur Gattin erschaffen hat.“ Es gehe nicht um eine Inferiorität der Frau, sondern um ihre eheliche Bindung. Ich kann nicht erkennen, dass diese Interpretation nicht doch die Inferiorität der Frau impliziert, wenn sie auch nicht explizit ausgedrückt wird.

[108] So *Jervell*, Imago Dei (s. Anm. 25), 301 unter Hinweis auf rabbinische Quellen.

[109] In diese Richtung geht *Thiselton*, Epistle (s. Anm. 49), 835, der von „a sign of honour“ spricht (unter Berufung auf *A. Feuillet*, La

Theodoret von Cyrus (gest. um 460) zurückgeht.[110] C.F.G. Heinrici meint dagegen, dass sich εἰκών nicht auf die Gottebenbildlichkeit als solche bezieht (diese müsse ja von Mann *und* Frau ausgesagt werden), sondern es gehe nur um einen speziellen Aspekt, nämlich um die Würdestellung des Mannes[111] – er leitet also nicht die Macht-, sondern die *Würdestellung* des Mannes in Bezug auf die Frau von Gott her.

Es gibt allerdings ein gewichtiges Argument dagegen, dass Paulus sich den Mann nicht so vorstellte, dass an ihm Gottes Bild erkennbar sei: Für Paulus ist der Gedanke nur schwerlich vorstellbar, dass sich Gottes Bild im Manne zeige; man vergleiche nur seine mit Verve geführte Anklage gegen die Verehrung von Abbildern von Geschöpfen in Röm 1,19–32 (besonders V. 23–25). So kritisierte H.A.W. Meyer die Herleitung von δόξα von דְּמוּת und verstand die Gottebenbildlichleit in Gen 1,26f. von der *Funktion des Herrschens* her: Der Mann ist Ebenbild Gottes „in so fern er, den Charakter Adam's tragend, die Herrschaft über die Erde hat."[112] Darauf nun bezieht Meyer δόξα in 1Kor 11,7 als „Gottes Glorie, in so fern er [der Mann] eben als das Ebenbild Gottes thatsächlich in seiner Erscheinung als Mann die Herrschermajestät Gottes menschlich darstellt". Δόξα entspreche

dignité et le rôle de la femme d'après quelques textes pauliniens. Comparison avec l'Ancient Testament, NTS 21 [1973], 157–191). Aus dem Alten Testament ergebe sich, dass Gottes δόξα auf die Manifestation seiner Attribute, besonders seiner Macht, referiere. Die Ehre der Frau ist aufgrund der Schöpfung, dass sie den Mann ergänze, so dass aus 1Kor 11,7–10 keine Inferiorität der Frau abgeleitet werden könne.

110 Er interpretierte 1Kor 11,7 so: Εἰκὼν Θεοῦ ὁ ἄνθρωπος, οὔτε κατὰ τὸ σῶμα, οὔτε κατὰ τὴν ψυχὴν, ἀλλὰ κατὰ μόνον τὸ ἀρχικόν (Theodoret, Interpretatio in Epistula I ad Cor. 229, in: Theodoreti Cyrensis Episcopi Opera Omnia post recensionum J. Sirmondi, hg. von *J.L. Schulze* III [MPG 82], Paris 1864, 312).

111 Vgl. *Heinrici*, Brief (s. Anm. 18), 329.

112 *Meyer*, Handbuch (s. Anm. 17), 301.

dabei dem hebräischen כָּבוֹד.[113] Diese Interpretation führt zu ähnlichen Schwierigkeiten wie die zuerst genannte: Es ist schwer vorstellbar, dass Paulus sagen wolle, Gottes Herrlichkeitslichtglanz, seine כָּבוֹד, sei auf dem Kopf des Mannes sichtbar.

In 2Kor 3–4 haben wir die nächste Parallele zu einer solchen Aussage: Nach 3,18 reflektiert Paulus (in der Metapher des aufgedeckten Gesichts als Gegenbild des Mose mit verhülltem Gesicht, 3,13) die δόξα des Herrn, was hier auf Christus referiert. Nach 4,6 wird die δόξα Gottes auf dem Gesicht Christi gesehen. Beide Aussagen müssen zusammengesehen werden; so ergibt sich folgende Reihe: Die δόξα Gottes ist auf dem Gesicht Christi zu sehen; diese Herrlichkeit Christi wiederum wird auf dem Gesicht des Paulus reflektiert. Da der Zusammenhang der Dienst des Paulus, also seine Evangeliumsverkündigung, ist, ergibt sich daraus, „dass Paulus die Erkenntnis der Herrlichkeit Gottes vermittelt, indem er die Herrlichkeit Jesu Christi verkündet".[114] Dieser Zusammenhang lässt es unwahrscheinlich erscheinen, dass nach 1Kor 11,3 der Mann (an sich? der Christ?) als Träger der כָּבוֹד Gottes bezeichnet wird.

Es gibt eine andere Möglichkeit, δόξα in 1Kor 11,7 zu verstehen, die alle genannten Interpretationsprobleme vermeidet und sich zudem gut in die semantischen Sinnrelationen in 1Kor 11,2–16 einfügt. Es ist zu beachten, dass δόξα in 1Kor 11,2–16 im Zusammenhang anderer Begriffe des antiken Diskurses über Ehre und Schande steht.[115] Wenn man δόξα auch in V. 7 von dorther ver-

[113] *Meyer*, Handbuch (s. Anm. 17), 301. Sein treffender Kritikpunkt gegen die Deutung Rückerts (s.o. Anm. 106) lautet: Dann hätte Paulus doch aus Gen 1,26 LXX ὁμοίωσις nehmen können.

[114] Vgl. ausführlich zur Motivgeschichte von δόξα und der Interpretation von 2Kor 3,18: *T. Jantsch*, „Gott alles in allem" (1Kor 15,28). Studien zum Gottesverständnis des Paulus im 1. Thessalonicherbrief und in der korinthischen Korrespondenz (WMANT 129), Neukirchen-Vluyn 2011, 317–337, Zitat a.a.O., 333.

[115] Ἐπαινέω, 1Kor 11,2; καταισχύνω, V. 4f.; αἰσχρόν, V. 6; ἀτιμία, V. 14 (vgl. *M. Finney*, Honour, Head-coverings and Headship. 1 Corinthians 11.2-16 in its Social Context, JSNT 33 [2010], 31–58, bes. 32), und daneben auch πρέπον, V. 13 und das Motiv der Entsprechung der φύσις, V. 14.

steht, ergibt sich daraus, dass der Mann Bild und Ehre Gottes und die Frau die Ehre des Mannes ist. Dieses Verständnis findet sich schon in der Lutherbibel von 1534,[116] und sie wurde auch im 19. und 20. Jahrhundert vertreten.[117] Das bedeutet, dass δόξα in V. 7 schlicht die *Zwecksetzung* ausdrückt: Die Frau ist zur Ehre des Mannes geschaffen. Dies passt auch zur Bezugnahme auf den Zweiten Schöpfungsbericht in den direkt folgenden Aussagen in V. 8f. (11f.). Für dieses Verständnis gibt es einige frühjüdische Parallelen.[118] Dies lässt sich insbesondere im Rahmen des antiken Verständnisses von Ehre und Schande erklären, wonach eine Person durch ihr Verhalten entweder Ehre oder Schande über jene bringt, die mit ihr durch familiäre oder andere Beziehungen verbunden sind. In diesem Sinne bringt eine Frau durch angemessenes (vgl. πρέπον, V. 13), d.h. durch an ihre soziale Position als Frau angepasstes, Verhalten ihrem Mann Ehre.[119] Wenn sie gegen die an sie gestellten ge-

[116] Hier wird 1Kor 11,7 übersetzt: „Der man aber sol das heubt nicht bedecken / sintemal er ist Gottes bilde und ehre / das weib aber ist des mannes ehre."

[117] Vgl. *Rückert*, Briefe (s. Anm. 106), 295 referiert (ohne genaue Zitation) 1836 die Position eines mir sonst nicht bekannten Winer mit folgenden Worten: „Das Weib [ist] διὰ τὸν ἄνδρα [V. 9] geschaffen, also den Zwecken des Mannes dienstbar […], so wird auch der Mann nur insoweit δ.θ. [δόξα θεοῦ] genannt werden können, als er durch seine Unterworfenheit unter Gott Gottes Verherrlichung bewirken soll." Auch *Gerhard Kittel* votierte für diese Lösung (Die Herrlichkeit Gottes. Studien zu Geschichte und Wesen eines neutestamentlichen Begriffes [BZNW 16], Gießen 1934, 224f.); ebenso *Schlatter*, Paulus (s. Anm. 25), 309f. Vgl. zur Ehre-/Schande-Thematik *Thompson*, Creation (s. Anm. 16), 240–243, 250–253.

[118] Spr 11,16a LXX; 3Esr 4,17b u.a. (vgl. *Zenger*, Brief [s. Anm. 91], 358 mit Anm. 50); Zenger selbst aber versteht 1Kor 11,9 ontologisch: Die Würde der Frau leite sich vom Manne ab (a.a.O., 258).

[119] Vgl. auch *Corrington*, „Headless Woman" (s. Anm. 46), 229: „Greco-Roman wives, at least of the upper classes, are the source of their husband's *doxa* or reputation." Dies geschehe durch die Bedeckung des Kopfes, die die Kontrolle des Mannes über die Frau darstelle. Daraus folgt: „[T]heir [the wives'] religious activities should be carri-

sellschaftlichen Erwartungen verstößt, bringt sie ihm Unehre (καταισχύνω, V. 5; αἰσχρόν, V. 6; ἀτιμία, V. 14).[120] Entsprechend verhält es sich auch für den Mann in V. 4 in Bezug auf Christus, der nach V. 3 sein „Haupt" ist.

3.3.5 Probleme in 1Kor 11,10

Besondere Probleme gibt es in 1Kor 11,10. Die Aporien führten u.a. dazu, dass entweder der Satz als Ganzes,[121] oder zumindest der Teil διὰ τοὺς ἀγγέλους[122] als Glosse angesehen wurden. Dies ist aber keine Lösung.[123] Auch Konjekturen, die zahlreich anstelle von διὰ τοὺς ἀγγέλους vorgeschlagen wurden,[124] führen nicht weiter. Anlass für diese Aporien sind zwei Formulierungen: zum einen ἐξουσία, zum anderen διὰ τοὺς ἀγγέλοῦς.

a) Zur Bedeutung von ἐξουσία (1Kor 11,10a)

Das Lexem ἐξουσία in 1Kor 11,10a wurde so verstanden, dass es symbolisch auf den Schleier oder die

ed on in public and in a ‚modest' fashion, and they should avoid any types of ecstatic behavior that might lead to the inversion or subversion of socially ‚acceptable' gender roles." – Vgl. zum Thema auch *Gundry-Volf*, Gender (s. Anm. 25), bes. 155–158, 168–171.

[120] Vgl. *Finney*, Honour (s. Anm. 115), bes. 51. Zur Rolle des antiken Ehre-/Schande- (honour/shame-) Diskurses für das Verständnis von 1Kor 11,2–16 vgl. ferner *Thompson*, Creation (s. Anm. 16), bes. 239f., 250–235.

[121] So etwa *Holsten*, Evangelium (s. Anm. 13), 472–474.

[122] So etwa *J.M.S. Baljon*, Novum Testamentum Graece. Praesertim im Usum Studiosorum Recognovit et Brevibus Annotationibus, Groningen 1898, 535; *A. Jirku*, Die „Macht" auf dem Haupte (I. Kor. xi. 10), NKZ 32 (1921), 711.

[123] Zur Kritik vgl. schon *Robertson/Plummer*, Commentary (s. Anm. 63), 233: „Marcion had the words, and the evidence for them is overwhelming. An interpolator would have made his meaning clearer."

[124] Beispiele bei *J.A. Fitzmyer*, A Feature of Qumrân Angelology and the Angels of I Cor. XI. 10, NTS 4 (1957), 48–58, hier 50.

Kopfbedeckung der Frau bezogen sei. So erklärten dies bereits Johannes Chrysostomos, Theodoret, Oecumenius von Trikka, Theophylakt von Ohrid,[125] ebenso Theologen der Reformationszeit, wie z.B. Luther[126] oder Osiander, im 19. Jahrhundert de Wette, Neander[127] und ebenso Exegeten im 20. Jahrhundert.[128] Irenäus ersetzte in einem Zitat von 1Kor 11,10 gar gleich ἐξουσία durch κάλυμμα (adv. haer. 1,8,2).

Diese Verbindung zwischen Kopfbedeckung und Unterordnung leuchtet allerdings nicht gleich ein. So erklärte dies Lücke (1828) damit, dass der Genitiv ἀνδρός bei ἐξουσία schlicht ausgefallen sei, weil Paulus ja ohnehin zu Brachyologien neige.[129] Andere meinten, dass ἐξουσία schlichtweg die Bedeutung „Schleier" habe (z.B. Michaelis).[130] Um dies zu belegen, gingen manche verschlungene Wege. So erklärte Hitzig (1854) ἐξουσία schlichtweg zu einem judengriechischen Wort, das sich von ἐξ ἴσου herleite, weil der Schleier ja zwei vorn und hinten gleich lange herunterhängende Hälften habe.[131] Gerhard Kittel war darin sehr einflussreich, diese Verbin-

[125] Die Belege sind übersichtlich bei *F. Lücke*, Einige Bemerkungen gegen Herrn Prof. Hagenbach's Erklärung der ἐξουσία 1 Kor. XI, 10, Theologische Studien und Kritiken 1 (1828), 568–572, hier 569f., gesammelt.

[126] Macht, „[d]as ist der Schleier odder decke dabey man mercke, das sie unter des Mannes macht sei" (mit Hinweis auf Gen 3,16); so in der Randglosse zu 1Kor 11,10 in der Lutherbibel von 1534.

[127] Vgl. *Meyer*, Handbuch (s. Anm. 17), 302f. Ebd., 299: „Das betende Weib [als die verheiratete Frau verstanden] sollte ihr Haupt dadurch ehren, dass sie, was durch die Kopfverhüllung geschehe, die Herrschaft ihres Mannes daran darstellete"; die Kopfbedeckung ist „ein Zeichen der Unterordnung unter menschliche Gewalt" (ebd., 301).

[128] So z.B. bei *W. Foerster*, Art. ἔξεστιν κτλ., ThWNT 2 (1935), 557–572, hier 570f.; *Jervell*, Imago Dei (s. Anm. 25), 304–309.

[129] *Lücke*, Bemerkungen (s. Anm. 125), 571f.

[130] Vgl. *Meyer*, Handbuch (s. Anm. 17), 303.

[131] *F. Hitzig*, Beiträge zur Kritik und Exegese des N.T., Theologische Jahrbücher 13 (1854), 126–134, 129–134. Zur Kritik vgl. schon *Meyer*, Handbuch (s. Anm. 17), 303f.

dung mittels der Etymologie herzustellen: In pŠabb 6,8b,48 bedeutet שלטוניה „Kopfbinde“, „Schleier“. Dieses nun leitete Kittel vom Verb שלט, „Macht ausüben“, her. Auf diesem Wege wird bei ihm der Schleier zum Zeichen der Autorität eines anderen, nämlich des Mannes über die Frau.[132] Hierin folgte er früheren Deutungen, die bereits Lücke (1828) darstellte.[133] Diese Interpretationen sind aber schwerlich überzeugend, zumal es unwahrscheinlich ist, dass die Erstrezipienten diese Verbindung hätten nachvollziehen können. Die Herleitung von שלטוניה von שלט „herrschen“ bzw. von רדיד „Schleier“ von רדד „unterjochen“ oder von רדה „beherrschen“ ist bereits 1828 von Lücke treffend als „problematisch“ kritisiert worden, weil er zu Recht solche etymologischen Argumente ablehnte.[134]

[132] Vgl. *G. Kittel*, Die „Macht“ auf dem Haupte (I Kor. 11,10), in: *ders.*, Rabbinica (Arbeiten für Religionsgeschichte des Urchristentums I/3), Leipzig 1920, 17–31 und 47 (Nachtrag).

[133] *Lücke*, Bemerkungen (s. Anm. 125), 570 Anm. a. *W.A. van Hengel*, Annotatio in loca nunnulla Novi Testamenti, Amsterdam 1824, 176, führt diese Deutung auf „Boltenius“ zurück, womit er wohl den Übersetzer und Kommentator des Neuen Testaments, Johann Adrian Bolten (gest. 1807) meinen dürfte (vgl. *H. Ratjen*, Art. Bolten, Johann Adrian ADB 3 [1876], 113f.). Nach *T.C. Edwards*, A Commentary on the First Epistle to the Corinthians, London ^{2}1885, 331, hingegen geht diese Lösung auf den französischen Hebraisten Louis Capell (Ludovicus Capellus, gest. 1658) zurück.

[134] *Lücke*, Bemerkungen (s. Anm. 125), 570 Anm. a. Lücke weist zudem darauf hin, dass es zweifelhaft ist, ob שלטוניה oder רדיד überhaupt synonym zu צעיף „Schleier“ ist. – Aufgrund der verschiedentlich an Kittels Vorschlag geübten Kritik schlug Günther Schwarz vor, ἐξουσία in 1Kor 11,10 vom aramäischen חוּמְרָא 1. „Macht, Kraft“, 2. „Kopfbedeckung, Schleier“ abzuleiten (ἐξουσίαν ἔχειν ἐπὶ τῆς κεφαλῆς? [1. Korinther 11,10], ZNW 70 [1979], 249). Dieser These stimmt *J.D.M. Derrett*, Miscellanea. A Pauline Pun and Judas’ Punishment, ZNW 72 (1981), 131–133, hier 131f., der Sache nach zu, vermutet aber, das dem Wortspiel zugrunde liegende hebräische Wort sei מוֹרָה „I (razor) […] II (authority)“. Die Kritik am etymologischen Versuch Kittels trifft auch diese Vorschläge.

Alternativ zu den etymologischen Herleitungen, die scheitern müssen, erkannten Exegeten in der Formulierung auch eine Metapher.

Als Parallele wird in den Kommentaren eine Stelle aus Diodorus Siculus angeführt, an der Diademe auf dem Kopf als Zeichen der Macht eines anderen angesehen werden.[135] Diodor erzählt in 1,47 vom Monument des ägyptischen Pharaos Osymandyas, in dem sich u.a. eine Statue der Königsmutter befindet, die drei Diademe auf dem Kopf trägt (ἔχουσαν δὲ τρεῖς βασιλείας ἐπὶ τῆς κεφαλῆς; 1,47,5). Diodor erklärt die drei Diademe so, dass sie anzeigen, dass sie zugleich Tochter, Ehefrau und Mutter eines Königs war (ἃς διασημαίνειν ὅτι καὶ θυγάτηρ καὶ γυνὴ καὶ μήτηρ βασιλέως ὑπῆρξε). Man kann die Diademe also als durchaus als Zeichen der Königswürde anderer – nämlich der Pharaonen, mit denen die Mutter des Osymandyas verbunden war – verstehen. Dass dies aber zum Verständnis von 1Kor 11,10 etwas beiträgt, vermag ich nicht zu erkennen.

Die Versuche, ἐξουσία als Zeichen der Herrschaft des Mannes über die Frau zu verstehen, wurden unter Hinweis auf die Denotationen von ἐξουσία bereits im 18. und frühen 19. Jahrhundert kritisiert. Schleusner[136] etwa verstand ἐξουσία darum als Zeichen der Ehre, nämlich der Verheiratenen vor den Ledigen. Bengel meinte, dass ἐξουσία metonymisch verstanden sei als Zeichen für die Vollmacht der Frau zum Beten und Reden.[137] Auch für Hagenbach (1828) war die Beziehung von ἐξουσία als Zeichen der Herrschaft eines anderen über die Frau nicht einsichtig, und so versuchte er in Analogie zu μετεῖναι/μετουσία, περιεῖναι/περιουσία auch ἐξουσία vom Verbum ἐξεῖναι abzuleiten, so dass ἐξουσία die „Abstammung oder Herkunft" (ἐξ-εἶναι im Sinne von „von etwas her sein") der Frau vom Mann (nämlich im Sinne der Schöpfungsgeschichte) bezeichne; so würde also „das Weib […] ein Zeichen seiner Abstammung oder

[135] Vgl. *Meyer*, Handbuch (s. Anm. 17), 303.

[136] *J.F. Schleusner*, Novum Lexicon Graeco-Latinum in Novum Testamentum I, Leipzig ^{3}1808 (^{1}1792), s.v. ἐξουσία, 832.

[137] *Bengel*, Gnomon (s. Anm. 18), 658.

Herkunft auf dem Haupte tragen".[138] Diese etymologische Herleitung ist allerdings nicht überzeugend, weil ἐξουσία nirgendwo auf „Herkunft, Abstammung" referiert.[139]

Andere betonen unter Hinweis auf die Denotationen von ἐξουσία in der Antike, dass hier nur eine Bedeutung vorliegen kann, nach der die Frau *selbst Autorität über ihren Kopf* ausübt.[140] Der klassische Archäologe und Althistoriker Sir William Mitchell Ramsay nannte die verbreitete Interpretation, wonach ἐξουσία Zeichen der Autorität des Mannes über die Frau sei, sogar als lächerlich.[141] Bereits Hofmann wies darauf hin, dass ἐξουσία die (aktive) „Herrschaft" bezeichnet. Er bezieht das Lexem darum direkt (und nicht metonymisch) auf die Macht des Mannes, die die Frau eben über sich (*dies* sei dann metonymoisch durch ἐπὶ τῆς κεφαλῆς ausgedrückt) haben müsse.[142] Andere dagegen meinten, ebenso den aktiven Charakter von ἐξουσία betonend, dass hiermit die Macht gemeint sei, die die Frau selbst ausübt, indem sie sich auf die Weise verhält, die „angemessen,

[138] *K.R. Hagenbach*, Über die ἐξουσία 1 Cor. XI, 10, Theologische Studien und Kritiken 1 (1828), 401–402, hier 402.

[139] Ferner ist für ἔξεστιν keine andere als die unpersönliche Bedeutung nachweisbar. Dies kritisierte bereits *Lücke*, Bemerkungen (s. Anm. 125), 568f. (ebenfalls 1828).

[140] Auch *W.G. Kendrick*, Authority, Women, and Angels. Translating 1 Corinthians 11:17–34, BiTr 46 (1995), 336–342, versteht ἐξουσία als die aktive Ausübung von Autorität durch die Frau, bleibt im Sinn von V. 10 aber unentschieden zwischen „[f]or this reason and to satisfy the order over which the angels watch, the woman must wear a head scarf as a sign of her authority" und „[b]ecause of this, and on account of the angels, a woman ought to have freedom over her head to do as she wishes." Die letztere Lösung geht auf *Padgett*, Paul (s. Anm. 4), 77f., zurück: Die Frau solle Freiheit haben, ihre Frisur selbst zu wählen.

[141] *W.M. Ramsey*, The Cities of St Paul. Their Influence on his Life and Thought, London 1907, 203: Er nannte dies „a preposterous idea which a Greek scholar would laugh at any where except in the N.T."

[142] *Hofmann*, Schrift (s. Anm. 37), 232f. Vgl. die Kritik bei *Meyer*, Handbuch (s. Anm. 17), 304.

schicklich“ (πρέπον) ist.[143] Wie man sich dies vorstellen kann, erläutert Otto Everling (1888) sehr plastisch, wenn er erklärt, ἐξουσία sei hier

> eine Macht, die das Weib selbst ausübt [...] durch welche die Gelüste der Engel verhindert werden. Während plötzliches Ablegen des Schleiers ein Reizmittel für die Engel sein könnte, ist eine Hülle auf dem Haupte des Weibes eine Macht gegen die durch Schönheit verführbaren Geister.[144]

Auf dieser Linie liegt auch das Verständnis von ἐξουσία, das Hans Conzelmann vorschlägt, nämlich dass es soviel wie „Schutz“ (d.h. apotropäisches Schutzmittel) bedeute.[145] Dabei orientiert er sich an der älteren Forschung, die im Schleier ein magisches Schutzmittel gegen die gefallenen Engeln sah,[146] die nach den unverschleierten Frauen vor sexueller Begierde entbrennen (Gen 6,1–4).[147] Ohne diesen mythischen Hintergrund, sondern vielmehr im Rahmen der paulinischen Argumentation, meinten andere, ἐξουσία stehe für die Macht, Ehre und Würde der Frau – die Frau übe beim Verhüllen

[143] So etwa *Schrage*, Brief (s. Anm. 3), 514; er votiert ja für die Lesart, dass es um die richtige Frisur geht.

[144] *O. Everling*, Die paulinische Angelologie und Dämonologie. Ein biblisch-theologischer Versuch, Göttingen 1888, 37f.

[145] Vgl. *H. Conzelmann*, Der erste Brief an die Korinther (KEK 5), Göttingen 1981, 231. So auch schon *Jervell*, Imago Dei (s. Anm. 25), 308f.: Der Schleier wirke als Schutzmittel gegen Dämonen oder abtrünnige Engel, weil die Frau durch die Kopfbedeckung, die ihre Unterordnung unter den Mann anzeigt, teil hat „an dem durch die Gottebenbildlichkeit dem Manne gegebenen Schutze gegen Dämonen“ (Zitat a.a.O., 309); ferner *Zenger*, Brief (s. Anm. 91), 360.

[146] So z.B. bei *Everling*, Angelologie (s. Anm. 144), 37; *M. Dibelius*, Die Geisterwelt im Glauben des Paulus, Göttingen 1909, 13–23, zustimmend z.B. *Weiß*, Korintherbrief (s. Anm. 10), 274, der ἐξουσία, in Analogie zu δύναμις, darum paraphrasiert als „das Mittel, eine Macht auszuüben“.

[147] So schon Tertullian, Virg. Vel. 7,2; vgl. *L. Brun*, „Um der Engel willen“ 1 Kor 11,10, ZNW 14 (1913), 298–308.

ihren Kopfes Kontrolle aus, z.B. indem sie ihre Ehre schützt, wie z.B. A. Robertson und A. Plummer meinten:

> Can the meaning be „ought to have control over her head", so as not to expose it to indignity? If she unveils it, everyone has control over it and can gaze at her so as to put her out of countenance. Her face is no longer under her own control.[148]

Doch ist Andreas Lindemanns Kritik daran zuzustimmen, dann sei „die paulinische Argumentation nur ein Trick [...], weil die ἐξουσία tatsächlich nur im Verzicht auf deren Praktizierung bestünde".[149] Morna D. Hooker hat mit Vehemenz betont, dass ἐξουσία aktiv verstanden werden müsse; sie erklärt dies so, dass der Schleier der Frau gerade die Autorität dazu gibt, wie der Mann zu beten und zu prophezeien. Sie müsse nämlich die δόξα ἀνδρού, die sie trägt, verhüllen, um vor Gott nicht die Gloria des Mannes zu reflektieren.[150]
Entscheidend ist hierbei der Hinweis, dass ἐξουσία in der Antike *aktive* Bedeutungen hat, also auf die Macht verweist, die die Frau *ausübt* – was zunehmend auch in

[148] *Robertson/Plummer*, Commentary (s. Anm. 63), 232, so auch *Schrage*, Brief (s. Anm. 3), 514. Sie berufen sich dabei auf *Ramsey*, Cities (s. Anm. 141), 202ff. Diese Deutung scheint aber in das frühe 19. Jh. zurückzugehen; vgl. hierzu schon *Meyer*, Handbuch (s. Anm. 17), 304, der auf *D.J. Pott*, Epistulae Pauli ad Corinthios I, Göttingen 1826, hinweist. Anders etwa *BeDuhn*, „Because of the Angels" (s. Anm. 15), 303f.: ἐξουσία ist „freedom" und „authority" der Frauen im Sinne von „duty, responsibility"; sie haben das Recht, sich selbst zu verhüllen; es bedeutet „control" – nämlich „a woman's control over her own head, by which she demonstrates her faithfulness to her husband or her acknowledgement of her status". Von „Kontrolle" sprechen auch *Gundry-Volf*, Gender (s. Anm. 25), 159f. („control"); *Gielen*, Beten (s. Anm. 25), 242–244 (die Frau soll „Macht [i.S. von Kontrolle] über ihren Kopf, und d.h. damit über sich selbst haben").
[149] *Lindemann*, Korintherbrief (s. Anm. 90), 243.
[150] *M.D. Hooker*, Authority on Her Head. An Examination of I Cor. XI. 10, NTS 10 (1964), 410–416, besonders 414–416. *Barrett*, Commentary (s. Anm. 33), 253–255, schließt sich dieser Deutung an.

der Forschung so gesehen wird.[151] Dies macht es unmöglich, in ἐξουσία eine Macht zu sehen, die die Frau *erleidet*. Es scheiden also alle Deutungen aus, die in ἐξουσία in V. 10 ein Symbol der Macht des Mannes über die Frau sehen.[152]

b) „Wegen der Engel" (1Kor 11,10b)

Blicken wir nun auf die Formulierung διὰ τοὺς ἀγγέλους in 1Kor 11,10b. Dabei dürfte klar sein, dass die These F.C. Baurs, diese Wörter seien eine Glosse, nicht geeignet ist, die Probleme des Textes zu lösen – wenn seine Hinweise auch richtig sind, dass der Rekurs auf die Engel in der Argumentation plötzlich auftaucht und sonst keine Rolle mehr im Text spielt sowie, die Syntax störend, die Begründung eigenartig verdoppelt.[153] Auch wenn literarkritische Thesen heute in der Regel nicht mehr als geeignet erscheinen, Inkohärenzen eines Textes zu eliminieren, dürfen Baurs Beobachtungen auch nicht einfach übergangen werden; ich komme auf sie später

[151] Vgl. etwa *Hooker*, Authority (s. Anm. 150); *Padgett*, Paul (s. Anm. 4), 71f.; *Barrett*, Commentary (s. Anm. 33), 253–255; *Delobel*, 1 Cor 11:2–16 (s. Anm. 33), 387; *Baumert*, Antifeminismus (s. Anm. 33), 84; *Gundry-Volf*, Gender (s. Anm. 25), 159f.; *BeDuhn*, „Because of the Angels" (s. Anm. 15), 302f.; *Gielen*, Beten (s. Anm. 25), 242–244; *Hasler*, Gleichstellung (s. Anm. 85), 197f. u.a. Auch *Fee*, Epistle (s. Anm. 26), 519–521, votiert für das aktive Verständnis von ἐξουσία, setzt aber hinzu: „but what that means in this context remains a mystery" (a.a.O., 521).

[152] In meinem zweiten Beitrag, unten S. 126–131, werde ich Gründe dafür vorlegen, dass ἐξουσία im Sinne von „Kontrolle" zu verstehen ist.

[153] Anders dagegen *BeDuhn*, „Because of the Angels" (s. Anm. 15), 308f., der die Aussage über die Engel mit V. 7–10a, 11f. verbindet und vermutet, dass Paulus die Erschaffung von Adam und Eva nicht auf Gott, sondern auf Engel zurückführe; der Mann sei dabei das Urbild.

zurück.[154] Trotzdem ist es natürlich richtig, dass die Textüberlieferung eindeutig ist und es keinen Hinweis darauf gibt, dass διὰ τοὺς ἀγγέλους eine spätere Hinzufügung ist.[155] Die Aporie der Forschung hinsichtlich der Formulierung διὰ τοὺς ἀγγέλους zeigt sich nicht nur in den Interpolationsthesen, sondern auch bei Lyder Brun, der der Formulierung „wegen der Engel" eine rein rhetorische Funktion zuerkennt, weil „wegen Gott/wegen Christus" zu hoch und „wegen des Mannes" zu tief greifen würde, um das Schleiertragen der Frau im Gottesdienst autoritativ zu begründen.[156]

Schon altkirchlich ist die Deutung, dass in 1Kor 11,10b mit den Engeln, in Anlehnung an Offb 1,20, menschliche „Boten" gemeint seien.[157] So dachte etwa Clemens von Alexandrien an fromme Männer, Ambrosius an Bischöfe, Ephraem der Syrer an Presbyter, Primasius an den Klerus insgesamt.[158] Beza hielt die ἄγγελοι für christliche Propheten, Lightfoot für Brautwerber, die in die Gemeinde kommen.[159] Neander sah in den ἄγγελοι „Boten,

[154] Vgl. in meinem zweiten Beitrag, unten S. 123f. Zur Diskussion dieser Frage vgl. schon *C. Clemen*, Die Einheitlichkeit der Paulinischen Briefe an der Hand der bisher mit Bezug auf sie aufgestellten Interpolations- und Compilationshypothesen, Göttingen 1894, 45.

[155] So mit Vehemenz *Robertson/Plummer*, Commentary (s. Anm. 63), 233: „[...] the evidence for them [for these words] is overwhelming. An interpolator would have made his meaning clearer."

[156] *Brun*, „Um der Engel willen" (s. Anm. 147), 306–308.

[157] Im 20. Jh. vertraten diese Position *Padgett*, Paul (s. Anm. 4), 81f. und *Murphy-O'Connor*, 1 Corinthians 11:2–16 (s. Anm. 33), 271f. Zur Auseinandersetzung mit Murphy-O'Connors These vgl. *L. Stuckenbruck*, Die Frau soll Kontrolle über ihren Kopf ausüben (1Kor 11,10). Zum historischen, kulturellen und religiösen Hintergrund von 1Kor 11,2–16, in diesem Band S. 145–185, hier 165f.

[158] Vgl. *Meyer*, Handbuch (s. Anm. 17), 305 und *Robertson/Plummer*, Commentary (s. Anm. 63), 233.

[159] *Meyer*, Handbuch (s. Anm. 17), 305. *Heinrici*, Brief (s. Anm. 18), 332, nennt zudem – ohne Angabe der Vertreter – verschiedene Konjekturen, die er aber ablehnt: „διὰ τοῦς ἀγελαίους (homines gre-

Kundschafte[r], Spion[e], welche Juden und Heiden in die christlichen Versammlungen schickten".[160]
Andere meinten, dass sich „wegen der Engel" auf die Seraphim in Jesajas Thronvision (Jes 6,2) beziehe: Wie diese sollen sich auch die Frauen verhüllen.[161] Unabhängig hiervon, aufgrund von Erwägungen über die Stellung der Engel in der Schöpfungsordnung, erwog Thomas Charles Edwards, dass Paulus die Engel hier als Vorbilder der Demut und Unterordnung einführt.[162] Weit verbreitet ist die Interpretation, dass die hier erwähnten Engel gefallene Engel seien, die (wie die Göttersöhne in Gen 6,1–4) in Begierde zu den Frauen entbrennen, so dass die Frauen aus diesem Grund sich zum Schutz verhüllen müssen – so interpretierten etwa schon Justin der Märtyrer (Apol 1,5,21) und Tertullian (*De virginibus velandis* 7; 17).[163] August Neander (1859) nennt diese Deutung und erwähnt bereits das Henochbuch, das diese Tradition aufgenommen hat, erwägt aber, ob dies nicht eher darauf hinweise, dass hier mit einer Glosse zu rechnen sei.[164] Otto Everling verweist darauf, dass die

gales, i.e. licentiores), διὸ τᾶς ἀγέλας (propter greges scil. juvenum), διὰ τῆς ἀγγελίας (während der Predigt)."

160 Unter Hinweis auf Jak 2,25; Hebr 11,31 *A. Neander*, Auslegung der beiden Briefe an die Corinther [1848–1849], hrsg. von Willibald Beyschlag, Berlin 1849, 176, der diese Deutung aber zugleich ablehnt.

161 Vgl. *Heinrici*, Brief (s. Anm. 18), 331. *Robertson/Plummer*, Commentary (s. Anm. 63), 233f., halten dies für eine erwägenswerte Interpretation, obwohl sie eine andere zu präferieren scheinen (vgl. hierzu unten S. 49 Anm. 183).

162 *Edwards*, Commentary (s. Anm. 133), 278. Ähnlich auch *W. Weber*, Die paulinische Vorschrift über die Kopfbedeckung, ZWTh 46 (1903), 487–493.

163 *C.R. Gregory*, Einleitung in das Neue Testament, Leipzig 1909, 151, wies darauf hin, dass der valentinianische Gnostiker Theodotus (Fragment 44) die Mahnung des Paulus an die Frauen damit erklärte, die σοφία habe sich wegen der männlichen Engel mit einem Schleier bedeckt.

164 *Neander*, Auslegung (s. Anm. 160), 177.

Tradition von den gefallenen Engeln in jüdischer Literatur weit verbreitet war; dabei gibt es Hinweise, dass die gefallenen Engel die Frauen nicht nur in der Urzeit, sondern noch immer mit ihrer Lüsternheit bedrohen.[165] Eine kaum überzeugende Abwandlung dieser These findet sich bei Gail Paterson Corrington: Sie weist auf medizinische Texte hin, nach denen der Kopf als Eintrittspforte für Geister galt. So muss also die Frau sich durch Bedeckung ihres Kopfes davor schützen, dass die lüsternen Engel, vom unbedeckten Kopf angezogen, durch den „offenen" (d.h. unbedeckten) Kopf in die Frauen eindringen.[166]

Eine m.E. treffende, wenn auch scharfe Kritik an dieser bereits altkirchlichen Deutung findet sich bei Archibald Robertson und Albert Plummer:

> [...] the suggestion that the Apostle [Paul] is hinting that unveiled women might be a temptation to angels [...] is somewhat childish. Is it to be supposed that a veil hides a human face from angels, or that public worship would be the only occasion when an unveiled woman might lead angels into temptation?[167]

Andere verstanden die Engel so, dass sie sich nicht selbst mit den Frauen vereinigen wollten, sondern die Männer zur Wollust reizten, oder so, dass sie selbst (strafend) den unverhüllten Frauen Schaden zufügen.[168] Dies wird von anderen kritisiert, weil die Engel sonst bei Paulus keine

165 *Everling*, Angelologie (s. Anm. 144), 36f., unter Hinweis auf Gen 6,1–4; Tob 6,14; Jub 5,1f.; TestRub 5,5f.; äthHen 6; 15,12; syrBar 56,10–15; vgl. auch Jud 6.

166 *Corrington*, „Headless Woman" (s. Anm. 46), 230f.

167 *Robertson/Plummer*, Commentary (s. Anm. 63), 233. Auch *Hooker*, Authority (s. Anm. 150), 412, kritisierte diese Sicht mit dem Hinweis, dass Engel (absolut und ohne Genitvanttribut) im Neuen Testament sonst ja auch nicht böse seien. *V. Hasler* führt als weiteres Argument an, dass „die Paulustexte [fehlen], in welchen die Frau als Verführerin oder als Opfer männlicher Begierde erscheint" (Gleichstellung [s. Anm. 85], 198).

168 Vgl. *Meyer*, Handbuch (s. Anm. 17), 305, mit Nachweisen.

negative Rolle spielen.[169] Victor Hasler nennt, wenn auch nicht zustimmend, die Möglichkeit, dass in V. 10 „vorausgesandt[e] Parusieengel“ gemeint seien, die nach 2Kor 5,10 „einmal über das Tun der Gläubigen vor dem Richterstuhl berichten werden“,[170] was aber schwerlich einen Anhalt an 1Kor 11,2–16 findet. Andere denken an Schutzengel, im Hinblick auf die sich die Frauen angemessen verhalten sollen.[171]

Die These, dass *die Engel* geschützt werden müssen (nicht die Frauen), vertritt L.J. Lietaert Peerbolte: Von der richtigen Beobachtung ausgehend, dass in frühjüdischer Literatur Engel in der Gemeinschaft mit den Frommen Gott loben,[172] müssen diese Engel davor bewahrt werden, wie die gefallenen Engel von den Frauen verführt zu werden.[173] Eine Abwandlung dieser These findet sich bei Antoinette C. Wire, die, ausgehend von einigen jüdischen Vergleichstexten, meint, dass sich die Frau verschleiern müsse, damit die Engel nicht fälschlicherweise statt Gottes Adam anbeten.[174]

Einflussreich ist der Deutungsversuch Joseph Fitzmyers, der auf Texte aus Qumran hinwies:[175] So geht es in 1Q28^{a} (= 1QS^{a}) II,3–10 (in Anlehnung an Lev 21,17–23) darum, dass niemand mit einem körperlichen Defekt in

[169] Ähnlich schon *Meyer*, Handbuch (s. Anm. 17), 305.

[170] *Hasler*, Gleichstellung (s. Anm. 85), 199.

[171] So etwa schon Hieronymus, Augustinus (De trinitate 12,7), Theodoret, vgl. *Meyer*, Handbuch (s. Anm. 17), 305.

[172] Vgl. hierzu unten S. 46–48 und in meinem zweiten Beitrag S. 124f.

[173] *L.J.L. Peerbolte*, Man, Woman, and the Angels in 1 Cor 11:2–16, in: *G.P. Luttikhuizen* (Hg.), Eve's Children. The Biblical Stories Retold and Interpreted in Jewish and Christian Traditions (Themes in Biblical Narrative 5), Leiden 2000, 76–92, bes. 84–92.

[174] *A.C. Wire*, The Corinthian Women Prophets. A Reconstruction Through Paul's Rhetoric, Minneapolis, MN 1990. Sie weist auf VitAd 13–17; GenR 8,10 und EcclesR 6,9 hin.

[175] *Fitzmyer*, Feature (s. Anm. 124); auf denselben Text wies etwas später auch hin: *H.J. Cadbury*, A Qumran Parallel to Paul, HThR 51 (1958), 1–2.

der Versammlung sein darf, weil die heiligen Engel unter ihnen sind (8f.: כי מלאכי קודש [בעד]תם).[176] Dies interpretiert Fitzmyer so:

> [...] the unveiled head of a woman is like a bodily defect which should be excluded from such an assembly, „because holy angels are present in their congregation".[177]

Diese Position wurde von anderen kritisiert, weil man im Falle der unverhüllten Frau nicht von einem körperlichen Defekt sprechen kann.[178] So erscheint Fitzmyers Interpretation als überzogen. Es kann die entsprechende Stelle in 1Q28[a] (= 1QS[a]) II,8f. aber auch so verstanden werden, dass die Anwesenden in ihrem Verhalten auf die in der Versammlung gegenwärtigen Engel Rücksicht nehmen sollen. Schon die Kirchenväter wiesen darauf hin, dass die Engel im (irdischen) Gottesdienst anwesend sind und dass daher die Gemeinde sich der Gegenwart der heiligen Engel entsprechend verhalten muss.[179] Ähnlich argumentierte z.B. schon August Neander (1859), ohne natürlich die Qumranstellen zu kennen: Paulus denke an die sichtbare und unsichtbare Welt, die Engel sind also anwesend.[180] Auch C.F.G. Heinrici (1880) hat unter

[176] Auch in anderen Texten soll die Gemeinde darum rein bewahrt werden, vgl. 1QM VII,4–7; 4QD[d].

[177] *Fitzmyer*, Feature (s. Anm. 124), 57.

[178] Kritisch dagegen bereits *H. Braun*, Qumran und das Neue Testament I, Tübingen 1966, 193f., ebenso *Conzelmann*, Brief (s. Anm. 145), 231 Anm. 87. Vgl. ausführlich auch *C. Wassen*, „Because of the Angels". Reading 1 Cor 11:2–16 in Light of Angelology in the Dead Sea Scrolls, in: *A. Lange/E. Tov/M. Weigold* (Hg.), The Dead Sea Scrolls in Context. Integrating the Study of the Dead Sea Scrolls in Ancient Texts, Languages, and Cultures II (VT.S 140), Leiden/Boston 2011, 735–754.

[179] So z.B. nach *Heinrici*, Brief (s. Anm. 18), 331 bereits Johannes Chrysostomos und Augustin. Hierfür werden angeführt: Ps 137,1 LXX; Tob 12,12f. und Hebr 1,14. In neuerer Zeit hat Morna D. Hooker diese Deutung unterstrichen (Authority [s. Anm. 150], 412f.). Vgl. zum Thema ausführlich *O. Hofius*, Gemeinschaft mit den Engeln im Gottesdienst der Kirche, ZThK 89 (1992), 172–196.

[180] Vgl. *Neander*, Auslegung (s. Anm. 160), 177.

Hinweis auf rabbinische Quellen die Engel als Mächte verstanden, „die mit der Wahrung der durch ihre Vermittlung gesetzten Ordnung beauftragt sind".[181] Diese Vorstellung kann sich z.B. auf Ps 137,1 LXX berufen; vgl. ebenso Tob 12,12f., wonach Raphael das Gebet Tobits vor Gott bringt.[182] Die Engel wurden also im Frühjudentum durchaus als Hüter der geschöpflichen Ordnung oder des Gottesdienstes verstanden, und darum musste auf ihre Anwesenheit Rücksicht genommen werden.[183] Ich werde auf diesen Aspekt in meiner Deutung noch einmal eingehen.[184]

[181] *Heinrici*, Sendschreiben (s. Anm. 1), 317: daher seien die Engel quasi als „Personification der göttlichen Weltordnung" zu verstehen. Diese Sicht kritisierte 1888 O. Everling mit dem Hinweis, dass die von Heinrici genannten Quellen zu spät seien (Angelologie [s. Anm. 144], 35). 1Q28[a] (= 1QS[a]) II,8f. belegt aber, dass diese Vorstellungen bereits früher existierten, was im 19. Jahrhundert natürlich nicht bekannt war.

[182] Vgl. *Meyer*, Handbuch (s. Anm. 17), 305. Bereits Johannes Chrysostomos erklärte die Funktion der Engel im Gottesdienst auf ähnliche Weise (vgl. ebd.).

[183] Entsprechend erklären *Robertson/Plummer*, Commentary (s. Anm. 63), 233, die Stelle so: „The meaning is plain. If a woman thinks lightly of shocking men, she must remember that she will also be shocking the angels, who of course are present at public worship." Ähnlich auch *A. Isaksson*, Marriage (s. Anm. 88), 179: Die im Gottesdienst anwesenden Engel sprechen mit den Frauen und bevollmächtigen sie so zu prophetischer Rede; ähnlich auch *Gundry-Volf*, Gender (s. Anm. 25), 164, die von einer „angelic mediation of revelation" spricht. *A. Jaubert*, Le voile des femmes (I Cor. xi. 2–16), NTS 18 (1972), 419–430, meint, dass die Frauen sich verhüllen sollen, um die Heiligkeit des Gottesdienstes zu gewährleisten; ähnlich z.B. *Hasler*, Gleichstellung (s. Anm. 85), 199, der sich jedoch der Position anschließt, dass es um hochgebundene Haare geht. W. Schrage erwägt, dass „Engel als Beobachter menschlichen Verhaltens [...] etwa durch einen durch unanständige Haartracht ausgelösten Schock oder Skandal betrübt werden oder sich freuen sollen, wenn in der Gemeinde alles mit Anstand hergeht" (*ders*., Brief [s. Anm. 3], 517), bleibt aber im ganzen hinsichtlich der Rolle der Engel unschlüssig.

[184] Vgl. unten S. 126f.

3.3.6 1Kor 11,11–12 im Widerspruch zu V. 7–10

Nicht nur 1Kor 11,10 bietet interpretatorische Probleme. Häufig wurde auch auf den Gegensatz hingewiesen, den V. 11–12 gegenüber den Aussagen in V. 8–10 darstellen: Während Paulus mit dem intertextuellen Bezug auf Gen 1–2 in V. 8–10 begründet, dass die Frau wegen ihres Entstandensein „aus“ dem Mann diesem gegenüber Verpflichtungen hat, bietet V. 11f. einen Gegensatz zu dieser Schlussfolgerung. Dabei ist es nicht zielführend, den Widerspruch dadurch lösen zu wollen, dass Teile des Textes den Korinthern zugewiesen werden, die Paulus nur referiere.[185] Denn dieser Gegensatz ist Paulus selbst bewusst; darum leitet er ihn auch mit der Konjunktion πλήν („jedoch“) ein.[186] Wolfgang Harnisch bestimmt daher die Funktion von V. 11f. in Anschluss an Heinrich Lausberg als *correctio* in der Form der Epidiorthosis – als eine nachgeschobene Richtigstellung, die allzu drastische Aussagen abmildern soll.[187]

[185] So etwa zu V. 11 *Harnisch*, Gebaren (s. Anm. 90), 113.

[186] Für eine starke adversative, geradezu korrektive Bedeutung von πλήν in V. 11 votiert zu Recht *Engberg-Pedersen*, 1 Corinthians 11:16 (s. Anm. 86), 683 mit Anm. 14. Er kritisiert andere Versuche, πλήν zu verstehen, etwa „the point is“ (*T.P. Shoemaker*, Unveiling of Equality. 1 Corinthians 11:2–16, BTB 17 [1987], 60–63, hier 62), oder „the key thing“ (*Scroggs*, Paul [s. Anm. 2], 300). Von einem „gewissen Rückzug“ spricht hier *Conzelmann*, Brief (s. Anm. 145), 232, und *Lindemann*, Korintherbrief (s. Anm. 90), 239, von „eine[r] deutliche[n] Modifikation und in gewisser Weise sogar Korrektur“.

[187] Vgl. *Harnisch*, Gebaren (s. Anm. 90), 112 unter Hinweis auf *H. Lausberg*, Handbuch der literarischen Rhetorik. Eine Grundlegung der Literaturwissenschaft, Stuttgart ^{3}1990, 386–389 (§§ 784–786). Als eine gewisse Korrektur oder Zurücknahme allzu harscher Aussagen über die Frauen (z.B. als „Trost“ für sie), haben schon die alten Ausleger V. 11f. verstanden (so etwa Hieronymus, Johannes Chrysostomus, später Calvin u.a., vgl. *Schrage*, Brief [s. Anm. 3], 517 mit Anm. 185).

Die zu V. 8–10 widersprüchliche Aussage,[188] die in V. 12 begründet wird, lautet dabei in V. 11: „Weder ist eine Frau ohne einen Mann, noch ein Mann ohne eine Frau im Herrn." Es ist gar nicht nötig, hier etwas einzufügen, wie dies z.B. die Lutherübersetzung tut („ist nichts ohne"),[189] oder wie Josef Kürzinger vorschlägt, wenn er übersetzt: „Im übrigen ist weder die Frau anders als der Mann noch der Mann anders als die Frau im Herrn" – d.h. es „gilt weder die Frau anders als der Mann noch der Mann als die Frau".[190] Denn V. 12 – der ja die Begründung für V. 11 liefert (γάρ) –, zeigt deutlich, dass es um die Frage der „Existenz" oder des Woher von Frau und Mann geht: Der/die eine wäre nicht ohne die/den jeweils andere/n. Dies wird in V. 12 durch die Aussage begründet:

> (12a) Denn wie die Frau aus dem Mann, (12b) so auch (ist) der Mann durch die Frau – (12c) das alles aber (ist) von Gott.

Dabei nimmt V. 12a anscheinend den Faden von V. 8f. wieder auf: Die Frau ist „aus" dem Mann, insofern sie nach Gen 2,22f. aus der Rippe Adams erschaffen wurde. Es ist allerdings wahrscheinlicher, dass V. 11f. Männer und Frauen gewissermaßen „nach" Adam und Eva in den Blick nimmt – darauf weist m.E. die indeterminierte Formulierung (γυνή und ἀνήρ ohne bestimmtem Artikel) in V. 11 hin: Es geht eben nicht um die in V. 8f. genannten

188 Besonders nachdrücklich wird dieser Widerspruch konstatiert von *Padgett*, Paul (s. Anm. 4), 72ff., und von *Gundry-Volf*, Gender (s. Anm. 25), 160ff., die beide darauf ihre Argumentationen aufbauen, wenn sie auch zu unterschiedlichen Ergebnissen kommen.

189 Dabei lautet der Text in der Lutherbibel von 1534: „Doch ist weder der man on das weib / noch das weib on den man / in dem Herrn."

190 *J. Kürzinger*, Frau und Mann nach 1Kor 11,11f., BZ.NF 22 (1978), 270–275, hier 274, unter Hinweis auf Plato, Laches 195a und Gen 26,1: χωρίς = „anders als, verschieden von". Zur Kritik *Schottroff*, Brief (s. Anm. 49), 209f.: χωρίς = „ohne", denn „[b]eide Geschlechter sind aufeinander bezogen, aufeinander angewiesen, können sich über das jeweils andere Geschlecht nicht hinwegsetzen."

ersten Menschen. Dann wäre der bestimmte Artikel in V. 12 generisch zu verstehen.[191] Paulus besagt hier jedenfalls, dass bei der menschlichen Fortpflanzung Mann und Frau aufeinander angewiesen sind.[192]

Dieses Verständnis wird möglicherweise durch eine jüdische Tradition untermauert. Madeleine Boucher hat 1969 einige rabbinische Paralleltexte zu 1Kor 11,11f. (und Gal 3,28) diskutiert. Sie werden in den betreffenden Texten auf Rabbinen des 2. bzw. 3. Jh. n.Chr. zurückgeführt, könnten aber auf ältere mündliche Traditionen zurückgehen.[193] Mary Rose D'Angelo hat diesen Hinweis aufgenommen und diskutiert die Parallelen zwischen den rabbinischen Belegen und 1Kor 11,2–16.[194] In jBer 9,1; Genesis Rabbah 8,3; 22,2 findet sich die Formulierung:

> In the past, Adam was created from the earth (dust) and Eve was created from Adam; from then (Adam) on, „in our image, after our likeness"; (there can be) not man without woman, (there can

[191] Vgl. BDR § 252 b.

[192] *Zenger*, Brief (s. Anm. 91), 361 mit Anm. 76, weist darauf hin, dass „γεννηθῆναι gewöhnlich mit ἐκ konstruiert" wird, erwähnt aber zu διά *c. gen.* neben 1Kor 4,15 Justin, Dial. 75,4.

[193] *M. Boucher*, Some Unexplored Parallels to 1 Cor 11,11–12 and Gal 3,28. The New Testament on the Role of Women, CBQ 31 (1969), 50–58, hier 54f. (vgl. auch schon Bill. 3,440). – Zur Datierung der rabbinischen Schriften vgl. *G. Holtz*, Rabbinische Literatur und Neues Testament. Alte Schwierigkeiten und neue Möglichkeiten, ZNW 100 (2009), 173–198, hier 173–183. Demnach hat man die Skepsis gegenüber der annähernd richtigen Zuschreibung an bestimmte Rabbinen, wie sie noch in den 1980er Jahren galt, heute aufgegeben und sieht die Zuschreibungen von Traditionen wenigstens in die ungefähre Zeit der als Urheber einer Tradition genannten Rabbinen als zuverlässig an. Die Zuverlässigkeit der (zumindest annähernd) richtigen zeitlichen Einordnung bestimmter rabbinischer Einzeltraditionen konnte man dadurch erweisen, dass es eine Reihe von Berührungspunkten der rabbinischen Literatur mit den Schriften aus Qumran gibt, die man zeitlich recht genau einordnen kann (vgl. hierzu *Holtz*, a.a.O, 180f., mit Diskussion von Sekundärliteratur). Zwar ist eine Rekonstruktion des historischen Wortlauts nicht möglich, aber wenigstens kann der Inhalt der Tradition damit zeitlich fixiert werden.

[194] *M.R. D'Angelo*, The Garden: Once and Not Again. Traditional Interpretation of Genesis 1:26–17 in 1 Corinthians 11:7–12, in: *G.A. Robbins* (Hg.), Genesis 1–3 in the History of Exegesis. Intrigue in the Garden, Queenston, Ontario 1988, 1–41.

> be) not woman without man, (there can be) not both of them without the shekinah.[195]

Die Berührungen zu 1Kor 11,7–9.11f. sind erstaunlich: In beiden Fällen wird auf Gen 1,26f. *und* 2,22f. Bezug genommen, und es findet sich eine ähnliche Formulierung („nicht Mann ohne Frau, nicht Frau ohne Mann"). Ein Problem bleibt, ob diese Tradition ins 1. Jh. n.Chr. zurückreicht; wie bereits M. Boucher vermutet dies auch M.R. D'Angelo, ohne dass es beweisbar ist;[196] die enge Parallele bleibt interessant. Man darf den Gedanken dennoch zur Erhellung von 1Kor 11,11f. heranziehen. In den rabbinischen Belegen wird eine zeitliche Differenzierung eingeführt: Die Erschaffung von Adam und Eva erfolgte auf einzigartige Weise, doch dies gehört der Vergangenheit an. In den folgenden Generationen bedarf es zur Fortpflanzung Mann und Frau; und beide brauchen zudem Gott. Eine ähnliche Argumentation findet sich in 1Kor 11,11f.: In der Fortpflanzung sind Mann und Frau aufeinander angewiesen.

Dieses Verständnis von 1Kor 11,11f. bietet allerdings das Problem, dass die gegenseitige Angewiesenheit von Mann und Frau in V. 11 durch ἐν κυρίῳ näher bestimmt wird. Dies wurde häufig so verstanden, dass ἐν κυρίῳ auf den Bereich des Glaubens verweise: In einer *christlichen* Ehe sei die Aussage von V. 7–9 so zu verstehen, dass die „christliche[n] Ehegatten [...] zu gegenseitiger, einander ergänzender Zusammengehörigkeit vereinigt" seien; *in der christlichen Ehe* wird also das Verhältnis von Mann und Frau anders gewichtet, als es sich schöp-

[195] Zitiert nach *D'Angelo*, Garden (s. Anm. 194), 7. In allen drei Belegen ist der Text ähnlich; die Abweichungen in jBer 9,1 sind in Klammern angegeben.

[196] Die Vorstellung der Teilnahme von Mann und Frau am Schöpfungswerk Gottes bei der menschlichen Fortpflanzung in Verbindung mit ihrer Gottebenbildlichkeit ist dabei ein verbreitetes Motiv, das sich auch bei Philo findet (vgl. *D'Angelo*, Garden [s. Anm. 194], 11: vgl. bKid 30b; Philo, Decal 107; Spec. leg. 2,225.) D'Angelo (a.a.O., 17) zeigt zudem, dass die Fragestellungen, die in den genannten rabbinischen Texten behandelt werden – die Diskussion des Plurals von Gen 1,26 und das Verhältnis zu Gen 1,27 – bereits bei Philo zu finden sind (vgl. Opif. mund. 72–75; Mut. 30f.; Fug. 68–72; Conf. ling. 169–180).

fungstheologisch aus Gen 1–2 ergibt.[197] Andere denken an eine gleiche Stellung von Mann und Frau in der „christlichen Heilsordnung“[198] oder in der neuen Schöpfung.[199] Die Formulierung ἐν κυρίῳ führt aber nicht zwingend zu diesem Verständnis: Zum einen ist zu bedenken, dass die in V. 12 benannte Erfahrung (die die Aussage in V. 11 begründet: γάρ) *für alle* Menschen gilt, nicht nur für Christen. Die beiden Aussagen ἐν κυρίῳ in V. 11fin und τὰ δὲ πάντα ἐκ τοῦ θεοῦ in V. 12c sind vielmehr aufeinander zu beziehen: ἐν κυρίῳ bedeutet schlicht so viel wie „gemäß dem Willen des Herrn“. Mit V. 12c zusammengesehen, finden wir hier eine ähnliche Aussage wie in 1Kor 8,6, wo das Schöpfungswirken Gottes und Christi parallelisiert werden:[200] Schöpfung und Erhaltung – hier: die menschliche Fortpflanzung –, die eine gegenseitige Angewiesenheit von Frau und Mann aufeinander anzeigen, sind so von Gott, dem

[197] *Meyer*, Handbuch (s. Anm. 17), 306; hier auch das Zitat. Andere bezogen die Aussage in 1Kor 11,11 darauf, dass Mann und Frau gleichermaßen Objekt des göttlichen Heils seien; demgegenüber hat Meyer darin recht, dass 1Kor 11,11f. auf den argumentativen Kontext bezogen werden muss.

[198] *Kürzinger*, Frau (s. Anm. 190), 274: „Innerhalb dieser Ordnung des Heils hat die Gemeinschaft von Frau und Mann eine andere Wertung erfahren.“ – Ebenso betont z.B. W. Thüsing den Gegensatz zwischen Schöpfungs- und Heilsordnung (Per Christum [s. Anm. 67], 21f.). W. Harnisch deutet ἐν κυρίῳ als gleichbedeutend mit „σῶμα Χριστοῦ [...]: im Raum der durch den Gekreuzigten ermöglichten ἀγάπη“ (*ders.*, Gebaren [s. Anm. 90], 113) unter Bezugnahme auf *F. Watson*, The Authority of the Voice. A Theological Reading of 1 Cor 11.2–16, NTS 46 (2000), 520–536, hier 532: „In the Lord, women and men are interdependent, and this ist he interdependence of agape and not of eros.“ Ähnlich schon *Schlatter*, Paulus (s. Anm. 25), 313: „Gott hat die beiden [Mann und Frau] verschieden gemacht [was die Unterordnung der Frau begründet], aber nicht voneinander getrennt.“

[199] So etwa *Schrage*, Brief (s. Anm. 3), 518f.

[200] Bereits Johannes Calvin verstand die Adverbialbestimmung ἐν κυρίῳ so, dass dies eine schöpfungsmäßig angelegte Bestimmung ist; vgl. *Calvin*, Auslegung (s. Anm. 17), 413.

Schöpfer, geordnet, und entsprechen damit auch dem Willen des Kyrios.
In der nachgeschobenen *correctio* in 1Kor 11,11f. wehrt Paulus also einer möglichen überzogenen Anwendung der Argumente in V. 7–10 im Hinblick auf das generelle Verhältnis von Mann und Frau; dies wird dahingehend eingeschränkt, dass Mann und Frau wechselseitig im Hinblick auf ihre Existenz aufeinander angewiesen sind. Dies tut Paulus, indem er auf die jedem zugängliche Erfahrung hinweist, wie die Schöpfung eingerichtet ist (hier: wie die menschliche Fortpflanzung funktioniert), und indem er über die Anwendung des Schöpfungsberichtes des Alten Testaments hinaus auch die vorfindliche Struktur und Funktionsweise der Schöpfung als von Gott gegeben und vom Kyrios gewollt charakterisiert.

3.3.7 Die Argumente des Schicklichen und der Natur in 1Kor 11,13–15

Der Rekurs auf die Natur in V. 14 wurde in der älteren Forschung unterschiedlich beurteilt. Godet bezog dies auf die Natur im Sinne der körperlichen Beschaffenheit der Frau.[201] H.A.W. Meyer deutete dies dagegen auf „die Stimme der Natur“ im „eigenen Inneren“ und erklärt:

> Die φύσις ist das natürliche Verhältniss des Urtheils und Gefühls zur Sache, der von Natur inwohnende Sinn und Tact für das Schickliche. Diess instinctive Schicklichkeitsbewusstsein war in Betreff des fraglichen Punktes durch *Gewohnheit* hergestellt und φύσις *geworden*.[202]

[201] *F. Godet*, Commentary in St. Paul's First Epistle to the Corinthians II, translated from the French by A. Cusin, Edinburgh 1890 [französische Ausgabe 1886], 128.
[202] *Meyer*, Handbuch (s. Anm. 17), 307.

Damit bezieht sich Meyer auf ältere Ausleger zurück, wie etwa Calvin, der erklärt: „Paulus beruft sich auf die Natur als Lehrmeisterin des Anstandes.“[203] Hofmann denkt an die Ordnung, nach der die Natur eingerichtet ist, und kommt damit, ohne darauf hinzuweisen, einem Gedanken der Stoa nahe.[204] Dass hier ein stoisches Argument vorliegt, bemerkte zu Recht C.F.G. Heinrici;[205] demnach lehrt die Natur, die Unterschiede der Geschlechter ernst zu nehmen und daraus Konsequenzen zu ziehen.[206]

Wie dieses Argument funktioniert, zeigen zwei Abschnitte aus Epiktets *Dissertationes*. In der Diatribe „Über die Vorsehung“ (περὶ προνοίας) in Diss. 1,16 ruft Epiktet in 9–14 die Hörer dazu auf, die kleineren Werke der Natur (τὰ πάρεργα αὐτῆς) zu betrachten.[207] Hier geht er auf den an sich unnützen Bartwuchs ein und versteht ihn wie anderes, z.B. die Löwenmähne, als von der Natur eingerichtetes Zeichen, dass die Unterscheidung der Geschlechter zu beachten und zu befolgen ist.[208] In Diss. 3,1 „Über das Herausputzen“ (περὶ καλλωπισμοῦ) wendet sich Epiktet gegen einen jungen Mann, der es mit der Körperpflege (es geht nach 28–29 und 43 um das Rasieren und Zupfen der Körperbehaarung) zu genau nimmt, und fordert ihn dazu auf, sich nicht wie eine Frau, sondern wie ein Mann zu verhalten.[209] In diesem Zusammenhang geht er darauf ein, dass in der Natur alles zu seiner Bestimmung eingerichtet ist und dass dieser Natur nach gehandelt werden soll (φύσει ὁμολογουμένως, 25). In 27–29 kommt Epiktet auf den Haarwuchs zu sprechen, genauer auf die Körperbehaarung, die bei Mann und Frau unterschiedlich ist. Der junge

[203] *Calvin*, Auslegung (s. Anm. 17), 413.
[204] *Hofmann*, Schrift (s. Anm. 37), 224f., 228.
[205] *Heinrici*, Brief [1896] (s. Anm. 18), 334; anders aber noch *ders.*, Sendschreiben [1880] (s. Anm. 1), 320f.
[206] Ebenso J. Weiß unter Hinweis auf Epiktet, Ench. 49; Cicero, De officiis 1,28,10 (*Weiß*, Korintherbrief [s. Anm. 10], 276 mit Anm. 2); vgl. auch *Zenger*, Brief (s. Anm. 91), 361f.
[207] Vgl. hierzu *Barrett*, Commentary (s. Anm. 33), 256.
[208] Vgl. besonders Diss. 1,16,14: διὰ τοῦτο ἔδει σῴζειν τὰ σύμβολα τοῦ θεοῦ, ἔδει αὐτὰ μὴ καταπροίεσθαι, μὴ συγχεῖν ὅσον ἐφ᾽ ἑαυτοῖς τὰ γένη τὰ διῃρημένα.
[209] Auch Epiktets Lehrer Musonius Rufus widmete seinen 21. Diskurs der Mann und Frau entsprechenden Frisur; vgl. *Murphy-O'Connor*, Sex (s. Anm. 25), 486f.; *Collins*, First Corinthians (s. Anm. 91), 397.

Mann soll sich dementsprechend wie ein Mann und nicht wie eine Frau verhalten, der Unterschied der Geschlechter, den die Natur anzeigt, soll gewahrt bleiben.

Die im Kontext sperrige Aussage 1Kor 11,15 – langes Haar ist der Frau anstelle eines Überwurfs gegeben – versteht Meyer in Übereinstimmung damit, dass die Frau einen Schleier tragen solle, denn das lange Haar ist der Frau gegeben,

> die Stelle eines Schleiers zu vertreten, gleichsam ein natürlicher Schleier zu sein. [...] ist die κόμη eine Ehre für die Frau, *weil sie statt Schleiers gegeben ist*, so muss ihr auch *der Schleier selbst* eine Ehre sein [...].[210]

Diese Deutung verdreht jedoch die Aussage in V. 15 und glättet den Widerspruch zum Rest des Textes. Dabei ist die Formulierung jedoch ernst zu nehmen.[211]

Exkurs: Bedeutet περιβόλαιον in 1Kor 11,15 „Hoden“?

Einen ungewöhnlichen Vorschlag zum Verständnis von 1Kor 11,15 – ἡ κόμη ἀντὶ περιβολαίου δέδοται αὐτῇ – machte Troy W. Martin.[212] Dabei geht er von der klassischen Interpretation von 1Kor 11,2–16 aus, wonach Paulus die Frauen in Korinth auffordert, beim Beten einen Schleier zu tragen. Den Widerspruch zu V. 15 löst er dadurch auf, dass er περιβόλαιον anders als üblich – also nicht als textilen Überwurf, Umhang u.ä. – versteht. Ausgehend von medizinischer Literatur schlägt er vor, dass περιβόλαιον in V. 15 „Hoden“ bedeute. Also laute die Aussage des Paulus: „langes Haar ist ihr anstelle von Hoden gegeben“. Den Hintergrund einer solchen Aussage

[210] *Meyer*, Handbuch (s. Anm. 17), 308. Ähnlich auch F.C. Baur: „Die Natur weist also selbst darauf hin, dass sie [die Frau] verschleiert sein soll“ (Beiträge [s. Anm. 21], 570). Ähnlich auch *K.T. Wilson*, Should Women Wear Headcoverings?, BS 148 (1991), 442–462: Weil der Frau lange Haare als Schleier gegeben sind, soll sie auch im spirituellen Bereich einen (textilen) Schleier tragen.
[211] Vgl. hierzu in meinem zweiten Beitrag, unten S. 100f.
[212] *T.W. Martin*, Paul's Argument from Nature for the Veil in 1 Corinthians 11:13–15. A Testicle instead of a Head Covering, JBL 123 (2004), 75–84.

erläutert Martin vor dem Hintergrund antiker medizinischer Vorstellungen über die Geschlechtsorgane und den Zeugungsakt. In der hippokratischen Literatur (und, wie Martin sich bemüht nachzuweisen, nicht nur dort[213]) gab es die Vorstellung, dass der Samen im Kopf entstehe und in einem Zusammenhang mit der Haarlänge stehe: Man meinte, dass langes Haar den Samen anziehe, indem es einen Sog darauf ausübe. Darum ist es für einen Mann, der der Natur nach darauf angelegt sei, seinen Samen im Geschlechtsakt zu ejakulieren, eine Schande, langes Haar zu tragen, weil so der im Gehirn befindliche Samen durch das Haar an seinem Ort festgehalten werde, während umgekehrt eine Frau naturgemäß langes Haar trage und nicht kurzes, damit dieses die Sogwirkung des hohlen Uterus auf den ejakulierten Samen des Mannes erhöht.[214] Dieser Vorschlag ist ausführlich von Marc Goodacre kritisiert worden,[215] woraufhin T.W. Martin seine Position nochmals bekräftig hat.[216] Er zeigt einschlägige Kenntnisse über die antike medizinische Tradition, insbesondere zum Thema der Fortpflanzung – mit seiner Interpretation von περιβόλαιον in 1Kor 11,15 scheint er aber der „Parallelomanie“[217] erlegen zu sein: Es ist nicht erfindlich, dass Paulus oder seine Rezipienten in Korinth diese spezielle medizinische Bedeutung von περιβόλαιον im Sinn haben sollten (auch wenn Martin aufzeigt, dass περιβόλαιον = „Hoden“ in einem Zusammenhang mit langem Haar stehen kann). Dem steht entgegen, dass das vorchristlich nicht sehr häufige Nomen περιβόλαιον sehr regelmäßig in Kollokation mit Lexemen begegnet, die zum semantischen Feld Bekleidung gehören.[218]

[213] *Martin*, Paul's Argument (s. Anm. 212), 77–83, nennt hier u.a. Belege aus der Komödie (Aristophanes, Eccl. 523–24; Thesm. 492–94), aus Romanen (Achilleus Tatios, Τὰ κατὰ Λευκίππην καὶ Κλειτοφῶντα 1,15,2) und aus philosophischer Literatur (Aristoteles, Gen. an. 730a.33–730b.2; 739a.37–739b.20 u.ö.; Probl. 893b.10–17; Maximus von Tyrus, Phil. 4,5).

[214] *Martin*, Paul's Argument (s. Anm. 212), 77–81.

[215] *M. Goodacre*, Does περιβόλαιον Mean „Testicle“ in 1 Corinthians 11:15?, JBL 130 (2011), 391–396.

[216] *T.W. Martin*, Περιβόλαιον as „Testicle“ in 1 Corinthians 11:15. A Response to Mark Goodacre, JBL 132 (2013), 453–465.

[217] Dieser Begriff wurde von *S. Sandmel*, Parallelomania, JBL 81 (1962), 1–13, in die Exegese eingeführt, auch wenn er nicht von ihm geprägt wurde (a.a.O., 1).

[218] Περιβόλαιον bezeichnet dabei mehrfach den purpurnen Umhang der Herrscher (Diod. Sic. 36,2,4; Poseidonius Frgm. 192a,2,4 [*W. Theiler*, Posidonios. Die Fragmente I, Berlin 1982, 152]; Dion. Hal. ant. 3,61,1) und steht besonders in der Septuaginta und bei Philo in Kollokation mit ἱμάτιον (Ex 22,26 LXX; Ψ 101,27; 103,6; Jes 59,17 LXX; vgl. auch Philo, Somn. 1,92.101 u.ö.), oder aber mit anderen

Der Argumentation Martins liegt der Trugschluss zugrunde, dass sich die paradigmatische Sinnrelation von περιβόλαιον und κόμη in 1Kor 11,15 *ausschließlich* vor dem Hintergrund der antiken medizinischen Literatur über die Funktion der Geschlechtsorgane von Mann und Frau erklären lässt *und* dass dieser Hintergrund auch für Paulus und seine Leser nahe lag. Er verkennt aber, dass Paulus mit der Zusammenstellung von langem Haar und περίβολον eine sich vom üblichen Gebrauch dieses Lexems her ergebende naheliegende Metapher gebildet hat.
Troy Martin wiederum entgegnet Marc Goodacres Kritik, indem er sich u.a. zu Recht auf die moderne Semantik bezieht.[219] Er betrachtet dabei aber 1Kor 11,2–16 mit einem von den Sinnrelationen der von ihm untersuchten medizinischen Texte her voreingenommenen Blick, wenn er erklärt:

> In this passage, Paul develops an argument from nature about the different functions of long hair in men and women. The context is thus one of physiology and the contrasting body parts of men and women. Paul's statement that long hair is given by nature to a woman instead of a περιβόλαιον requires a translation of περιβόλαιον that refers to a male body part lacking in a woman but having a function corresponding to her long hair. The only translation proposed thus far that satisfies this context of περιβόλαιον is „testicle".[220]

Aber die unterschiedliche „Physiologie" von Mann und Frau ist keineswegs das Thema von 1Kor 11,2–16 und stellt auch nicht den Rahmen (*frame*) des Textes dar,[221] in den die übrigen Aussagen eingezeichnet werden müssen. Dass in V. 15 dem περιβόλαιον der Frauen ein „fehlendes männliches Körperteil" mit entsprechender

Lexemen dieses semantischen Feldes (Jes 50,3). Dass mit περιβόλαιον dabei am ehesten die Konnotation des Bedeckens (und Schützens) verbunden ist, zeigt z.B. Herodot, Frgm. 24b (FHG 2, 28–41, hier 34), wo das Lexem im Zusammenhang mit Herakles' Löwenfell erwähnt wird, und Plutarch, Aratus 43,8, wo als περιβόλαιον eine Decke oder ein Umhang bezeichnet wird, um vor Kälte zu schützen.

219 *Martin*, Περιβόλαιον (s. Anm. 216), 453f.

220 *Martin*, Περιβόλαιον (s. Anm. 216), 457.

221 Vgl. zu *frame* als Begriff der semantischen Theorie: *K.-P. Konerding*, Frames und lexikalisches Bedeutungswissen. Untersuchungen zur linguistischen Grundlegung einer Frametheorie und zu ihrer Anwendung in der Lexikographie (Reihe germanistische Linguistik 142), Tübingen 1993.

Funktion korrespondieren müsse, erklärt sich auch nur damit, dass Martins Blick von seinen Vergleichtexten her befangen ist.
Wie andere Texte aus der Antike zeigen,[222] war die Vorstellung, dass langes Haar der Frau, aber nicht dem Manne angemessen ist, auch ohne jede medizinische Konnotation gebräuchlich, vor allem in der Stoa. In diesen Komplex gehört auch die Begrifflichkeit von πρέπον und φύσις.[223] Es hat eher den Anschein, dass die medizinische Erörterung über das Verhältnis von Samen und Haaren von der üblichen antiken Einschätzung über die Naturgemäßheit langer oder kurzer Haare für Frau und Mann ausgeht und sie „naturwissenschaftlich“ untermauert.

3.3.8 Die Schlussmahnung in 1Kor 11,16

In der an sich klaren Schlussmahnung des Paulus in V. 16 ist umstritten, worauf sich „wir haben eine solche Sitte nicht“ (ἡμεῖς τοιαύτην συνήθειαν οὐκ ἔχομεν) usw. bezieht. Seit der Antike werden verschiedene Positionen vertreten, wonach sich (1) „eine solche Sitte“ auf die Unverhülltheit der Frau bezieht,[224] oder aber (2) auf die Gewohnheit zu streiten,[225] oder aber (3) auf beides.[226] Zu Recht weist demgegenüber H.A.W. Meyer darauf hin, dass dem Kontext am meisten entspräche, wenn man τοιαύτην συνήθειαν auf das Streiten bezieht, schließt

[222] Vgl. nur die hier besprochenen Texte Epiktet, Diss. 1,16,9–14 und 3,1, bes. 27–29; vgl. auch Plutarch, Mor. 4,267b2–4.
[223] Vgl. *Thompson*, Creation (s. Anm. 16), 239f., bes. bei Anm. 12–14, mit weiteren Texten.
[224] So nach *Meyer*, Handbuch (s. Anm. 17), 309, Theodoret, Erasmus, Grotius, Bengel, Michaelis, Semler, Neander, Hofmann u.a.; zuletzt auch *Harnisch*, Gebaren (s. Anm. 90), 116, der jedoch unter der in Frage stehenden korinthischen Sitte „die praktizierte Haartracht“ versteht.
[225] So nach *Meyer*, Handbuch (s. Anm. 17), 309, Johannes Chrysostomos, Ambrosius, Beza, Calvin, de Wette u.a. In neuerer Zeit z.B. *Engberg-Pedersen*, 1 Corinthians 11:16 (s. Anm. 86), 685–687, der aber meint, dass Paulus selbst nicht streiten wolle und daher nicht auf seiner Sicht bestehe. Er appelliere stark mit Schöpfung und Sitte, spiele aber seine Autorität nicht aus.
[226] Als Vertreter dieser unentschiedenen Position nennt *Meyer*, Handbuch (s. Anm. 17), 309, Theophylakt und Osiander.

dann aber, dass dies sogar eine rhetorische Spitze gegen die Korinther selbst sei, „denen die Untugend der Streitsucht zur *Gewohnheit* geworden zu sein schien; sie war ihr leidiger *Brauch*",[227] womit Meyer einen Bogen zur in 1Kor 1,10–4,21 kritisierten Parteibildung schlägt. Auch Bachmann vermutet aufgrund von V. 16, dass es in der korinthischen Gemeinde über die in 1Kor 11,2–16 verhandelte Frage „eine hartnäckige Meinungsverschiedenheit entstanden sei".[228]

4 Zusammenfassung

Es hat sich gezeigt: 1Kor 11,2–16 ist ein Text, der zu vielen Interpretationen angeregt hat, weil er z.T. widersprüchlich ist und weil uns die konkreten historischen Hintergründe unbekannt sind. Ausgangspunkt der Interpretation muss dagegen sein, dass der Text gegen allen Augenschein eine kohärente Argumentation besitzt. Unser Unverständnis ist nicht zunächst der argumentativen und rhetorischen Ungeschicklichkeit des Autors, sondern dem „garstigen Graben der Geschichte" geschuldet, aufgrund dessen uns die Enzyklopädie der Erstrezipienten – zu der auch das Wissen um geschichtliche und soziologische Hintergründe und Wertungen gehört – fehlt. Eine Interpretation dieses Abschnitts muss darum auch die kulturellen Hintergründe – die Enzyklopädie der Erstrezipienten – hinsichtlich der Sitten der Verhüllung und der gebräuchlichen Frisuren von Mann und Frau in Rechnung stellen. Verbleibende Leerstellen und Lücken im Textverständnis sind dann mittels Hypothesen zu füllen, die ein kohärentes Verstehen ermöglichen.

[227] *Meyer*, Handbuch (s. Anm. 17), 309.
[228] *Bachmann*, Brief (s. Anm. 17), 347.

David S. du Toit

Status und Anstand als Schlüssel zum Verständnis von 1Kor 11,2–16

Argumentationslogische und sozialgeschichtliche Überlegungen

Kaum ein anderer Paulustext war und ist in der kirchlichen Auslegungsgeschichte und in der kritischen Paulusforschung so umstritten wie 1Kor 11,2–16.[1] Da das Verhältnis von Mann und Frau im Text tangiert wird, hat sich das Interesse an dem Text in den letzten Jahrzehnten – nicht zuletzt wegen des Einzugs von Genderfragestellungen in die neutestamentlichen Forschung – eher noch verschärft als gelegt. Die Auslegungsschwierigkeiten des Textes sind Legion und vor allem dadurch bedingt, dass die von Paulus verwendeten Begriffe vielfach polysem sind und ihre Referenz häufig nicht eindeutig ist.[2] Dazu kommen ebenso uneindeutige

[1] Zu der umfangreichen und komplexen modernen Auslegungsgeschichte vgl. den Beitrag von Torsten Jantsch in diesem Band, S. 1–60 (fortan zitiert als *Jantsch*, Einführung), ferner *W. Schrage*, Der erste Brief an die Korinther (1Kor 6,12–11,16) (EKK VII/2), Neukirchen-Vluyn 1995, 525–541. Zur Auslegungsgeschichte im frühen Christentum vgl. *J.L. Kovacs*, 1 Corinthians. Interpreted by Early Christian Commentators, Grand Rapids, MI 2005,178–184, und *G. Bray*, Ancient Christian Commentary on Scripture. New Testament VII: 1–2 Corinthians, Downers Grove, IL [2]2006, 101–107. Vgl. ferner die Bibliographie von Jacob Brouwer in diesem Band, S. 187–235.

[2] Vgl. etwa die Forschungsdiskussion über die Bedeutung von κεφαλή (VV. 3–5), δόξα (VV. 7.15) oder περιβόλαιον (V. 15), vgl. dazu *Jantsch*, Einführung (s. Anm. 1), 21–23, 30–35 bzw. 56–59. Unklar ist bekanntlich die Referenz der Begriffe γυνή und ἀνήρ im Text – verweisen sie generell auf Frauen und Männer oder auf Eheleute? Ebenso z.B. beim Ausdruck κατὰ κεφαλῆς ἔχων (V. 4), der sich entweder auf langes, herunterfallendes Haar oder auf eine

Anspielungen auf die Schöpfungserzählungen der Genesis.[3] Diese Uneindeutigkeiten erzeugen eine große Anzahl von Permutationen möglicher Auslegungsvarianten, sodass bisher weder über das im Abschnitt verhandelte Thema[4] noch über die theologie-, religions-[5] bzw.

vom Kopf herunterhängende Textilie beziehen kann (vgl. dazu *Jantsch*, Einführung [s. Anm. 1], 26–28), sowie im Falle des Hinweises auf ἄγγελοι in V. 10, wo strittig ist, ob das Wort auf (menschliche) Boten oder Engel (im Sinne himmlischer Gestalten) verweist. Notorisch schwierig ist ferner die Frage nach der vorausgesetzten Bedeutung und/oder Referenz des polysemen Begriffes ἐξουσία in V. 10 (vgl. ebd., 35–42).

3 Vgl. etwa *M. Böhm*, 1 Kor 11,2–16. Beobachtungen zur paulinischen Schriftrezeption und Schriftargumentation im 1. Korintherbrief, ZNW 97 (2006), 207–234, ferner dazu *Jantsch*, Einführung (s. Anm. 1), 17–20.

4 In der Forschung wird ein Vielzahl von Hypothesen verhandelt, die allerdings in der Regel zwei Themenbereichen zugeordnet werden können: Zum einen wird das Verhältnis von Mann und Frau bzw. der Geschlechter zueinander als Thema des Abschnitts betrachtet – dabei variieren die Ansichten darüber, ob die Auseinandersetzung eher prinzipieller Art ist und z.B. religiös motivierte Homosexualität oder Androgynität betrifft, oder eher das soziale Verhältnis von Frauen und Männern in der Gemeinde bzw. Gemeindeversammlungen bzw. in Familie und Haushalt betrifft, insbesondere die Frage der Unterordnung der Frau. Andere postulieren wiederum, dass es im Textabschnitt in erster Linie um die Korrektur eines bestimmten Fehlverhaltens von Frauen (gelegentlich: auch Männern) im Rahmen der gottesdienstlichen Versammlungen bzw. der religiösen Verehrung geht – es wird ein weites Spektrum an möglichen Arten dieses Fehlverhaltens verhandelt: Von pneumatisch inspirierter Einebnung der Geschlechtergrenzen über Generationenkonflikte bis zu aktuellen Haarmoden! Vgl. *Jantsch*, Einführung (s. Anm. 1), 8–16.

5 Das Verhalten der Frauen wird z.B. vor allem in der älteren Forschung auf einen (proto-)gnostisch inspirierten Libertinismus zurückgeführt, oder es wird – sehr verbreitet – mit dem gesteigerten Pneumatismus in Korinth in Verbindung gebracht, den Paulus auch sonst im 1Kor thematisiert. Dort, wo das Fehlverhalten nicht im Tragen einer Kopfbedeckung gesehen wird, sondern auf die Frisur der Frauen bezogen wird, wird häufig auf den Dionysoskult, gelegentlich auch den Isiskult, als religionsgeschichtlichen Hintergrund des Fehlverhaltens Bezug genommen. Ebenso umstritten sind die religionsgeschichtlichen Hintergründe des Verweises auf Engel in V. 10, vgl. *Jantsch*, Einführung (s. Anm. 1), 42–49.

kulturgeschichtlichen Hintergründe[6] auch nur ansatzweise ein Konsens erzielt wurde. Vermeintliche Widersprüche[7] lassen außerdem die Argumentationslogik in den Augen vieler als nicht stringent bzw. zumindest brüchig oder unklar erscheinen.[8]

In diesem Aufsatz werde ich versuchen aufzuzeigen, dass Paulus – ausgehend von gewissen theologischen Prämissen – mit Rückgriff auf gesellschaftliche Vorstellungen über Status und Anstand ein stringentes und rhetorisch versiertes Argument führt, das darauf zielt, seine korinthischen Adressaten bzw. Adressatinnen im vorliegenden Streitfall von seiner Position zu überzeugen. Dabei zeigt die Struktur des Arguments, dass die rätselhafte Präpositionalphrase διὰ τοὺς ἀγγέλους in V. 10 Dreh- und Angelpunkt des Arguments ist, sodass die exegetische Aufgabe vor allem auch darin besteht, ihre argumentative Funktion zu klären.[9] Dementsprechend werde ich im Folgenden zunächst die Struktur des Textes bzw. des Arguments darstellen (1), sodann den Fortgang der Argu-

[6] Strittig bleibt vor allem, ob es in diesem Konflikt um textile Kopfbedeckungen von Frauen (etwa Schleier) oder um ihre Frisuren geht. Der Streit wird häufig mit Verweis auf die kulturellen Differenzen zwischen dem antiken Judentum und der paganen griechisch-römischen Antike erklärt. In den letzten Jahrzehnten wurden sowohl in der Frage der textilen Kopfbedeckung als auch der der Frisuren kulturgeschichtliche Hintergründe zur Erklärung herangezogen, vgl. *Jantsch*, Einführung (s. Anm. 1), 13–16.

[7] Insbesondere die Spannungen zwischen VV. 8f. und 11f. machen den Auslegern zu schaffen. Zu den vermeintlichen Widersprüchen im Text vgl. *A. Padgett*, Paul on Women in the Church. The Contradictions of Coiffure in 1 Corinthians 11.2–16, JSNT 20 (1984), 69–86.

[8] So urteilt z.B. *R. Scroggs:* „The logic is obscure at best and contradictory at worst", *ders.*, Paul and the Eschatological Woman, JAAR 40 (1972), 283–303, dort 297. Vgl. ferner *Jantsch*, Einführung (s. Anm. 1), 1 Anm. 2.

[9] *A. Lindemann*, Der Erste Korintherbrief (HNT 9/I), Tübingen 2000, 244, meint, dass eine eindeutige Entscheidung über die Funktion der Phrase nicht möglich ist, sodass eine schlüssige Auslegung von V. 10 somit unmöglich sei.

mentation erläutern (2), um in diesem Rahmen eine Hypothese zur argumentativen Funktion sowie zum religions- bzw. sozialgeschichtlichen Hintergrund von διὰ τοὺς ἀγγέλους vorzuschlagen (2.3.2).

1 Beobachtungen zum Aufbau des Textes und zur Argumentationsstruktur

Es gibt keinen Zweifel darüber, dass es sich bei dem Abschnitt in 1Kor 11,2–16 um einen argumentativen Text handelt. Dies zeigen vor allem die vielen begründenden und schlussfolgernden Partikeln,[10] die Wenn-dann-Argumente[11] sowie die auf Analogie zielende ὥσπερ-οὕτως-Formulierung in V. 12.[12] Sie zeigen, dass Paulus sich in der Pflicht sieht, seine Meinung zu begründen. Offenkundig versucht er, die anvisierten Leser und Leserinnen des Briefes argumentativ davon zu überzeugen, sich in einer bestimmten Weise zu verhalten. Die argumentative Anlage des Textes erfordert es, genau auf die im Text vorzufindende bzw. zugrunde gelegte Argumentationslogik und Rhetorik zu achten.

1.1 Das Problem: Was war strittig?

Wo gestritten wird und dementsprechend zu überzeugen versucht wird, muss Klarheit darüber herrschen, was strittig ist. Dies ist im argumentativen Kontext selbst nötig, damit die streitenden Parteien nicht an der Streitsache und somit aneinander vorbei argumentieren. Es ist

[10] So kommt begründendes γάρ 6-mal in VV. 5–12 vor (5c.6a.7a.8a.9a.12a), ferner ὅτι in V. 15c, schlussfolgerndes διὰ τοῦτο in V. 10 sowie einschränkendes πλήν in V. 11a.

[11] Vgl. VV. 6ab.14bc.15ab, ferner auch V. 16a, wo die Apodosis nur impliziert ist (etwa: „soll er wissen/sich merken: …“).

[12] Auch in V. 5c liegt mit ἓν γάρ ἐστιν καὶ τὸ αὐτὸ τῇ ἐξυρημένῃ eine vergleichende bzw. auf Analogie zielende Formulierung vor.

aber auch bei der Argumentationsanalyse von argumentativen Texten – natürlich unter der Voraussetzung bzw. Unterstellung, dass stringent argumentiert wird bzw. dass der Verfasser wünscht, stringent zu argumentieren – ebenso notwendig, zu klären, was die Streitsache ist, um die Argumentationslogik nachvollziehen zu können. Nur so kann vermieden werden, dass der Text unter falschen Prämissen analysiert und somit verzeichnet wird.[13]

Was nun in der vom vorliegenden Text implizierten Kommunikationssituation strittig war, wird von Paulus in V. 13 explizit formuliert: „Urteilt bei euch selbst: Ist es anständig, dass eine Frau unverhüllt zu Gott betet?" (ἐν ὑμῖν αὐτοῖς κρίνατε· γυναῖκα ἀκατακάλυπτον τῷ θεῷ προσεύχεσθαι;). Strittig war also in Korinth, ob es sich gehört (πρέπον ἐστίν), dass Frauen „unverhüllt"[14] zu Gott *beten* (τῷ θεῷ προσεύχεσθαι). An dieser Stelle im Text, nämlich am Ende seines zentralen[15] Arguments, fordert Paulus die Leser/-innen auf, vor dem Hintergrund seiner bisherigen Erörterungen zu urteilen, ob solches Verhalten beim *Beten* angemessen sei. Es handelt sich

[13] Generell leidet die Forschung zu 1Kor 11,2–16 darunter, dass vorschnell vor allem religions- bzw. kulturgeschichtliche Konstrukte an den Text herangetragen werden, die dann als Schlüssel zur Analyse des Textes angesetzt werden (vgl. auch die Erörterungen bei *Jantsch*, Einführung [s. Anm. 1], 1ff.). Bei einer solchen Vorgehensweise besteht immer die Gefahr, den Text dadurch zu überfremden, dass er einem Kommunikationskontext zugeordnet wird, der vom Text selbst nicht bzw. kaum nahe gelegt wird. Dies bedeutet natürlich nicht, dass es nicht gute Gründe geben kann, religions- bzw. kulturgeschichtliche Materialien heranzuziehen, um das vom Text vorausgesetzte, häufig implizite enzyklopädische Wissen zu konstruieren, damit eine kohärente Auslegung des Textes überhaupt erst möglich wird.

[14] Dass es bei ἀκατακάλυπτον um die Verhüllung *des Kopfes* geht, geht eindeutig aus den Aussagen in VV. 5a und 7a, indirekt auch aus 10a hervor. Die hier vorliegende elliptische Formulierung kommt auch in V. 6a.6d vor. Damit ist die Frage nach der Art der Verhüllung (mit Textilien oder Haar?) natürlich noch nicht beantwortet und soll auch nicht präjudiziert werden.

[15] S. die Erörterungen weiter unten.

eindeutig um eine rhetorische Frage, auf die Paulus eine negative Antwort erwartet, nämlich „Nein – im Gegenteil, es ist unanständig bzw. es gehört sich nicht für Frauen, mit unverhülltem Kopf zu Gott zu beten". Dass diese durch die von ihm gewählte Formulierung nahegelegte Antwort erwartet wird, wird dadurch bestätigt, dass Paulus diese Antwort im Text schon vorneweg formuliert hat: Schon am Anfang seines Arguments stand ja die Ausgangsthese (V. 5a): „Jede Frau aber, die mit unverhülltem Haupt betet oder weissagt, bringt Schande über ihr Haupt" (πᾶσα δὲ γυνὴ προσευχομένη ἢ προφητεύουσα ἀκατακαλύπτῳ τῇ κεφαλῇ καταισχύνει τὴν κεφαλὴν αὐτῆς).

Wenn man also Paulus unterstellt, dass er mit einer gewissen Stringenz argumentiert und dabei nicht völlig am konkreten Konflikt vorbei argumentiert,[16] muss das Argument zwischen diesen beiden Aussagen darauf zielen, seine anvisierten Leser/-innen davon zu überzeugen, dass sich das Beten (und prophetisch Reden?[17]) ohne Kopfbedeckung nicht gehört. Dabei ist zu beachten, dass Paulus explizit *nur* vom Beten bzw. prophetisch Reden spricht – aus den Aussagen im Text geht auch *nur* hervor, dass es einen Konflikt über das Verhalten von Frauen *beim Beten bzw. Akt der prophetischen Rede* gab, was jedoch nicht generell mit dem Verhalten der Frauen im Gottesdienst bzw. in den (gottesdienstlichen) Versammlungen der korinthischen Gemeinde gleichzusetzen

[16] Es muss natürlich konzediert werden, dass dies möglich ist. Da jedoch lediglich die Meinung des Paulus vorliegt, sind wir ihm für die Rekonstruktion der Kommunikationssituation gewissermaßen auf Gedeih und Verderb ausgeliefert.

[17] Sowohl in V. 4a (προσευχόμενος ἢ προφητεύων) als auch in V. 5a (προσευχομένη ἢ προφητεύουσα) ist auch vom Weissagen bzw. prophetisch Reden die Rede. Da Paulus sich in V. 13 nur auf das Beten bezieht, ist es möglich, dass der aktuelle Streit nur das Beten betraf. Da aber auch eine elliptische Formulierung vorliegen kann, die implizite auch das prophetisch Reden umfasst, lässt sich diese Frage nicht eindeutig klären.

ist.[18] Bei der Analyse der paulinischen Argumentation ist dies immer zu berücksichtigen – Paulus versucht die Adressaten/-innen davon zu überzeugen, dass es sich für Frauen nicht gehört, mit unverhülltem Kopf zu *beten* (bzw. prophetisch zu reden). Sein Argument zielt jedoch *nicht* darauf, die Adressaten/-innen davon zu überzeugen, dass es sich für Frauen nicht gehört, generell bzw. in Gottesdiensten bzw. (gottesdienstlichen) Versammlungen mit unverhülltem Kopf aufzutreten.

In diesem Zusammenhang ist nun ferner zu beachten, dass die Formulierung πρέπον ἐστίν in V. 13 zeigt, dass Paulus sein Argument daraufhin ausrichtet, zu demonstrieren, dass das Beten (bzw. prophetisch Reden) mit unverhüllten Kopf als *gesellschaftlich inakzeptables* Verhalten zu bewerten ist.[19] Dies ist nun insofern höchst bedeutsam, als auch in der positiv formulierten Aussage in V. 5, die gewissermaßen das Pendant zu V. 13 bildet, mit

[18] Eine Durchsicht der Forschung zur Passage zeigt jedoch, dass genau dies vielfach in der Forschung geschieht: Es wird undifferenziert unterstellt, dass generell das Verhalten von Frauen im Gottesdienst bzw. in den Versammlungen der Gemeinde strittig gewesen sei (vgl. etwa *Lindemann*, Korintherbrief [s. Anm. 9], 238). Dies geht allerdings weit über das hinaus, was dem Text selber zu entnehmen ist, so dass der Streitpunkt im damaligen Konflikt somit implizit verschoben wird. Vielfach resultiert der Eindruck, dass Paulus nicht stringent argumentierte, eben daraus, dass die eigentliche Streitfrage generell auf das Verhalten der betreffenden Frauen im Gottesdienst bzw. in den Versammlungen der Gemeinde ausgeweitet wird. Dadurch wird aber die Sachlage, auf die das Argument des Paulus zugeschnitten ist, entscheidend abgeändert. Noch problematischer sind in dieser Hinsicht jene Auslegungen, die den Konflikt auf die Lebensweise bzw. sexuelle Präferenzen der Beteiligten ausweiten (dazu *Jantsch*, Einführung [s. Anm. 1], 10–13): Solche Deutungen gehen weit über die expliziten Aussagen im Text hinaus und bewegen sich somit im spekulativen Raum.

[19] Im Griechischen bezieht sich πρέπει bzw. πρέπον ἐστίν in erster Linie auf *gesellschaftlich akzeptables* Verhalten, d.h. darauf, ob sich etwas gehört bzw. ziemlich/angemessen/anständig ist. Vgl. auch *M. Pohlenz*, τὸ πρέπον. Ein Beitrag zur Geschichte des griechischen Geistes, NGWG.PH 1 (1933), 53–92.

der Verwendung des Begriffs καταισχύνει eine Kategorie der sozialen Bewertung einer Handlung, nämlich die der Schande/Scham/Beschämung, von Paulus herangezogen wird. Das Argument des Paulus zielt also darauf, das Verhalten der Frauen, die „unverhüllt" beten (bzw. prophetisch reden), als gesellschaftlich inakzeptables Verhalten darzustellen. Bei der Analyse der paulinischen Argumentation ist dies darum stets zu berücksichtigen – damit ist die Zielrichtung des Arguments klar, was hilfreich sein dürfte, wenn Uneindeutigkeiten im Text im Sinne der Textkohärenz „vereindeutigt" werden müssen. Mit diesen Vorklärungen im Rücken können wir uns nun der Untersuchung der logischen und rhetorischen Struktur des paulinischen Arguments zuwenden.

1.2 Aufbau des Textes bzw. des Arguments[20]

Paulus beginnt mit einer *captatio benevolentiae*, die darauf zielt, das bisherige Einvernehmen der Adressaten mit ihm herauszustellen (V. 2).[21] Damit korrespondiert der Schlusssatz der Perikope (V. 16),[22] der den Adressaten implizit nahelegt, sich in der vorliegenden Streitfrage an das anfangs erwähnte Einvernehmen zu halten.[23]

[20] Zur Struktur des Abschnitts vgl. *H. van de Sandt*, I Kor. 11,2–16 als een retorische eenheid, Bijdr. 49 (1988), 410–425; *W. Harnisch*, Das anarchische Gebaren der Frauen im Gottesdienst, in: *ders*., Rhetorik und Hermeneutik in der Apokalyptik und im Neuen Testament (SBAB 45), Stuttgart 2009, 102–119.

[21] In rhetorischer Sicht handelt es sich bei V. 2 um ein Proömium. Zur Funktion der *captatio benevolentiae* vgl. *van de Sandt*, Retorische eenheid (s. Anm. 20), 141; *Harnisch*, Gebaren (s. Anm. 20), 105.

[22] *Van de Sandt*, Retorische eenheid (s. Anm. 20), 411, 420f., betrachtet V. 16, wo Paulus die rhetorische Strategie der *indignatio* anwendet, als Teil der *peroratio* in VV. 13–16. Zu Recht räumt *Harnisch*, Gebaren (s. Anm. 20), 104, 116, V. 16 eine größere Eigenständigkeit ein.

[23] Dass συνήθεια sich auf die Streitsucht bezieht (so etwa *van de Sandt* und *Harnisch*, jeweils a.a.O.), ist zwar möglich, jedoch eher unwahrscheinlich – συνήθεια bezieht sich viel eher auf V. 13 bzw.

Die eigentliche Streitfrage wird in VV. 3–15 verhandelt,[24] deren thematische Kohärenz vor allem durch die Wortfelder „Mann/Frau“ sowie „Kopf“/„Haupt“ gesichert wird.[25] Weitere syntaktische und semantische Beobachtungen helfen, die Struktur des Abschnitts zu erkennen. Zunächst lässt sich beobachten, dass in V. 3a (θέλω δὲ ὑμᾶς εἰδέναι ὅτι ...) und 14a (οὐδὲ ἡ φύσις αὐτὴ διδάσκει ὑμᾶς ὅτι ...) analoge Neueinsätze vorliegen. Sodann ist zu beachten, dass κεφαλή in V. 3 – anders als im ganzen übrigen Text – nicht „Haupt“ im Sinne von „Kopf“ bedeutet, sondern in einer anderen Bedeutung verwendet wird.[26] Damit korrespondiert, dass erst ab V. 4 die Wortfelder Beten (VV. 4a.5a.13) bzw. prophetisch Reden (VV. 4a.5a) sowie „(nicht) verhüllen“ (VV. 5a.6ab.7a.13) auftreten, die über die Aussagen in

generell auf das Thema von VV. 5–15 zurück, also darauf, dass Frauen „unverhüllt“ beten (bzw. prophetisch reden), vgl. z.B. *D. Zeller*, Der erste Brief an die Korinther (KEK 5), Göttingen 2010, 362f. Textpragmatisch handelt es sich darum, die Gegner durch den Hinweis auf ihre Isolation im Bereich des frühen Christentums dazu zu bewegen, sich der allgemein gültigen Sitte, wie sie in anderen Gemeinden praktiziert wird, anzuschließen und sich zu ihr konform zu verhalten, um so die anfänglich herausgestellte Einheit mit Paulus (V. 2) wieder herzustellen. Dass sich συνήθεια hier auf die sozialen Sitten bzw. gesellschaftlichen Bräuche bezieht, liegt auf einer Linie mit dem Argument des Paulus, dass es sich beim unverhüllten Beten nicht um gesellschaftlich akzeptables Verhalten (πρέπον, vgl. V. 13) handelt.

[24] VV. 2.16 bilden also einen Rahmen (*inclusio*) um VV. 3–15.

[25] Die thematische Einheitlichkeit von VV. 3–15 wird vor allem durch die Verwendung des Begriffspaars ἀνήρ/γυνή (14-mal: VV. 3bc.4a.5a. 7ac.8.9.10.11ab.12ab.14f., dazu kommen noch die pronominalen Aufnahmen in 4f. 14f.) sowie des Begriffs κεφαλή (9-mal: VV. 3bcd.4ab.5ab.7a.10) inkl. Wörtern, die zu dem semantischen Frame „Kopf“ gehören (ξυρᾶν, κείρειν: VV. 5b–6b; κομᾶν, κόμη: VV. 14b.15ac), hergestellt, ferner durch das Wort θεός (VV. 3d.7b.12b. 13b, ferner V. 16). Während der Begriff ἀνήρ immer nur im Paar mit γυνή vorkommt, begegnet γυνή in VV. 6.13 unabhängig von der Paarung.

[26] Zur Forschungsdiskussion über die Bedeutung von κεφαλή vgl. *Jantsch*, Einführung (s. Anm. 1), 21–23.

VV. 5a.6b.7a (und elliptisch in VV. 10 und 13[27]) zudem mit dem Begriff κεφαλή (in der Bedeutung „Kopf") verknüpft sind. Dies bedeutet, dass das Thema des (un-) verhüllten Betens explizit *nur* in VV. 4–13 vorkommt.[28] Berücksichtig man nun die analogen Neueinsätze in VV. 3 und 14, sprechen diese Textmerkmale dafür, VV. 3–13 eine gewisse Eigenständigkeit gegenüber VV. 14f. einzuräumen.[29]

Innerhalb des Abschnitts VV. 3–13 ist zu beobachten, dass die oben bereits erwähnten begründenden und schlussfolgernden Partikel erst ab V. 5c (erstmals γάρ!) auftreten und (abgesehen von ὅτι in V. 15c) nur in VV. 5c–13 vorkommen.[30] Daraus lässt sich klar erkennen, dass die begründende Argumentation mit V. 5c einsetzt. Dagegen liegen in VV. 3–5b thetische bzw. propositionale Aussagen vor, wobei – wie vorhin gezeigt wurde – VV. 4f. semantisch und syntaktisch eng mit VV. 5c–13/15 verknüpft sind, während V. 3 in semantischer Hinsicht Verbindungen zu VV. 7–9 und 11f. aufweist. Dies zeigt, dass in V. 3 vorneweg eine Information

[27] VV. 7a und 10 bilden parallele Aussagen (vgl. dazu die Erörterungen hier unten), während V. 13 die nächste Parallele in V. 5a hat (vgl. die Erörterungen oben unter 1.1).

[28] Dabei ist zu beachten, dass VV. 8f. und 11f. innerhalb der Passage VV. 4–13 enge Parallelen bilden, die allerdings nicht explizit am Thema des (un-)verhüllten Betens partizipieren und somit eine gewisse Eigenständigkeit aufweisen.

[29] Dies wird in der Regel in der Forschung übersehen. So lassen z.B. sowohl *van de Sandt*, Retorische eenheid (s. Anm. 20) als auch *Harnisch*, Gebaren (s. Anm. 20) den ersten Abschnitt mit V. 12 enden, anstatt mit V. 13. Allerdings sind VV. 14f. über das Gegensatzpaar Mann/Frau mit VV. 3ff. verknüpft, ferner stellt περιβόλαιον eine semantische Verbindung zum Thema des Verhüllens her. Über die Begriffe κομᾷν, κόμη sind sie semantisch auch mit VV. (4?), 5f. verknüpft, wo ebenfalls das Thema der Haarlänge eine Rolle spielt. Auffällig ist, dass VV. 14f. mit V. 6 die Wenn-dann-Struktur teilt.

[30] Γάρ 6-mal in VV. 5–12 (5c, 6a, 7a, 8a, 9a, 12a), ferner das schlussfolgernde διὰ τοῦτο in V. 10 und einschränkendes πλήν („jedoch"/„allerdings") in V. 11a.

bereitgestellt wird, die erst später im Argument aufgegriffen wird, während die Thesen in VV. 4f. direkt in die begründende Argumentation in VV. 5c–13 überführt werden.
Aufgrund dieser Beobachtungen lassen sich der Aufbau des Textes sowie die Grundzüge der Argumentationsstruktur erschließen. Zunächst stellt Paulus dem Ganzen – als Information getarnt (vgl. θέλω δὲ ὑμᾶς εἰδέναι ὅτι ...) – axiomatische Prämissen voran (V. 3), gefolgt von zwei (daraus folgenden) Thesen[31] über das unangemessene Verhalten von Männern (V. 4) und Frauen (V. 5) beim Beten bzw. prophetisch Reden.[32] Dabei formuliert die zweite These die eigentliche Streitsache, nämlich ob Frauen beim Beten bzw. Weissagen mit unverhülltem Kopf unangemessen handeln (V. 5ab). Diese These wird in dem darauf folgenden Abschnitt VV. 5c–15 zunächst in zwei Schritten (VV. 5c–6; 7–12, vgl. γάρ in V. 5c, 7) begründet[33] – die Begründung mündet in die als Schlussfolgerung fungierende rhetorische Frage in V. 13. Die Schlussfolgerung von V. 13 dient zugleich als Nexus, der zu einer dritten Begründung von V. 5ab in VV. 14f.

[31] Ähnlich *Harnisch*, Gebaren (s. Anm. 20), 104–109, der in V. 3 die Formulierung eines *Prinzips* der Unterordnung erkennt, sowie in 4–5b (bei ihm 5a) eine *Konsequenz* für das Verhalten von Mann und Frau.

[32] Wenn *van de Sandt*, Retorische eenheid (s. Anm. 20), 411, V. 3 im rhetorischen Sinne als *propositio* bezeichnet, ist dies insofern problematisch, als das eigentliche Thema (und somit die *propositio*) des Textes in V. 5 formuliert wird. Da nun aber V. 3 kaum als Teil des Proömiums angesehen werden kann, ist es besser, VV. 3–5b als *propositio* zu betrachten – dafür spricht auch der asyndetische Anschluss zwischen VV. 3 und 4. Dementsprechend ist nicht VV. 4–12 (so van de Sandt) sondern 5c–13 als *argumentatio* zu bezeichnen, gefolgt durch die *peroratio* in 14f. (van de Sandt: VV. 13–16).

[33] Ähnlich *Harnisch*, Gebaren (s. Anm. 20), 104, 108–111, der in VV. 5c–10 eine Begründung in zwei Schritten erkennt, die ihm zufolge allerdings in eine Schlussfolgerung in V. 10 mündet.

überführt.[34] Dabei sind VV. 5c–6 und 14f. aufeinander bezogen[35] und bilden somit den Rahmen um das zentrale Argument in VV. 7–13. Zudem ist zu beachten, dass sich in diesem zentralen Abschnitt eine Einschränkung befindet, die das Ziel hat, einem möglichen Missverständnis vorzubeugen (V. 12f.).[36] Es handelt sich bei 1Kor 11,2–16 also um einen sehr sorgfältig komponierten Text, der – wie gleich zu zeigen ist – von der ersten Zeile an darauf zielt, die Streitsache im Sinne des Paulus zu lösen. Wir erhalten somit folgende Gesamtdisposition:

2	Einführende *captatio benevolentiae*			
3	Axiomatische theologische Prämissen			
4–5b	2 Thesen (zugleich die Streitsache = 5ab):			
5c–15	Begründung (der zweiten These):			
	5c–6	1. Ein auf Analogie basierendes Argument		
	7–13	2. Ein schöpfungstheologisches/protologisches Argument		
		7–10	Protologisches, schriftbezogenes Argument	
			11–12	Exkurs: Ekklesiologisch-anthropologische Einschränkung
		13	Rhetorische Frage (= implizite Schlussfolgerung)	
	14–15	3. Auf Analogie basierendes Argument *a natura*		
16	Abschluss (implizite Aufforderung)			

2 Der Argumentationsgang

Ist damit die Argumentationsstruktur in groben Zügen klar, gilt es jetzt, den Argumentationsgang im Detail nachzuzeichnen. Dafür wird vor allem auf die syntakti-

[34] Ähnlich *Harnisch*, Gebaren (s. Anm. 20), 104, 114–116, der in VV. 13–15 eine weitere Begründung erkennt. Allerdings betrachtet er V. 13 als Teil dieses Argumentationsgangs.

[35] Abgesehen von den semantischen Verknüpfungen (langes bzw. kurzes Haar) und den syntaktischen Analogien (vgl. Anm. 10 und 28) ist zu beachten, dass in beiden Partien mit einer Verhaltensanalogie argumentiert wird.

[36] So richtig *Harnisch*, Gebaren (s. Anm. 20), 104, 112f., der gezeigt hat, dass hier eine *Correctio* in Gestalt der *Epidiorthosis* vorliegt.

schen Verknüpfungen der Sätze sowie ihre rhetorische und argumentative Funktion im unmittelbaren Kontext zu achten sein.

2.1 Die Prämissen (V. 3)

Paulus beginnt sein Argument damit, dass er – eingeleitet mit θέλω δὲ ὑμᾶς εἰδέναι ὅτι ... – drei grundlegende Prämissen der weiteren Argumentation voranstellt:

παντὸς ἀνδρὸς	ἡ κεφαλὴ		ὁ Χριστός ἐστιν,
	κεφαλὴ δὲ	γυναικὸς	ὁ ἀνήρ,
	κεφαλὴ δὲ	τοῦ Χριστοῦ	ὁ θεός.

Dabei ist zunächst zu beachten, dass κεφαλή hier als lexikalisierte Metapher in der Bedeutung „Haupt" im Sinne einer übergeordneten, führenden oder vorrangigen Instanz (häufig mit „Oberhaupt", „Autorität" oder „Führer" übersetzt),[37] verwendet wird.[38] Es handelt sich

[37] Den Beweis, dass κεφαλή zweifelsfrei diese Bedeutung in der Antike hatte, hat *J.A. Fitzmyer* geliefert, vgl. *ders.*, Another Look at KEPHALÊ in 1 Corinthians 11.3, NTS 35 (1989), 503–511; *ders.*, *Kephalē* in 1 Corinthians 11:3, Interpr 47 (1993), 52–59. Vgl. *Jantsch*, Einführung (s. Anm. 1), 20–25 für eine Zusammenfassung der Forschungsdebatte über die Bedeutung von κεφαλή.

[38] Es wäre möglich, κεφαλή hier in der Bedeutung von „Anfang", „Quelle" oder gar „Prinzip" zu deuten (vgl. *S. Bedale*, The Meaning of κεφαλή, in the Pauline Letters, JThS.NS 5 [1954], 211–215; *R.S. Cervin*, Does κεφαλή Mean „Source" or „Authority Over" in Greek Literature? A Rebuttal, TrinJ 10 [1989], 85–112), wofür die Aussage in V. 8 sprechen könnte (V. 12 bereitet jedoch Probleme). Entscheidend ist dann jedoch, dass dies damit verknüpft wird, dass eine im Ursprung begründete Priorität in der Antike Superiorität und übergeordneten Status impliziert, vgl. dazu *D.B. Martin*, The Corinthian Body, New Haven/London 1995, 232, 295. Cervins Versuch, κεφαλή auf „preeminence" zu beziehen, ohne der dadurch implizierten sozialen Hierarchie Rechnung zu tragen (ähnlich *Lindemann*, Korintherbrief [s. Anm. 9], 240), wird den gesellschaftlichen Realitäten der Antike nicht gerecht. Zu Recht hält J. Gundry fest, dass „[t]he patriarchal connotations of 11:3 do not disappear when one opts for the translation of κεφαλή as ‚one who is

dabei dreimal um Verhältnisse der Über- bzw. Unterordnung bzw. Vor- und Nachrangigkeit. Dabei ist für das nachfolgende Argument die zweite Bestimmung – κεφαλὴ δὲ γυναικὸς ὁ ἀνήρ – leitend.[39] Im Hintergrund dieser Aussage, die hier als Prämisse und somit als allgemein anerkannte Feststellung eingeführt wird, steht der soziale Kontext, d.h. die antike patriarchale Gesellschaft:[40] In ihr waren Frauen *immer* einem Mann zugeordnet, denn sie waren immer Teil einer Familie, eines Haushaltes, an deren Spitze ein Mann bzw. der *pater familias* stand, sei es der Ehemann, der Vater, der Kyrios (Besitzer) einer Sklavin, der Vater/Sohn des verstorbenen Mannes einer Witwe usw.[41] Paulus bezieht sich in V. 3c schlicht auf die hierarchische Struktur der gesellschaftlichen Realität seiner Zeit – dies bildet die Voraussetzung seines Arguments[42] (und nicht das Ziel, wie noch

preeminent' rather than ‚ruler' or ‚source'", vgl. *J.M. Gundry-Volf*, Gender and Creation in 1 Corinthians 11:2–16. A Study in Paul's Theological Method, in: *J. Ådna/S.J. Hafemann/O. Hofius* (Hg.), Evangelium – Schriftauslegung – Kirche (FS P. Stuhlmacher), Göttingen 1997, 151–171, dort 159.

[39] Dies geht aus der nachfolgenden Argumentation hervor: Das Paar Mann/Frau durchzieht – wie schon gezeigt wurde – die ganze Restperikope.

[40] Vgl. z.B. *Gundry-Volf*, Gender (s. Anm. 38), 153–158, dort weitere Literatur. Auch Loren Stuckenbruck betont die Überordnung des Mannes über die Frau (1Kor 11,10. Ein Erklärungsversuch, in diesem Band S. 145–185, hier bes. 154, 162f.). Vgl. hierzu ferner *Jantsch*, Einführung, bes. 21–26.

[41] Dementsprechend ist der Artikel hier wohl nicht generisch (der Gattung „Mann", d.h. dem Mann als solchem") zu deuten, sondern es liegt die individuelle bzw. anaphorische Verwendung vor (vgl. BDR § 252), d.h. „der (bestimmte, gemeinte) Mann" oder „der Mann, den ich – wie du weißt – meine", hier als etwa „der spezifische Mann, dem sie zugeordnet ist" bzw. „der besondere Mann, zu dem sie gehört". Dafür spricht auch, dass in den flankierenden Aussagen der Artikel so verwendet wird.

[42] So richtig *Gundry-Volf*, Gender (s. Anm. 38), 157: „Gender difference and hierarchy […] are not themselves the goals of Paul's argument, but the necessary means to his goal […]".

zu zeigen ist[43]). Die zwei flankierenden Aussagen haben die Funktion, der Aussage in V. 3c einen theologischen Rahmen zu geben und verorten den dort festgehaltenen gesellschaftlichen Status von Frauen in einem theologisch qualifizierten, metaphysisch-kosmologischen Zusammenhang:[44] Jeder Mann ist Christus – dem Weltenherrscher! – untergeordnet, der wiederum Gott.
Es ist nun zu beachten, dass mit der Nennung von hierarchischen Verhältnissen der Über- und Unterordnung bzw. der Vor- und Nachrangigkeit in der antiken Gesellschaft automatisch die Kategorien Ehre/Schande konnotiert werden. Dass dies im vorliegenden Fall so ist, zeigt das häufige Vorkommen von Begriffen aus diesem Wortfeld in den nachfolgenden Versen: καταισχύνειν in VV. 4f., αἰσχρός in V. 6, ἀτιμία in V. 14; δόξα in V. 7.15 (vgl. auch πρέπον in V. 13). Es galt ein Grundsatz, der jedem Menschen in der griechisch-römischen bzw. mediterranen Antike bekannt war: Das Verhalten eines untergeordneten Menschen tangiert die Ehre seiner übergeordneten Instanz.[45] Dieses soziale Prinzip wird nun von Paulus angewandt, um zwei aus den in V. 3cd formulierten Prämissen abgeleitete Ausgangsthesen zu formulieren.[46]

[43] Dagegen spricht schon die Reihenfolge der Aussagen, die zeigt, dass es nicht in erster Linie um eine Hierarchie Gott – Christus – Mann – Frau geht (vgl. dagegen 1Kor 3,23, wo Paulus eine Hierarchie Gott – Christus – Menschen erstellt). Die Reihenfolge der Aussagen in V. 3bc korrespondiert mit den Aussagen in 4f.
[44] Vgl. *Lindemann*, Korintherbrief (s. Anm. 9), 240. Auch diese Prämissen werden axiomatisch gesetzt. Dass Paulus sich nicht in der Pflicht sieht, diese Aussagen zu begründen, zeigt, dass er mit dem Einverständnis seiner Adressaten rechnet.
[45] So richtig *Gundry-Volf*, Gender (s. Anm. 38), 153–155, dort wichtige Literatur (Anm. 13).
[46] Zu Recht redet *Harnisch*, Gebaren (s. Anm. 20), 104–107 von „Konsequenzen“.

Schema 1 zu 1Kor 11,4–5b
zu S. 77–80

4 πᾶς ἀνὴρ προσευχόμενος ἢ προφητεύων κατὰ κεφαλῆς ἔχων
καταισχύνει τὴν κεφαλὴν αὐτοῦ.

5 πᾶσα δὲ γυνὴ προσευχομένη ἢ προφητεύουσα ἀκατακαλύπτῳ τῇ κεφαλῇ
καταισχύνει τὴν κεφαλὴν αὐτῆς·

Schema 2 zu 1Kor 11,7.10
zu S. 84–89

7a Ἀνὴρ μὲν γὰρ οὐκ ὀφείλει κατακαλύπτεσθαι τὴν κεφαλὴν
7b [ὁ ἀνὴρ] εἰκὼν καὶ δόξα θεοῦ ὑπάρχων·
7c ἡ γυνὴ δὲ δόξα ἀνδρός ἐστιν …
10 διὰ τοῦτο ὀφείλει ἡ γυνὴ ἐξουσίαν ἔχειν ἐπὶ τῆς κεφαλῆς διὰ τοὺς ἀγγέλους.

2.2 Die These(n)

Auf die in V. 3 formulierten Prämissen folgen (asyndetisch angeschlossen) zwei parallel formulierte Sätze, die sich über πᾶς ἀνήρ, (πᾶσα) γυνή sowie τὴν κεφαλὴν αὐτοῦ/αὐτῆς (4b, 5b) auf V. 3bc zurückbeziehen (vgl. hierzu Schema 1 zu 1Kor 11,4–5b auf S. 76).[47]
Das soziale Prinzip der Verletzung der Ehre einer übergeordneten Instanz wendet Paulus auf das Handeln von Männern und Frauen *beim Beten und prophetisch Reden* an. Es handelt sich also um fehlenden Anstand bzw. ungebührliches Verhalten im Rahmen dieser beiden religiösen Praktiken[48] und die Folgen, also um die Schande, die solches Verhalten jeweils der übergeordneten Instanz (nämlich per Implikation Christus bzw. dem betreffenden Mann) bereitet (καταισχύνει τὴν κεφαλὴν αὐτοῦ/αὐτῆς). Dabei ist zu beachten, dass nur auf V. 5ab in VV. 5c–6 eine argumentative Begründung folgt (VV. 5c–6 bzw. 5c–13/15). Das bedeutet, dass die These von V. 4 unstrittig war – Paulus führt sie ein und rechnet mit allgemeiner Zustimmung[49] –, während die Feststellung in V. 5 die Streitsache markiert, sodass sie ausführlich begründet werden muss.

[47] Die Referenz von κεφαλή in VV. 4c.5b ist umstritten. Schon in der alten Kirche wurde eine Wiederaufnahme von κεφαλή in VV. 4a.5a erwogen (also in analoger Bedeutung zu den Aussagen in VV. 14f.), unter modernen Auslegern etwa *Zeller*, Der erste Brief (s. Anm. 23), 356f. Dagegen spricht zunächst, dass V. 3 dann fast komplett von dem übrigen Text isoliert wird – nur noch V. 3c wäre dann indirekt über V. 8 mit dem übrigen Argument verbunden.

[48] Da es sich offenbar *nur* um das Verhalten beim *Beten* bzw. *prophetisch Reden* handelt, scheint das verhandelte Problem nicht darin bestanden zu haben, dass es sich generell um das Verhalten in den öffentlichen Gottesdiensten handelte. Offenkundig ist nur strittig gewesen, wie man sich *beim Beten bzw. beim prophetisch Reden* zu verhalten hat. Dies wird in der Forschung i.d.R. nicht ausreichend beachtet.

[49] Dies ist gegen all jene Deutungen festzuhalten, wonach Paulus auch ein Fehlverhalten der Männer in Korinth bekämpfe.

Worin das jeweils monierte ehrverletzende Verhalten bestand, ist in V. 4 mit der Adverbialphrase κατὰ κεφαλῆς ἔχων, in V. 5 mit ἀκατακαλύπτῳ τῇ κεφαλῇ bezeichnet. Was damit konkret bezeichnet wird, ist in der Forschung in höchstem Maße umstritten: Es werden jeweils zwei alternative Deutungen vorgeschlagen.[50] Im Falle der Adverbialphrase wird κατὰ κεφαλῆς ἔχων in der Regel im Sinne einer textilen Kopfbedeckung, die vom Kopf herunterhängt, gedeutet,[51] von einigen Auslegern jedoch im Sinne von langem, herunterfallendem Haar.[52] Ebenso wird ἀκατακαλύπτῳ τῇ κεφαλῇ in V. 5 entweder darauf bezogen, dass keine textile Kopfbedeckung (häufig: Schleier[53]) getragen wird,[54] oder darauf, dass die Frisur nicht festgebunden wurde[55] und das Haar somit herunterfällt.[56]

[50] Vgl. *Jantsch*, Einführung (s. Anm. 1), 26–28.

[51] Vgl. Dionysios Halicarnassus, Ant. 3,71,5 (mit περιβολήν); Plutarch, Pomp 40,4; Mor 266c-e (mit ἱμάτιον), wo es gerade darum geht, dass Römer nur ausnahmsweise „unverhüllt" opfern. Weiteres Material zu devotionalen Kopfbedeckungen der Römer bei *R.E. Oster*, When Men Wore Veils to Worship. The Historical Context of I Corinthians 11.4, NTS 34 (1988), 481–505, dort bes. 488ff.

[52] Z.B. *J. Murphy-O'Connor*, Sex and Logic in 1 Corinthians 11:2–16, CBQ 42 (1980), 482–500, auch *Lindemann*, Korintherbrief (s. Anm. 9), 240f. Vehement bestritten von *Oster*, When Men Wore Veils (s. Anm. 51), 485f. Da in der Phrase κατὰ κεφαλῆς ἔχων das Objekt nicht spezifiziert, kann diese Frage nur mit verweis auf den Kontext entschieden werden.

[53] So neuerdings wieder *Zeller*, Der erste Brief (s. Anm. 23), 356.

[54] So vor allem die ältere Forschung. Vgl. wiederum Plutarch Mor 266c, wo mit ἀκατακαλύπτῳ τῇ κεφαλῇ darauf Bezug genommen wird, dass Römer nur selten ohne Kopfbedeckung (ἱμάτιον) opfern. Weitere Belege bei *P.T. Massey*, The Meaning of κατακαλύπτω and κατὰ κεφαλῆς ἔχων in 1 Corinthians 11.2–16, NTS 53 (2007), 502–523.

[55] Vgl. dazu der Studie von *C.L. Thompson*, Hairstyles, Head-Coverings, and St. Paul. Portraits from Roman Corinth, BA 51 (1988), 99–115.

[56] Die These erfreut sich zur Zeit großer Beliebtheit (vgl. *Jantsch*, Einführung [s. Anm. 1], 27, Anm. 90), leidet aber generell darunter, dass nicht zweifelsfrei nachgewiesen ist, dass mit (ἀ-)(κατα-)

Die Frage nach der Referenz von κατὰ κεφαλῆς ἔχων in V. 4 lässt sich jedoch m.E. entscheiden: Eine Entscheidung wird nämlich durch die Aussage in V. 7, dass ein Mann „nicht verpflichtet ist" (οὐκ ὀφείλει),[57] „den Kopf zu bedecken" (κατακαλύπτεσθαι τὴν κεφαλήν), nahe gelegt. Denn es wäre völlig widersprüchlich, sollte Paulus in V. 4 sagen, dass es schändliches Verhalten ist, wenn ein Mann mit einer Kopfbedeckung betet oder prophetisch redet, um dann in V. 7 zu sagen, es sei fakultativ. Das spricht dafür, V. 4 dahingehend zu verstehen, dass Paulus hier sagt, dass ein Mann, der mit langem, herunterhängendem Haar betet bzw. prophetisch redet, sein Haupt bzw. Christus beschämt, während Paulus in V. 7 sagt, dass das Tragen einer Kopfbedeckung beim Beten bzw. prophetisch Reden fakultativ ist.[58] Da es nun nicht ganz ausgeschlossen ist, aber doch als unwahrscheinlich gelten muss, dass Paulus mit κατακαλύπτεσθαι τὴν κεφαλήν in V. 7 einen ganz anderen Sachverhalt bezeichnen würde, als er es in V. 6f. mit derselben Terminologie (ἀκατακαλύπτῳ τῇ κεφα-

καλύπτειν auf die Frisur Bezug genommen wird, vgl. bes. *Massey*, Meaning (s. Anm. 54). So kann *M. Gielen*, Beten und Prophezeien mit unverhülltem Kopf? Die Kontroverse zwischen Paulus und der korinthischen Gemeinde um die Wahrung der Geschlechtsrollensymbolik in 1Kor 11, 2–16, ZNW 90 (1999), 220–249, dort 229f. nur auf Ez 44,20 LXX verweisen.

57 Das verneinte Verb οὐκ ὀφείλει wird häufig mit „soll nicht" oder „darf nicht" (im Englischen z.B. mit „ought/should not") wiedergegeben. Damit wird der Sinn des Satzes und somit auch des ganzen Arguments entscheidend abgeändert, ja verfälscht – οὐκ ὀφείλει ist mit „ist nicht verpflichtet" oder „braucht nicht" (Englisch: „need not", „is not obliged to") zu übersetzen (vgl. 2Kor 12,14), was impliziert, dass es Paulus zufolge fakultativ ist, ob der Mann beim Beten bzw. prophetisch Reden den Kopf bedeckt. Richtig *Zeller*, Der erste Brief (s. Anm. 23), 350f., der mit „muss nicht" übersetzt (vgl. auch ebd., Anm. 44).

58 Dies gilt umso mehr, weil V. 14 ausschließt, dass Paulus in V. 7 sagen könnte, es sei fakultativ, ob ein Mann mit kurzem oder langem Haar betet.

λῇ, 5a; οὐ κατακαλύπτεται, 6a; κατακαλυπτέσθω, 6b) tut, muss es als wahrscheinlich gelten, dass es sich beim „Verhüllen" in diesen Aussagen wohl eher um eine textile Kopfbedeckung und nicht um die Frisur der Frauen handelt.
Die zwei Ausgangsthesen in VV. 4f. bilden also zwei Parallelaussagen, die jedoch nicht ganz deckungsgleich sind, weil die beiden monierten Arten von Fehlverhalten zwar dasselbe bewirken (Beschämung des Hauptes) und somit analog, nicht jedoch referenz-identisch sind bzw. sich auf unterschiedliche Sachverhalte (Frisur/Kopfbedeckung) beziehen.[59] Damit bereitet Paulus geschickt das auf Analogie beruhende Argument in der anschließenden Begründung (sowie in VV. 14f.) vor.

2.3 Die Begründung(en)

Im Folgenden versucht Paulus nun, die Ausgangsthese in V. 5 plausibel zu machen. Dies tut er in drei Schritten.

2.3.1 Beleidigen, um zu überzeugen, oder: Ein auf Analogie basierendes Argument (VV. 5c–6.14f.)

Paulus beginnt sein Argument mit scharfer rhetorischer Polemik, indem er die Aussage in V. 5ab damit begründet (γάρ), dass eine Frau, die unverhüllt betet bzw. prophetisch redet, „ein und dasselbe ist" (ἓν ἐστιν καὶ τὸ αὐτό) wie die Frau, die (kurz/kahl) rasiert/geschoren ist (τῇ ἐξυρημένῃ). Der sozialgeschichtliche Hintergrund bzw. die argumentative Logik hinter dieser hitzigen Aussage des Paulus, die faktisch einer Beleidigung der betreffenden Personen gleichkommt, lässt sich anhand

[59] Dies wird ja schon von den ungleichen Formulierungen in VV. 4a und 5a nahegelegt.

von VV. 6[60] und 14–15a aufzeigen. In VV. 14f. argumentiert Paulus, dass es einem Mann zur Unehre gereicht, wenn er das Haar lang trägt (ἀνὴρ μὲν ἐὰν κομᾷ ἀτιμία αὐτῷ ἐστιν), während es umgekehrt einer Frau zur Ehre gereicht, wenn sie das Haar lang trägt (γυνὴ δὲ ἐὰν κομᾷ δόξα αὐτῇ ἐστιν).[61] Die Implikation ist jeweils, dass es für Männer gebührlich ist, kurze Haare zu tragen, während dies für Frauen ungehörig ist. Dies sagt Paulus dann auch explizit in V. 6c (εἰ δὲ αἰσχρὸν γυναικὶ τὸ κείρασθαι ἢ ξυρᾶσθαι). Die Begründungslogik hängt also von der Implikation der hergestellten Analogie ab, nämlich dass eine kurz/kahl rasierte Frau sich schändlich verhält. Paulus begründet also seine These in V. 5ab, dass unverhüllt betende oder prophetisch redende Frauen die ihnen übergeordneten Männer beschämen, damit, dass sie sich ebenso gesellschaftlich ungebührlich verhalten wie kurz oder kahl rasierte Frauen. Dabei baut Paulus auf die Schockwirkung der so hergestellten Analogie.

Damit wird auch die Funktion von V. 4ab in dem Zusammenhang schlagartig klar: Wenn es für einen Mann ungebührliches Verhalten ist, langes Haar zu haben, tangiert dies beim Beten die Ehre der (ihm) übergeordneten Instanz, nämlich Christus. Wenn Paulus eine Analogie herstellt und die „unverhüllte" Beterin kurzerhand mit einer (kahl oder kurz) rasierten Frau gleichsetzt, impliziert dies, dass sie sich ebenso unge-

[60] V. 6 wird ja auch durch γάρ als Begründung von V. 5c eingeführt. Zu dem Zusammenhang von V. 6a–d gleich mehr.

[61] Ähnlich Epiktet, Diss. 1,16,4–9; 3,1,25–29; Dio Chrys., Or. 33,60–64 bezeichnet die unnatürliche Verweiblichung tarsischer Männer als ἀπρέπεια. Vgl. ferner *Jantsch*, Einführung (s. Anm. 1), 55f., s. auch Zeller, Der erste Brief (s. Anm. 23), 362. Vgl. ferner ausführlicher zu den Sitten der Haartracht bei Frauen und Männern *T. Jantsch*, Die Frau soll Kontrolle über ihren Kopf ausüben (1Kor 11,10). Zum historischen, kulturellen und religiösen Hintergrund von 1Kor 11,2–16, in diesem Band, S. 97–144, hier 103–108.

bührlich verhält wie eine kurzhaarige Frau und damit Schande über sich bringt (vgl. VV. 6c.14–15a). Ebenso gilt dann in Analogie zu dem Sachverhalt von V. 4, dass sie damit auch Schande über die ihr übergeordnete Instanz bringt, nämlich jenen Mann, der ihr in dem sozialen Gefüge, in dem sie sich konkret befindet, übergeordnet ist.

In V. 6ab erläutert Paulus diese implizite Begründungsstrategie (γάρ!). Dabei überrascht die Syntax[62] von V. 6ab.cd (zwei parallele, zugleich chiastisch angeordnete, bedingte Handlungs*aufforderungen*) und verrät die rhetorischen Interessen des Paulus, nicht nur geschlossen zu argumentieren, sondern mit allen (auch rhetorischen) Mitteln überzeugen zu wollen. Er fordert (sehr emotional) dazu auf, dass eine Frau, wenn sie unverhüllt betet oder redet,[63] sich doch kurz oder kahl rasieren lassen soll (καὶ κειράσθω)![64] Die implizite Voraussetzung ist, dass sie sich ebenso ungebührlich gebärdet wie eine Frau, die sich kurz/kahl rasiert. Es ist diese implizite Voraussetzung, die als Begründung des vorangegangen Satzes fungiert.[65] Der Begründungszusammenhang entsteht durch die implizierte Begründung der bedingten Auffor-

[62] Erwartet wird eine propositionale Aussage, da eine Handlungsaufforderung i.d.R. nicht als Begründung fungieren kann. Da eine Aussage nicht durch eine Handlungsaufforderung begründet werden kann, kann der Begründungszusammenhang nur durch eine Implikation des Textes hergestellt werden.

[63] Der Zusammenhang zeigt, dass Paulus hier elliptisch (οὐ κατακαλύπτεται) formuliert.

[64] Dabei handelt es sich um eine rhetorische, also hypothetische Aufforderung. Es muss als sehr unwahrscheinlich gelten, dass der Imperativ καὶ κειράσθω im Sinne von „soll sie auch kurz/kahl geschoren werden" bzw. „soll man sie auch kurz/kahl scheren" zu deuten wäre und als konkrete Aufforderung des Paulus zu verstehen wäre, zuwider handelnde Frauen zu rasieren, um sie so der Schande preiszugeben.

[65] Vordergründig handelt es in V. 6ab also um eine bedingte Aufforderung, der Sprechakt jedoch ist eine begründende Feststellung.

derung, nämlich dass die unverhüllt Betende ebenso schändlich handelt, wie eine kurz/kahl rasierte Frau.[66] Dass dies stimmt, zeigt V. 6cd, denn in der Protasis setzt Paulus genau dies voraus: Wenn es (nun/also) für eine Frau schändlich ist (εἰ δὲ αἰσχρὸν γυναικί), sich das Haar kurz/kahl zu rasieren/scheren (τὸ κείρασθαι ἢ ξυρᾶσθαι), soll sie sich (beim Beten bzw. prophetisch Reden) verhüllen (κατακαλυπτέσθω).[67] Paulus überführt also die Begründung von V. 5c in V. 6a–c rhetorisch geschickt in eine schlussfolgernde Aufforderung: Eine Frau hat den gesellschaftlichen Normen konform zu agieren, indem sie sich verhüllt, wenn sie betet bzw. prophetisch redet. Das Problem ist jedoch, dass das auf Analogie basierende Argument des Paulus nicht verfängt, solange nicht nachgewiesen ist, dass das Nicht-Verhüllen beim Beten bzw. prophetisch Reden ein den Anstand verletzendes Verhalten darstellt, das somit zu einer Beschämung des „Haupts" führt. Das nachfolgende Argument zielt darauf, diese Lücke in der Argumentationskette zu schließen.

[66] Darum kann der Satz in V. 5c auch als Begründung (γάρ) von V. 5ab dienen: Eine unverhüllt betende bzw. prophetisch redende Frau beschämt den Mann, der ihr übergeordnet ist, weil sie sich ebenso schändlich verhält wie eine kurz/kahl rasierte Frau, die sich ja als solche schändlich verhält. Vgl. dazu etwa Jes 3,17; TestHiob 24,10; Apuleius, Metamorph. 2,8,5; 7,6,3, ferner die Texte bei *M. Küchler*, Schweigen, Schmuck und Schleier (NTOA 1), Freiburg/Göttingen 1986, 78–83.

[67] Man beachte die chiastische Struktur von V. 5: οὐ κατακαλύπτεται (A) – κειράσθω (B) – εἰ δὲ αἰσχρὸν γυναικὶ (C) – τὸ κείρασθαι (B') ἢ ξυρᾶσθαι (D) – κατακαλυπτέσθω (A'). Mittig positioniert ist das αἰσχρὸν γυναικί: Die Schändlichkeit des Verhaltens begründet die in V. 5 hergestellte Analogie. Das überschießende ἢ ξυρᾶσθαι stellt die Verbindung zu τῇ ἐξυρημένῃ in V. 5c her.

2.3.2 Das theologische Argument (VV. 7–10.13)

Die Art und Weise, wie Paulus bisher (vgl. VV. 3–6) argumentiert, zeigt, dass das Verhalten der Frauen die Ehre von (bestimmten) Männern berührt. Ihr Verhalten darf eben nicht zu Schande für ihr „Haupt" führen, ebenso wie es auch nicht bei den Männern der Fall sein darf, dass ihr Verhalten ihrem Haupt, Christus, zur Unehre gereicht (vgl. V. 4). Ab V. 7 verfolgt Paulus diese Strategie weiter, argumentiert nun aber dezidiert theologisch.[68] Ziel ist, den bisher noch fehlenden, jedoch entscheidenden Nachweis zu erbringen, dass das unverhüllte Beten bzw. prophetisch Reden von Frauen unanständigem Verhalten gleichkommt.

Entscheidend ist nun, den Aufbau des Textes zu beachten und seine Bedeutung für die Struktur des Arguments zu erkennen: Es liegt ein Chiasmus vor, dessen Glieder durch parallele Aussagen gekennzeichnet sind. Parallel strukturiert sind VV. 7a und 10, deutlich markiert durch das Paar ἀνήρ/ἡ γυνή sowie die Parallelbegriffe οὐκ ὀφείλει/ὀφείλει und τὴν κεφαλήν/τῆς κεφαλῆς. Ebenso parallel aufgebaut sind V. 7bc: Parallelen bilden δόξα θεοῦ/δόξα ἀνδρός und ὑπάρχων/ἐστιν, ferner ist (ὁ) ἀνήρ als Bezugswort des Partizips impliziert und bildet somit eine Parallele zu ἡ γυνή (vgl. hierzu Schema 2 zu 1Kor 11,7.10 auf S. 76).

Die zwei Hälften des Chiasmus sind reziprok ausgerichtet: Während die Partizipialphrase in V. 7b die Aussage in V. 7a durch einen impliziten Schriftbeweis begründet, folgt V. 10 als Schlussfolgerung (διὰ τοῦτο)

[68] Der Neueinsatz des Argumentationsganges signalisiert das Partikel μέν. Die Partikel γάρ signalisiert, dass im Folgenden eine weitere Begründung vorliegt. Dabei handelt es sich um eine erneute Begründung der These in V. 5ab. Da aber V. 6d aus der Aussage von 5ab folgt, kann man die folgende Begründung ebenfalls auf V. 6d beziehen.

aus V. 7c (bzw. VV. 7c–9).[69] Da V. 7c selber eine begründungsbedürftige Aussage ist, bilden VV. 8f. in diesem Zusammenhang einen zweifach begründenden Exkurs zu V. 7c: Zunächst begründet V. 8 die Aussage in V. 7c (γάρ!), sodann folgt in V. 9 eine weitere Begründung (γάρ!) von V. 8.

Paulus stellt zunächst in Aufnahme von V. 5ab (πᾶσα δὲ γυνὴ προσευχομένη ἢ προφητεύουσα ἀκατακαλύπτῳ τῇ κεφαλῇ) bzw. V. 6c (κατακαλυπτέσθω) die These in den Raum, dass ein Mann (anders als eine Frau) *nicht dazu verpflichtet ist*[70] (vorausgesetzt ist beim Beten bzw. prophetisch Reden), den Kopf zu verhüllen – dies ist also fakultativ.[71] Die Begründung folgt anschließend durch eine Bezugnahme auf Gen 1,26f. LXX (εἰκὼν καὶ δόξα θεοῦ ὑπάρχων[72]). Obwohl die argumentative Logik zunächst noch unklar bleibt, ist deutlich, dass Paulus die Nicht-Verpflichtung von Männern, beim Beten eine Kopfbedeckung zu tragen, mit dem Verweis auf die Schrift schöpfungstheologisch bzw. protologisch begründet. Dagegen (δέ) sei die Frau aber δόξα ἀνδρός

[69] Die logische Substruktur der beiden Hälften ist also gleich: Wie in V. 7b der Grund von V. 7a formuliert ist, liegt in V. 7c (inkl. 8f.) der Grund von V. 10 vor.

[70] Vgl. auch hier oben unter 2.2.

[71] Nach Plutarch, Mor 266f. opfern Römer ausnahmsweise ohne Kopfbedeckung (Toga). Vgl. ferner die Texte in: *G. Strecker*/*U. Schnelle* (Hg.), Neuer Wettstein. Texte zum Neuen Testament aus Griechentum und Hellenismus II/1: Texte zur Briefliteratur und zur Johannesapokalypse, Berlin/New York 1996, 340ff. Eine Vorschrift, den Kopf beim Beten zu bedecken, ist für die Zeit der Abfassung des Briefes nicht nachweisbar. Allerdings trugen nach Ex 28,40 (LXX: εἰς τιμὴν καὶ δόξαν!); Lev 8,13; Ez 44,18 Priester in Israel ein Kopfband. Sollten es kulturbedingte Differenzen im Verhalten der korinthischen Männer gegeben haben, kaschiert Paulus dies also mit dem Hinweis darauf, dass dies fakultativ sei.

[72] Dabei ist δόξα nicht Gen 1,26f. entnommen. Vgl. aber 2Kor 4,4, wo Paulus δόξα (als Folge des Abbildseins!) mit εἰκών verknüpft. Eine geeignete Übersetzung von V. 7b wäre in etwa „weil er – (einst) als Bild Gottes (geschaffen) – Ruhm/Ehre Gottes ist“.

(7c), woraus folgt (διὰ τοῦτο!), dass sie dazu verpflichtet sei (ὀφείλει!), „Macht/Vollmacht über den Kopf (alternativ: auf dem Kopf) zu haben wegen der Engel" (ἐξουσίαν ἔχειν ἐπὶ τῆς κεφαλῆς διὰ τοὺς ἀγγέλους, V. 10). Dass die Frau δόξα ἀνδρός sei, begründet (VV. 8f.: γάρ!) Paulus nun ebenfalls schöpfungstheologisch bzw. protologisch mit einem Schriftverweis: In VV. 8f. liegt eine klare Bezugnahme auf Gen 2,18–23 vor.[73] Aus VV. 7b–9 geht zunächst hervor, dass Paulus einen protologischen, in der Schöpfung begründeten Statusunterschied zwischen Mann und Frau postuliert, wonach Männer als δόξα θεοῦ (Ruhm/Ehre Gottes), Frauen als δόξα ἀνδρός (Ruhm/Ehre eines Mannes, d.h. Adams!) gelten, und dass diese protologisch begründete Statusdifferenz als Grund für die unterschiedlichen Anforderungen an die Gebetspraxis von Männern und Frauen angeführt wird.

Dabei soll man den Rückgriff auf die Gottesebenbildlichkeit richtig einordnen und nicht überstrapazieren.[74] Paulus argumentiert axiomatisch mit der Schrift: Da nach der Schrift der erste Mann als εἰκὼν *θεοῦ* bzw. als Bild *Gottes* geschaffen wurde, sind Männer fortan δόξα *θεοῦ*; da der Schrift zufolge die erste Frau ἐκ τοῦ *ἀνδρὸς* αὐτῆς geschaffen wurde, sind Frauen fortan δόξα *ἀνδρός* – dabei ist ἀνδρός wohl nicht generisch zu verstehen, sondern auf den ersten Menschen bzw. Adam zu beziehen! Der Fokus liegt also auf den protologischen Relationen. Dies spricht auch dagegen, in V. 7c (ἡ γυνὴ δὲ δόξα ἀνδρός ἐστιν) bzw. VV. 7c–9 die (nachgeholte) Begründung für V. 3c (κεφαλὴ δὲ γυναικὸς ὁ ἀνήρ) erkennen zu wollen. Schon die auffällige Asymmetrie zwischen V. 3b (παντὸς ἀνδρὸς ἡ κεφαλὴ *ὁ Χριστός* ἐστιν) und V. 7b ([ὁ ἀνήρ] εἰκὼν καὶ δόξα *θεοῦ*) spricht dagegen, δόξα ἀνδρός VV. 7c–9 vorschnell mit V. 3c zu verknüpfen.

[73] Dabei dürfte für Paulus die Formulierung αὕτη κληθήσεται γυνή ἐκ τοῦ ἀνδρὸς αὐτῆς ἐλήμφθη αὕτη in Gen 1,23 LXX entscheidend gewesen sein, vgl. dazu V. 8.

[74] Zur Forschungsdiskussion vgl. *Jantsch*, Einführung (s. Anm. 1), 30–33.

Um das Argument des Paulus verstehen zu können, ist es entscheidend, zunächst die Funktion von V. 10 zu erkennen. Die Formulierung in V. 10 macht deutlich, dass die schöpfungsbedingte Differenz beim Beten bewirkt, dass Frauen einer Verpflichtung zum Verhüllen des Kopfes unterliegen, Männer jedoch nicht:

7 Ἀνὴρ οὐκ	ὀφείλει κατακαλύπτεσθαι	τὴν κεφαλήν
10 ἡ γυνὴ	ὀφείλει ἐξουσίαν ἔχειν ἐπὶ	τῆς κεφαλῆς
		διὰ τοὺς ἀγγέλους.

Denn die parallelen Formulierungen in VV. 7a.10 machen deutlich, dass sich die Phrase ἐξουσίαν ἔχειν ἐπὶ τῆς κεφαλῆς, die exakt parallel zu κατακαλύπτεσθαι τὴν κεφαλήν in V. 7 steht, von der Textpragmatik her nur auf die Verhüllung des Kopfes beziehen kann.[75]

Die Deutung der rätselhaften Phrase ἐξουσίαν ἔχειν ἐπὶ τῆς κεφαλῆς ist höchst umstritten.[76] Folgende Lösungen sind erwägenswert: (1) Die übliche Verwendung von ἐξουσίαν ἐπί (vgl. nur Apk 2,26) legt nahe, die Phrase im Sinne von „Macht/Gewalt/Autorität/Kontrolle/Entscheidungsgewalt über etwas haben“ zu deuten. Dann argumentiert Paulus, dass aufgrund der Schöpfungsordnung Frauen verpflichtet sind, Macht/Gewalt/Autorität/Kontrolle/Entscheidungsgewalt über ihren Kopf zu haben bzw. behalten.[77] Diese Deutung entfaltet vor allem dann Erklärungspotential, wenn man voraussetzt, dass Frauen beim Beten und prophetisch Reden (etwa durch pneumatische Ekstase) einen Kontrollverlust erlitten, sodass sie ihre Verhüllung ablegten oder verloren.[78] (2) Da die Textpragmatik erfordert, dass die Phrase ἐξουσίαν ἔχειν ἐπὶ τῆς κεφαλῆς dazu auffordert, den Kopf zu verhüllen, bleibt erwägenswert, ob hier doch nicht eine uns bisher nicht nachweisbare Verwendungsweise von ἐξουσία etwa im Sinne von „Bedeckung“ = κάλυμμα verwendet

[75] Dies geht eindeutig aus VV. 5.6d.13 hervor.

[76] Allerdings erwartet man dann eher eine Wortreihenfolge, die den Zusammenhang von ἐξουσία und der Adverbialphrase ἐπὶ τῆς κεφαλῆς nahe legt (z.B. ἐξουσίαν ἐπὶ τῆς κεφαλῆς ἔχειν).

[77] Vgl. zur komplexen Forschungslage *Jantsch*, Einführung (s. Anm. 1), 35–42.

[78] So deutet etwa *Jantsch*, Kontrolle (s. Anm. 61), 126–141.

wird.[79] Sie würde zur jetzigen Wortstellung und der Argumentationsstruktur passen. (3) Denkbar sind auch metonymische Deutungen, wonach die Kopfbedeckung als Zeichen für die Macht/Gewalt/Autorität steht, die entweder die Frau ausübt oder der betreffende Mann über die Frau ausübt. Dann steht ἐξουσία als *abstractum pro concreto* für die Kopfbedeckung.[80]

Unabhängig davon, was die Formulierung ἐξουσίαν ἔχειν ἐπὶ τῆς κεφαλῆς im Einzelnen bedeuten soll, die parallelen Formulierungen in VV. 7a.10 zielen darauf, dass Frauen (der Negation von VV. 5 und 13 entsprechend) den Kopf verhüllen sollen, wenn sie beten bzw. prophetisch reden.
Das Argument in VV. 7c.(8f.)10 ist also so angelegt, dass der schöpfungsbedingte Status des Mannes als δόξα Gottes bewirkt, dass Männer keiner Verpflichtung unterliegen, den Kopf zu verhüllen, und zwar weil sie dadurch ihr „Haupt" Christus nicht beschämen (VV. 3–5), Frauen jedoch wegen ihres schöpfungsbedingten Status als δόξα ἀνδρός den ihnen jeweils gesellschaftlich übergeordneten Mann beschämen, wenn sie sich nicht verhüllen. Warum die δόξα ἀνδρός dazu verpflichtet, sich beim Beten bzw. prophetisch Reden zu verhüllen (die δόξα θεοῦ dagegen davon entpflichtet), zeigt die Präpositionalphrase διὰ τοὺς ἀγγέλους in V. 10:

7 Ἀνὴρ οὐκ	ὀφείλει κατακαλύπτεσθαι	τὴν κεφαλήν
10 ἡ γυνὴ	ὀφείλει ἐξουσίαν ἔχειν ἐπὶ	τῆς κεφαλῆς
		διὰ τοὺς ἀγγέλους.

Das Argument in VV. 7c.(8f.)10 ist so angelegt, dass Frauen, wenn sie sich nicht beim Beten verhüllen, den ihnen jeweils gesellschaftlich übergeordneten Mann „we-

[79] So schon Irenäus, Adv. haer. 1,8,2. Zu dieser Deutung vgl. *Jantsch*, Einführung (s. Anm. 1), 35f.
[80] Vgl. *Zeller*, Der erste Brief (s. Anm. 23), 359f. Dagegen votiert ausdrücklich *Jantsch*, Einführung (s. Anm. 1), 35–42, vgl. auch *ders.*, Kontrolle (s. Anm. 61), 128–133.

gen der Engel“ beschämen. Der Grund dafür liegt in ihrem schöpfungsbedingten Status als δόξα ἀνδρός. Dagegen bewirkt der schöpfungsbedingte Status des Mannes als δόξα Gottes, dass Männer nicht – auch nicht διὰ τοὺς ἀγγέλους! – einer Verpflichtung unterliegen, den Kopf zu verhüllen, und zwar weil sie dadurch nicht ihr „Haupt“ Christus beschämen (VV. 3–5). Dabei ist deutlich, dass Paulus damit rechnet, dass seine Adressaten den Verweis auf die Engel verstehen sowie ihre entscheidende Funktion für die Argumentation erkennen würden.[81] Die Präpositionalphrase διὰ τοὺς ἀγγέλους bildet also den Dreh- und Angelpunkt des gesamten Arguments in VV. 7–10 bzw. 13 und ist somit die *crux interpretum* des Textes. Die entscheidende exegetische Frage lautet also, warum Frauen *διὰ τοὺς ἀγγέλους* ehrverletzend agieren hinsichtlich ihres Haupts bzw. des jeweilig übergeordneten Mannes (VV. 3c.5), wenn sie unverhüllt beten bzw. prophetisch reden, Christi Ehre jedoch nicht davon tangiert wird, wenn Männer verhüllt *oder* unverhüllt beten bzw. prophetisch reden.

Um diese Frage beantworten zu können, ist zunächst zu beachten, dass das strittige Verhalten nur das *Beten* bzw. das *prophetisch Reden*,[82] d.h. die vertikale Kommunikation zwischen Gott und Menschen, betrifft. Das Argument des Paulus beruht somit auf Vorstellungen über die Rolle von Engeln[83] beim Akt des prophetischen Redens[84] und des Betens.[85]

[81] Dies ist schon ein Hinweis darauf, dass das Argument sich hier auf gemeinsames enzyklopädisches Wissen bezieht, das implizit vorhanden ist und die Kohärenz des Textes sichert.

[82] Vgl. hier oben bei den Anm. 16f.

[83] Bei Paulus ist nur selten explizit von Engeln die Rede (Röm 8,38; 1Kor 4,9; 6,3; 13,1; 2Kor 11,14; 1,7; Gal 1,8; 3,19; 4,14), die wenigen Erwähnungen scheinen aber konventionelle frühjüdische (bzw. frühchristliche) Ansichten zu spiegeln: Sie sind himmlische Wesen (Gal 1,8, vgl. auch 3,19; 2Kor 11,14), die im Kosmos den Menschen gegenüber gestellt werden (1Kor 4,9; 13,1). Ihnen eignet Macht bzw. Autorität (Röm 8,38: Gegensatz zu ἀρχαί, vgl. auch Gal 4,14, ferner

Im antiken Judentum bzw. frühen Christentum war die Vorstellung vom himmlischen Raum Gottes bzw. des Thronsaals Gottes, der von abertausenden Engeln bevölkert ist (vgl. nur Lk 12,8f.; Offb 5,11; 7,11 u.ö.), weit verbreitet.[86] Das Beten ist vor diesem Hintergrund als ein komplexes Geschehen zu verstehen, in dem der Beter in den (himmlischen) Raum Gottes und seiner Engel eintritt[87] bzw. einen Zugang zu diesem Raum erlangt.[88] Beim Gebet betritt man also eine Art himmlische Öffentlichkeit, in der sich nicht nur Gott, sondern auch andere himmlische Akteure wie Geister und Engel befinden, die u.a. als Fürsprecher für die Menschen vor Gott eintreten.[89] Mit dieser Vorstellungswelt verwandt sind Vorstellungen, denen zufolge Himmelsbewohner Gebete vor Gott bzw. seinen Thron bringen.[90]

1Kor 6,3). Ferner vermitteln sie den Menschen göttliche Nachrichten (Gal 1,8; 3,19 [4,14]; 1Kor 13,1). Zu Engelvorstellungen im antiken Judentum und Neuen Testament vgl. *K.E. Grözinger*, Engel III. Judentum, TRE 9 (1982), 586–596; *O. Böcher*, Engel IV. Neues Testament, TRE 9 (1982), 596–599.

84 Dass Engel im Judentum des Zweiten Tempels und im frühen Christentum eine bedeutende Rolle bei der Übermittlung göttlicher Offenbarung in der Welt spielten, bedarf keiner weiteren Erläuterung, vgl. dazu etwa die Textbelege bei *Grözinger*, Engel (s. Anm. 83), 589. Für das Neue Testament vgl. nur Offb 1,1; 22,6.16; Mt 1,20–24; Gal 1,8 usw., ferner Herm 43,9 (mand 11,9), wo ein Engel den Propheten mit dem prophetischen Geist ausstattet (bzw. wo ein Engel dem Propheten den prophetischen Geist eingibt), damit er in der Gemeindeversammlung prophetisch reden kann, dazu *Böcher*, Engel (s. Anm. 83), 596–599.

85 So auch *Schrage*, Der erste Brief (s. Anm. 1), 517.

86 Zu Engelhierarchien und -typologien im antiken Judentum, vgl. *Grözinger*, Engel (s. Anm. 83), 587–589. Zur Vorstellung, dass Menschen beim Gottesdienst am himmlischen Gottesdienst partizipieren, vgl. *Jantsch*, Einführung (s. Anm 1), bes. 46–49; *ders.*, Kontrolle (s. Anm. 61), 126f., und besonders *Stuckenbruck*, 1Kor 11,10 (s. Anm. 40), 169–172.

87 Vgl. *K. Berger*, Gebet IV. Neues Testament, TRE 12 (1984), 47–60, bes. 49–53. Vgl. etwa das Gebet Jesu nach der Taufe, Lk 3,21f.; ferner Apg 10,2f.; 22,17f.

88 Es ist wahrscheinlich, dass es sich in Hebr 4,16 beim freimütigen Hinzutreten vor Gott im himmlischen Heiligtum (zumindest auch) um einen Akt des Betens handelt (vgl. auch Hebr 10,22).

89 Sach 1,12; VitAd 9; äthHen 15,2; 40,6; 104,1; vgl. ferner Mt 18,10. Im Neuen Testament übernimmt der erhöhte Jesus verschiedentlich diese Rolle, vgl. 1Joh 2,1f.; Röm 8,34; Hebr 7,25.

90 Vgl. Tob 12,12; grBar 11,4; äthHen 9,3.

Diese Vorstellung ist im Neuen Testament in Offb 5,8; 8,3f. explizit von Engeln bezeugt.[91]

Das paulinische Argument in 1Kor 11,2–16 wird verständlich, wenn man diesen Vorstellungskomplex als enzyklopädisches Hintergrundwissen berücksichtigt: Paulus setzt voraus, dass der (gottesdienstliche) Raum beim Beten (bzw. prophetisch Reden) eine Öffnung hin zum Raum Gottes erfährt, in dem sich die Engel Gottes befinden. In dieser erweiterten Öffentlichkeit gelten wie auch sonst in der Gesellschaft Anstandsregeln. Paulus argumentiert nun, dass Frauen angesichts der Gegenwart der Engel Gottes in diesem öffentlichen Raum dazu verpflichtet sind, den Kopf zu verhüllen. Im Hintergrund steht wohl die besonders in der östlichen mediterranen Antike verbreitete Sitte, dass Frauen in der Öffentlichkeit den Kopf bedecken.[92] Da Frauen schöpfungsbedingt bzw. protologisch (nur) mit dem Status der δόξα ἀνδρός ausgestattet sind, sind sie also verpflichtet, sich beim Beten bzw. prophetisch Reden – wohl als Geste der Bescheidenheit bzw. des Respekts gegenüber den in der „himmlischen" Öffentlichkeit gesellschaftlich höher gestellten Engeln – den Kopf zu bedecken. Wegen ihres schöpfungsbedingten Status als δόξα θεοῦ verfügen Männer in der „himmlischen" Öffentlichkeit wohl über einen vergleichbaren sozialen Status wie die Engel und

[91] Vgl. ferner Röm 8,26–28, wo der Geist als Vermittlungsinstanz der Gebete der Kinder Gottes auftritt, vgl. auch Röm 8,15; Gal 4,5f.

[92] Nach Plutarch, Mor 267ab ist es „für Frauen üblicher mit verhüllten Kopf, für Männer jedoch unverhüllt an die Öffentlichkeit zu gehen". Nach Mor 232c lassen die Spartaner zwar Mädchen unverhüllt, Frauen aber verhüllt in der Öffentlichkeit erscheinen. Dio Chrys., Or. 33,48f. bezeugt, dass Frauen in Tarsus den Kopf so bedecken, dass man das Gesicht kaum sehen kann. Nach Philo, Spec. Leg. 3,56 war es für Frauen Sitte, die Kopfbedeckung (τοὐπίκρανον) als Zeichen der Scham/Ehrerbietung/Bescheidenheit/Rücksicht bzw. des Anstands/Respekts (τὸ τῆς αἰδοῦς σύμβολον) zu tragen. Vgl. auch *Zeller*, Der erste Brief (s. Anm. 23), 356. Vgl. hierzu auch *Jantsch*, Kontrolle (s. Anm. 61), 103–108.

sind darum nicht verpflichtet, beim Beten bzw. prophetisch Reden den Kopf in einer Ehrerbietungsgeste gegenüber den Engeln zu bedecken. Tun Frauen dies jedoch nicht, bleiben sie den höher gestellten Engeln die nötige Ehrerbietung schuldig und verletzen damit die gesellschaftlichen Anstandsregeln. Dies hat – wie VV. 3–6 zeigen – zudem soziale Rückwirkungen, sodass das Verhalten zugleich ihre κεφαλή bzw. die ihnen übergeordnete männliche Autorität betrifft und diese durch das Fehlverhalten beschämt.
Dementsprechend schließt Paulus das Argument in V. 13[93] mit einer rhetorischen Frage, die auf den sozialen Anstand abhebt: „Urteilt bei euch selbst: Ist es anständig, dass eine Frau unverhüllt zu Gott betet?" (ἐν ὑμῖν αὐτοῖς κρίνατε· πρέπον ἐστὶν γυναῖκα ἀκατακάλυπτον τῷ θεῷ προσεύχεσθαι;). Aufgrund des vorangegangenen Arguments wäre es (unter den Bedingungen der Antike!) naheliegend, die rhetorische Frage zu verneinen und somit Paulus zuzustimmen: Unverhüllt zu Gott zu beten wäre tatsächlich kein anständiges Benehmen den Engeln gegenüber. Somit gilt, dass solches Verhalten – ebenso wie etwa das Tragen eines Kurzhaarschnitts – Schande über die betreffende männliche Autorität, in der Regel den *pater familias*, bringt.

2.3.3 Nochmals das Analogieargument (VV. 14f.)

In VV. 7–10.13 hat Paulus also mit Hilfe des Schriftbezugs bzw. mit Verweis auf die Protologie den Erweis erbracht, dass sich Frauen gesellschaftlich ungebührlich verhalten, wenn sie ohne den Kopf zu bedecken beten oder prophetisch reden, so dass die von ihm in VV. 4–6 behauptete Analogie zu unrasierten Frauen fundierter dasteht. Es verwundert also kaum, dass Paulus exakt an dieser Stelle zu jener Analogie zurückkehrt und sie

[93] Vgl. zu VV. 11f. hier unten 2.4.

wieder aufnimmt.[94] Die rhetorische Frage in VV. 14a–15a ruft angesichts der rhetorischen Frage von V. 13 die Analogie von VV. 5f. in Erinnerung und überführt sie in V. 15a zugleich ins Positive: Das Tragen von langem Haar ist für den Mann unehrenhaft (ἀνὴρ μὲν ἐὰν κομᾷ ἀτιμία αὐτῷ ἐστιν), für die Frau jedoch (im Gegensatz zum Tragen einer Kurzhaarfrisur, vgl. VV. 5c–6) ehrenhaft (γυνὴ δὲ ἐὰν κομᾷ δόξα αὐτῇ ἐστιν).[95] Mit dem Verweis auf die Natur (οὐδὲ ἡ φύσις αὐτὴ διδάσκει ὑμᾶς ὅτι ...) in V. 14a bedient sich Paulus einer Argumentationsfigur, die ähnlich auch in der Stoa bzw. Popularphilosophie seiner Zeit verwendet wurde.[96] Dabei verweist φύσις hier auf die Schöpfungsordnung, die Paulus ja auch in VV. 8f. bemüht hat,[97] sodass der Hinweis auf die Natur hier in erster Linie dazu dient, herauszustellen, dass das Tragen von kurzem Haar beim Mann bzw. von langem Haar bei der Frau als schöpfungskonformes (und somit Gottes Willen entsprechendes) Verhalten zu gelten hat. Die rhetorische Frage zielt aber auf V. 15d, der V. 15a im Nachgang begründet (ὅτι), zugleich aber wie in VV. 4–6 die Analogie zwischen Haartracht und Verhüllung herstellt. Wie das Unverhüllt-Sein beim Beten und prophetisch Reden gewissermaßen durch das Kurz- bzw. Kahlrasiert-Sein

[94] Vgl. zu VV. 11f. auch die Erörterungen hier oben unter 2.3.1.

[95] Bei den Dativen αὐτῷ/αὐτῇ handelt es sich jeweils um einen *dativus incommodi* bzw. *commodi*, der die in der Konsequenz der Handlung folgende gesellschaftliche Ächtung bzw. Achtung signalisiert.

[96] Ähnlich Epiktet, Diss. 1,16,4–9; 3,1,25–29; Musonius Rufus 21 (Hense); Dio Chrys., Or. 33,60–64 bezeichnet die unnatürliche Verweiblichung tarsischer Männer als ἀπρέπεια. Vgl. dazu *J.W. Thompson*, Creation, Shame and Nature in 1 Cor 11:2–16. The Background and Coherence of Paul's Argument, in: *J. Fitzgerald/T.H. Olbricht/L.M. White* (Hg.), Early Christianity and Classical Culture. Comparative Studies in Honor of Abraham J. Malherbe (NT.S CX), Leiden/Boston 2003, 237–257.

[97] Darauf deutet wahrscheinlich auch δέδοται in V. 14, das als *passivum divinum* zu verstehen ist.

präfiguriert ist (VV. 5d–6, bes. 5d), so präfiguriert das lange Haar das Tragen eines (textilen) Überwurfs (ἡ κόμη ἀντὶ περιβολαίου[98] δέδοται [αὐτῇ]). Paulus setzt also die in VV. 4–6 negativ verwendete Analogie an dieser Stelle positiv ein: Langes Haar, das der Frau gesellschaftliche Achtung beschert, wurde der Frau von Gott gegeben (δέδοται), und zwar in ihrer Funktion als Kopfbedeckung zwecks Vorwegnahme des gesellschaftlichen Brauchs eines Umhangs oder Überwurfs. Wie in VV. 7–10 wird also hier die Schöpfungsordnung als Grundlage für einen Aspekt der sozialen Ordnung vorausgesetzt. Textpragmatisch zielt die Aussage (analog zu VV. 5f.) darauf, das Tragen einer Kopfbedeckung beim Beten als gebührliches Verhalten darzustellen, das ebenso wie das Tragen von langem Haar gesellschaftliche Achtung mit sich bringt. Dies wiederum impliziert, dass der jeweils der Frau übergeordnete Mann somit nicht beschämt wird.

2.4 Die ekklesiologisch-anthropologische Einschränkung in VV. 11f.

Zum Schluss gehe ich noch kurz auf den Exkurs in VV. 11f. ein, der dazu dient, einem Missverständnis des Arguments in VV. 7–10, insbesondere 7b–9,[99] zu wehren. Paulus beginnt mit einer einschränkenden (πλήν = dennoch) These, dass im Herrn (ἐν κυρίῳ) weder Frau ohne Mann noch Mann ohne Frau ist (οὔτε γυνὴ χωρὶς ἀνδρὸς οὔτε ἀνὴρ χωρὶς γυναικός). Paulus stellt also

[98] Die Präposition ἀντί wird hier im Sinne von „so gut wie“ oder „als“ und nicht im Sinne von „anstatt“ bzw. „als Ersatz“ verwendet (vgl. dazu LSJ s.v. ἀντί A III 2 und C 6), so dass hier mit etwa „das Haar ist ihr ebenso gut wie/(quasi) als Umwurf/Umhang gegeben“ zu übersetzen ist. Vgl. auch *Lindemann*, Korintherbrief (s. Anm. 9), 246; *Zeller*, Der erste Brief (s. Anm. 23), 362, Anm. 86.

[99] Dass VV. 11f. die Thematik von VV. 8f. aufnimmt, geht hinreichend aus der gemeinsamen Terminologie hervor.

die reziproke Abhängigkeit von Mann und Frau und somit die prinzipielle Gleichheit von Mann und Frau in der christlichen Gemeinschaft (ἐν κυρίῳ) heraus.[100] Paulus macht dadurch deutlich, dass die auf Frauen ruhende Verpflichtung, beim Beten (bzw. beim prophetisch Reden) den Kopf zu verhüllen (V. 10 bzw. V. 13), *nicht* in sozialen Differenzen innerhalb der Gemeinde begründet sei. Es gehe *nicht* darum, eine Anstandsverletzung der Männer in der Gemeinde durch die Frauen zu unterbinden, da jene etwa höher gestellt wären: Im Herrn besitzt niemand aufgrund seines Geschlechts einen Vorrang!

Hat Paulus in VV. 7–9 protologisch mit der Schöpfungsgeschichte argumentiert, begründet er nun in V. 12 die These von V. 11 mit Hinweis auf die Erfahrung, dass Frau und Mann gemeinsam an der Entstehung eines Menschen beteiligt sind: „Denn wie die Frau vom Mann ist, so ist auch der Mann durch die Frau" (ὥσπερ γὰρ ἡ γυνὴ ἐκ τοῦ ἀνδρός, οὕτως καὶ ὁ ἀνὴρ διὰ τῆς γυναικός). Der Nachsatz τὰ δὲ πάντα ἐκ τοῦ θεοῦ zeigt, dass Paulus auch hier von der Schöpfung,[101] nämlich von Gottes fortwährender Gegenwartsschöpfung her argumentiert. „Im Herrn", d.h. im Herrschaftsbereich (oder: Haushalt?) Christi, wird die in der Schöpfungsordnung angelegte gegenseitige Angewiesenheit der Geschlechter aufeinander in proleptischer Vorwegnahme des Endheils realisiert.

Für die vorliegende Fragestellung ist dies in doppelter Hinsicht bedeutsam. Zum einen unterbindet Paulus mit der Einschränkung von VV. 11f., dass jemand seine protologische Argumentation in VV. 7–10 dazu missbraucht, die geforderte Verhüllung der Frauen beim Gebet bzw. prophetisch Reden als Geste der Unterordnung der Frauen hinsichtlich der Männer in der Gemein-

[100] Vgl. auch Gal 3,28.
[101] Vgl. etwa 1Kor 8,6b: θεὸς ὁ πατὴρ ἐξ οὗ τὰ πάντα.

de zu interpretieren.[102] Zum anderen zeigt sie, dass der Streitpunkt tatsächlich nur das *Beten und prophetisch Reden* der Frauen betraf und nicht etwa generell die Versammlungen bzw. Gottesdienste der Gemeinde. Beim Verhüllen des Kopfes durch die Frauen handelte es sich im Vergleich mit dem üblichen innergemeindlichen „Alltag“ um eine Ausnahme, die mit dem sonstigen Usus in der Gemeinde kollidierte. Aus diesem Grund musste Paulus auch auf die aufwendige Argumentation mit den Engeln rekurrieren, weil er das Bedecken des Kopfes durch Frauen beim Beten nicht einfach mit Verweis auf die normale Praxis in der Gemeinde plausibel machen konnte.

[102] Die Vermutung sei erlaubt, ob Paulus damit nicht nur vorbeugend agiert, sondern tatsächlich konkrete Argumente in der Gemeinde unterbindet, die mit Hinweis auf die Unterordnung von Frauen die Bedeckung des Kopfes beim Beten und prophetisch Reden forderten oder die Bedeckung des Kopfes beim Beten und prophetisch Reden gar als Unterwerfungsgestus der Frauen forderten. Dies wäre in einer patriarchalen Gesellschaft sogar zu erwarten.

Torsten Jantsch

Die Frau soll Kontrolle über ihren Kopf ausüben (1Kor 11,10)

Zum historischen, kulturellen und religiösen Hintergrund von 1Kor 11,2–16

Wie der forschungsgeschichtliche Überblick gezeigt hat,[1] bietet der Abschnitt 1Kor 11,2–16 eine Reihe von Auslegungsproblemen, die zu einer Vielzahl von Interpretationen geführt haben. Es empfiehlt sich darum nicht, den Ausgangspunkt der Interpretation bei einem der umstrittenen Punkte zu nehmen – etwa bei der Verhältnisbestimmung von Mann und Frau in V. 3–5, oder bei der Frage der Engel in V. 10. Vielmehr muss der Ausgangspunkt bei der Frage nach der Pragmatik des Abschnitts liegen.

Wie sich aus V. 4–5 und 13 ergibt, ist das Thema dieses Textes das Verhalten im Gottesdienst: Hier geht es um das Beten und prophetisch Reden (προσευχόμενος ἢ προφητεύων, V. 4) und das Beten zu Gott (τῷ θεῷ προσεύχεσθαι, V. 13). Dieses ergibt sich auch vom Kontext her, wonach in 1Kor 11,2–14,40 das Verhalten in den gottesdienstlichen Versammlungen thematisiert wird. Dass 11,2–16 in diesen Zusammenhang gehört, zeigen auch die Entsprechungen zwischen 11,2–16 und dem Ende der Erörterungen zum Verhalten im Gottesdienst, wenn nämlich Paulus in 11,2.16; 14,33c.36 die übergemeindliche Perspektive als Argument einsetzt und

[1] Vgl. meinen ersten Beitrag, oben S. 1–60. Da ich dort die vertretenen Forschungspositionen bereits ausführlich vorgestellt habe, beschränke ich mich hier weitgehend auf eine Darstellung ohne ausführliche Diskussion von Sekundärliteratur.

wenn Paulus in 11,4–6.13[2] und 14,40[3] auf angemessenes, schickliches Verhalten und Anstand hinwirkt.[4] Sofern in 1Kor 11,2–16 das Verhältnis zwischen Mann und Frau in einer allgemeinen Perspektive thematisiert wird (V. 3, 7c, 8–9, 11–12), oder Paulus auch nur von Männern spricht (V. 7a–b, 14), gehört dies zur *Logik der Argumentation* und dient als Element der Argumentation. Was das Thema des Abschnitts ist, ergibt sich aus der einzigen eindeutigen Direktive im Text (V. 10):

> διὰ τοῦτο ὀφείλει ἡ γυνὴ ἐξουσίαν ἔχειν ἐπὶ τῆς κεφαλῆς διὰ τοὺς ἀγγέλους.
> Deshalb soll die Frau Kontrolle über (ihren) Kopf haben – wegen der Engel.

Dasselbe ergibt sich aus der Aufforderung, selbst zu urteilen (V. 13). Verbunden mit dem Kontext des Betens und prophetisch Redens (V. 4–5, 13) ergibt sich also, dass Paulus hier das Thema verfolgt, wie sich eine Frau im gottesdienstlichen Kontext beim Beten und prophetisch Reden verhalten soll.

Das Lexem κεφαλή wird in diesem Text polysem verwendet. In V. 3 wird es eindeutig metaphorisch verwendet und referiert hier jeweils auf eine andere Größe – den Mann, Christus, Gott. Diese metaphorische Bedeutung bestimmt auch noch die Verwendung von κεφαλή in V. 4b und 5b. In der jeweiligen Formulierung καταισχύνει τὴν κεφαλὴν αὐτοῦ/αὐτῆς drängt sich die in V. 3 jeweils zugeordnete Größe – für die Frau der Mann, für den Mann Christus – als Referent auf. In V. 4a und 5a verweisen allerdings die syntagmatischen Relationen von κεφαλή (κατὰ κεφαλῆς ἔχων, V. 4a; ἀκατακαλύπτῳ τῇ κεφαλῇ, V. 5a) darauf, dass dieses Lexem im wört-

[2] Καταισχύνει, 1Kor 11,4–6; αἰσχρόν, V. 6; πρέπον, V. 13.
[3] Πάντα δὲ εὐσχημόνως καὶ κατὰ τάξιν γινέσθω.
[4] Vgl. *A. Lindemann*, Der erste Korintherbrief (HNT 9/I), Tübingen 2000, 237.

lichen Sinne auf den Kopf des Mannes bzw. der Frau referiert. Dasselbe ist dort der Fall, wo es um die Haare bzw. die Frisur geht (V. 5b, 6aβ–b, 14–15). So schlussfolgern wir also, dass das Thema des Paulus in diesem Abschnitt ist, wie sich Frauen im Gottesdienst beim Beten und prophetisch Reden auf eine noch näher zu bestimmende Weise im Hinblick auf ihren Kopf verhalten sollen. Die Frage, was dies konkret ist und was der kulturelle und geschichtliche Hintergrund davon ist, wird uns im Folgenden beschäftigen.

1 Frisur statt „Schleier“

In 1Kor 11,2–16 konkurrieren zwei Sinnlinien miteinander: Zum einen scheint es um eine textilen Kopfbedeckung zu gehen, zum anderen um Haare. Zur ersten Sinnlinie zählen die Lexeme ἀκατακάλυπτος in V. 5a, 13b, κατακαλύπτω in V. 6a.bβ, 7a, und auch die Formulierung ἐξουσίαν ἔχειν ἐπὶ τῆς κεφαλῆς in V. 10a wird dazu gezählt, obwohl dies, wie zu zeigen sein wird, problematisch ist. Zum anderen aber finden wir auch die Sinnlinie der Haare (bzw. der Frisur) – dafür stehen das Nomen κόμη in V. 15b und die Verben κομᾶν in V. 14b, 15a, κειράσθαι in V. 6aβ.bα, und ξυρᾶσθαι in V. 5c, 6bα. So verwundert es nicht, dass auch beide Deutungen vertreten werden: In der älteren Forschung herrschte einhellig die Meinung, dass eine textile Kopfbedeckung das Thema sei; in jüngerer Zeit aber setzt sich mehr und mehr das Verständnis durch, dass es nicht um eine Kopfbedeckung gehe, sondern um Haare, näherhin um die Frage der richtigen Frisur.[5]

[5] Näheres hierzu unten S. 121–125 sowie in meinem forschungsgeschichtlichen Überblick oben S. 26–28. Diese Interpretation geht auf Stephan Lösch (Christliche Frauen in Korinth [1Cor 11,2–16]. Ein neuer Lösungsversuch, ThQ 127 [1947], 216–261), Abel Isaksson (Marriage and Ministry in the New Temple. A Study with Special

Dafür wird als Argument angeführt, dass das Lexem für „Schleier" (κάλυμμα) in 1Kor 11,2–16 fehlt; dies spricht schon einmal dagegen, dass das Thema dieses Abschnitts die Verschleierung, d.h. die Bedeckung des gesamten Gesichtes, ist. Dies ist insbesondere darum auch bemerkenswert, weil Paulus in 2Kor 3,13–16 das Lexem κάλυμμα viermal verwendet. Mit einer einzigen aufschlussreichen Ausnahme begegnet in diesem Text auch kein anderes Lexem, das auf eine textile Kopfbedeckung referiert, wie etwa ἱμάτιον, das Obergewand, das man über den Kopf ziehen konnte und das so das Haar bedeckte, ohne ganz das Gesicht zu verhüllen.[6]
Stattdessen findet sich in V. 15b eine Formulierung, die – wenn Paulus wirklich darauf zielen sollte, dass Frauen eine textile Kopfbedeckung tragen sollen – zugleich die Basis seiner ganzen Argumentation zerstören würde:

> … ἡ κόμη ἀντὶ περιβολαίου δέδοται.
> … das lange Haar ist ihr (sc. der Frau) *anstelle* eines Überwurfs gegeben.

Dies bedeutet doch, dass eine textile Kopfbedeckung für eine Frau *nicht notwendig* ist, weil sie ja ihr langes Haar hat.[7]

Reference to Mt. 19.13–12 [sic!] and 1. Cor. 11.3–16 [ASNU 24], Lund 1965, bes. 165–186) und James B. Hurley (Did Paul Require Veils or the Silence of Women? A Consideration of 1 Cor. 11:2–16 and 1 Cor. 14:33b–36, WThJ 35 [1973], 190–220) zurück.

[6] Diese Beobachtung spielt Gerd Theißen herunter, indem er konstatiert: „Es kommt nicht auf die Begriffe an. Die Funktion ist vergleichbar" (Psychologische Aspekte paulinischer Theologie Göttingen [2]1993, 161f.). So setzt er aber schon zu Beginn seiner Untersuchung mit dieser Entscheidung das Ergebnis fest.

[7] Vgl. hierzu ausführlich *A.G. Padgett*, The Significance of 'anti [sic!] in Corinthians 11:15, TynB 45 (1994), 181–188. Anders deuten jedoch *D.S. du Toit*, Status und Anstand als Schlüssel zum Verständnis von 1Kor 11,2–16. Argumentationslogische und sozialgeschichtliche Überlegungen, in diesem Band S. 61–96, hier 94, und *L. Stuckenbruck*, Die Frau soll Kontrolle über ihren Kopf ausüben (1Kor

Diesen Widerspruch zu der Interpretation, dass Paulus die Verschleierung fordere, hat die ältere Forschung nicht wahrgenommen. Nach C.F.G. Heinrici ist das lange Haar „gleichsam ein natürlicher Schleier“, denn „ist die κόμη eine Ehre für die Frau, weil sie statt eines Schleiers gegeben ist, so muss ihr auch der Schleier selbst eine Ehre sein, die Verweigerung des Schleiers aber bei ihrem Beten schimpflich.“[8] Um diese Interpretation zu retten, wies J. Weiß darauf hin, dass ἀντί hier nicht „anstatt“ bedeute, sondern „ganz klass[isch] in der etwas abgeschwächten Bedeutung = [lat.] instar oder = ὡς“.[9] Dieser Gebrauch von ἀντί ist aber für Paulus nicht nachzuweisen (vgl. 1Thess 5,15; Röm 12,17).

Im Zusammenhang mit dem Begriff δόξα („Ehre“)[10] liegt es nahe, unter περιβόλαιον ein Kleidungsstück zu verstehen, das Blöße/Schande bedeckt, d.h. das (lange) Haar – oder das Haupthaar insgesamt – steht in enger Verbindung mit der Ehre einer Frau.[11] Dies passt wieder-

11,10). Zum historischen, kulturellen und religiösen Hintergrund von 1Kor 11,2–16, in diesem Band S. 145–185, hier 156.

[8] *C.F.G. Heinrici*, Der erste Brief an die Korinther (KEK 5), Göttingen [8=1]1896, 334.

[9] Johannes Weiß verweist dazu z.B. auf Homer, Od. 8,546; Plutarch, C. Gracch. 8 (Der erste Korintherbrief [KEK 5], Göttingen [9]1910 [ND 1970], 276).

[10] Δόξα ist in V. 15 Gegenbegriff zu ἀτιμία in V. 14.

[11] Dass mit περιβόλαιον auch einfach nur Kleidungsstück – also etwas, was die Blöße bedeckt! – gemeint sein kann, belegen z.B. Ps 101,27 LXX; Hes 16,13. Auch Ben Witherington III votiert für dieses Verständnis und übersetzt περιβόλαιον mit „a mantle or cloak“ (Women in the Earliest Churches [SNTS.MS 59], Cambridge 1988, 83). In Verbindung mit 1Kor 11,16 versteht er diese Aussage aber so, dass Paulus dort die in V. 15b getroffene Aussage korrigierend zurücknimmt: ἡμεῖς τοιαύτην συνήθειαν οὐκ ἔχομεν. Dann wäre der Satz in V. 15b eher eine These der korinthischen Pneumatiker. Doch erscheint es mir wahrscheinlicher, dass sich die Bemerkung, „wir haben diese Sitte nicht, auch nicht die Gemeinden Gottes“ eher auf φιλόνεικος εἶναι bezieht (vgl. auch *T. Engberg-Pedersen*, 1 Corinthians 11:16 and the Character of Pauline Exhortation, JBL 110 [1991], 679–689, bes. 684–689). Zudem wäre, wenn V. 15b von den Gegnern des Paulus stammen würde, die Argumentation mit dem langen Haar unnötig, die Paulus doch im ganzen Abschnitt wichtig ist.

um zur Logik von V. 5f.,[12] wo das ἀκατακαλύπτεσθαι mit dem mit Schande konnotierten Scheren des Haupthaars verbunden ist (κειράσθαι, ξυρᾶσθαι).[13]
Der Umstand, dass das lange Haar (κόμη,[14] κομάω) diesen Text so stark bestimmt, erklärt sich dann unter der Prämisse, dass das Thema „Haar" bzw. „Frisur" ist, nicht aber eine textile Kopfbedeckung. Dies hat Marlis Gielen folgendermaßen auf den Punkt gebracht: Die argumentative Funktion der Erörterung über Haare sei unklar, wenn es eigentlich um textile Kopfbedeckung gehe; dann liege „zumindest eine Verschiebung des Wortfeldes" vor, weil ja Paulus in 1Kor 11,2ff. „das Problem konsequent anhand der Haartracht erörtert".[15] Zudem deute „im Kon-

[12] Der Sarkasmus dieser Sätze sollte vorsichtig werden lassen, sie voreilig allzu wörtlich zu nehmen. (Zur Einschätzung von V. 4f. als „rhetorische Verschärfung" und „Sarkasmus" vgl. *M. Küchler*, Schweigen, Schmuck und Schleier. Drei neutestamentliche Vorschriften zur Verdrängung der Frauen auf dem Hintergrund einer frauenfeindlichen Exegese des Alten Testaments im antiken Judentum [NTOA 1], Freiburg/Göttingen 1986, 78–83.) Erst im Zusammenhang der oben beschriebenen Evidenzen lassen sich diese Sätze zur Untermauerung der These anführen, dass es Paulus in 1Kor 11,2–16 nicht um eine Kopfbedeckung, sondern um Haartracht bzw. um Frisuren geht. – Eine ähnliche Vorsicht ist aber auch im Hinblick auf den Begriff περιβόλαιον geboten: Er ist in der Vergangenheit zu schnell zur Bestätigung der Interpretation verwendet worden, es gehe Paulus hier um einen Schleier bzw. eine Kopfbedeckung für Frauen. Wie oben gezeigt, läuft die argumentative Verwendung dieses Begriffes genau auf das Gegenteil hinaus.

[13] Zu Bedeutung und Konnotationen von κειρᾶσθαι und ξυρᾶσθαι vgl. *M. Gielen*, Beten und Prophezeien mit unverhülltem Kopf? Die Kontroverse zwischen Paulus und der korinthischen Gemeinde um die Wahrung der Geschlechtsrollensymbolik in 1Kor 11, 2–16, ZNW 90 (1999), 220–249, hier 224. Belege für die Schande, die geschorenes Haar für eine Frau in der Antike bedeutete, vgl. bei *Küchler*, Schweigen (s. Anm. 12), 78–88 und *Theißen*, Aspekte (s. Anm. 6), 174–176.

[14] Dass κόμη neben Haar auch eventuell Frisur bedeuten kann, sieht man in Hom., Il. 22,406.

[15] *Gielen*, Beten (s. Anm. 13), 224.

text nichts auf eine Verweigerung einer Kopfbedeckung“ durch die Frauen hin.[16]
Diese Deutung wird auch dadurch unterstützt, was wir über Gebräuche und Sitten der Verhüllung des Kopfes und von Frisuren von Mann und Frau in der Antike wissen.

2 Textile Kopfbedeckungen für Frauen in der Antike

Dass Frauen einen das ganze Gesicht bis auf die Augen verhüllenden Schleier (κάλυμμα) tragen, ist bis auf ganz wenige Ausnahmen in der Antike nicht bekannt; die Sitten waren ohnehin sehr verschieden.[17] Bezeugt ist dies z.B. für Theben[18] und Tarsus.[19] In beiden Fällen geht es darum, dass sich die Frauen mit dem ἱμάτιον bedecken.

[16] *Gielen*, Beten (s. Anm. 13), 225.
[17] Vgl. hierzu *Theißen*, Aspekte (s. Anm. 6), 165f. und *D.E. Blattenberger III*, Rethinking 1 Corinthians 11:2–16 through Archaeological and Moral-Rhetorical Analysis (SBEC 36), Lewiston, NY 1997, 46–61. Dies wird am Beispiel Roms deutlich: Es gibt Statuen von Frauen mit unbedecktem Kopf, und andere, bei denen die Frau die *stola* oder die *palla* über den Kopf gezogen hat (vgl. *E. Zenger*, Der erste Brief an die Korinther [KEK 5], Göttingen 2010, 356). Es galt nach Valerius Maximus 6,3,10 als besonders sittenstreng, dass sich Sulpicius Gallus von seiner Frau, weil sie ihren Kopf außerhalb des Hauses unbedeckt trug und so von anderen Männern gesehen wurde, schied. Man hat dies also in Rom unterschiedlich beurteilt. Insbesondere zur römischen ehrbaren Ehefrau, der *matrona*, deren Kopftracht in Rom unterschiedlich gehandhabt wurde, vgl. *K. Olson*, *Matrona* and Whore. Clothing and Definition in Roman Antiquity, in: *C.A. Faraone/L.K. McClure* (Hg.), Prostitutes and Courtesans in the Ancient World, Madison, WI 2006, 186–204, bes. 402; vgl. auch ferner *L. Schottroff*, Der erste Brief an die Gemeinde in Korinth (Theologischer Kommentar zum Neuen Testament 7), Stuttgart 2013, 200–203, die dafür votiert, es gehe um eine textile Kopfbedeckung der Frauen.
[18] Dikearchos, De graecibus urbibus 18f. (*Karl Müller* [Hg.], Fragmenta Historicorum Graecorum II, Paris 1848, 259).
[19] Dio Chrysostomos, Or. 33,48f.

Da Tarsus als der Geburtsort des Paulus gilt (vgl. Apg 21,39; 22,3; vgl. 9,11), könnte dies zu der These verführen, dass Paulus diese Sitte aus seiner Heimatstadt in seinen Gemeinden einführen wolle[20] – aber ist es wirklich sein Ziel, eine regionale Sitte seiner Heimatstadt in seinen Gemeinden einzuführen? Denn dass Frauen ihren Kopf mit dem ἱμάτιον bedecken, wurde regional sehr unterschiedlich gehandhabt.[21] Oder sollte Paulus hier etwa eine jüdische Sitte den heidenchristlichen Gemeinden auferlegt haben? Das wäre natürlich denkbar – aber es gibt weitere Argumente dafür, dass dies nicht das Anliegen des Paulus war, wie ich im Weiteren zeigen werde.

3 Textile Kopfbedeckungen für Männer in der Antike

Doch bleiben wir zunächst bei dem historischen Problem der Wertung der Kopfbedeckung für Männer. In V. 4 findet sich die Formulierung:

> πᾶς ἀνὴρ προσευχόμενος ἢ προφητεύων κατὰ κεφαλῆς ἔχων

Die Bedeutung ist schwierig und umstritten – setzen wir hier zunächst einmal das „klassische“ Verständnis voraus, es gehe darum, dass ein Mann etwas „auf dem Kopf hat“, also eine Kopfbedeckung trägt. Dies vorausgesetzt, behauptet Paulus dann, dass es schändlich ist,

[20] Vgl. *W.M. Ramsey*, The Cities of St Paul. Their Influence on his Life and Thought, London 1907, 202ff., der meint, dass Paulus die orientalische Sitte der Verschleierung der Frau in Tarsus gelernt habe. So auch *K. Thraede*, Ärger mit der Freiheit. Die Bedeutung von Frauen in Theorie und Praxis der alten Kirche, in: *G. Scharffenorth/K. Thraede* (Hg.), „Freunde in Christus werden …“. Die Beziehung von Mann und Frau als Frage an Theologie und Kirche (Kennzeichen 1), Gelnhausen/Berlin/Stein 1977, 31–181, 106.

[21] Ausführlicher hierzu: *Theißen*, Aspekte (s. Anm. 6), 165–166 (mit Belegen) und *Blattenberger*, Rethinking (s. Anm. 17), 46–61.

wenn ein Mann im Rahmen gottesdienstlicher Vollzüge etwas auf seinem Kopf trägt.
Dies wäre aber eine eigenartige Aussage, die quer zu dem steht, was in der Antike üblich war. Zwar bezeugt Plutarch, dass bei den Griechen die Männer in der Öffentlichkeit ohne Kopfbedeckung (und die Frauen mit einer solchen) auftraten (Mor. 267a9–b1). Das gilt aber nicht für den Bereich der Religion. So ist etwa aus dem Alten Testament bekannt, dass der Hohepriester im Gottesdienst eine Kopfbedeckung trägt, die in der Septuaginta u.a. „Mitra" (μίτρα) genannt wird.[22]

In Ex 28,1–43 wird die heilige Kleidung (στολὴ ἅγια) beschrieben, die der Hohepriester tragen soll; ausdrücklich heißt es dort, dass diese Kleidung „zu Ehre und Glanz" (εἰς τιμὴν καὶ δόξαν, V. 2, vgl. V. 40) getragen wird. Zu dieser Kleidung gehört auch ein „Turban" (κίδαρις,[23] V. 4, 39f.) bzw. eine „Mitra" (V. 37). Nach Dan 3,21 werden den Märtyrern, bevor sie in den Feuerofen geworfen werden, u.a. die „Tiaren" (τιάρας) von ihrem Kopf genommen.[24] Als Teil der Kleidung des Hohepriesters werden Kopfbedeckungen auch von Philo[25] und in den Pseudepigraphen[26] erwähnt. Josephus berichtet in Ant. 11,331, dass der Hohepriester, als er Alexander dem Großen entgegengeht, eine Kopfbedeckung mit einer goldenen Platte trägt, auf der der Name Gottes eingraviert ist.[27] Dass diese Sitte bis ins 1. Jh. n.Chr. gebräuchlich war, bezeugt Josephus, wenn er im Zusammenhang der Beschreibung des Tempels (Bell. 5,184–237) als Teil des Gewandes des Hohepriesters eine Tiara und einen goldenen Kranz (στέφανος; ebd., 237) erwähnt.[28] Auch in 4Q491 Frgm. 1–3,18 wird als Teil der Priesterkleidung ein „Turban" erwähnt – wenn auch

[22] Ex (LXX) 28,37; 29,6; 36,35.38; Lev 8,9; vgl. Arist 98.
[23] Vgl. ferner Ex 36,35; Lev 8,13; 16,4; Sach 3,5.
[24] Weitere Belege bei *Blattenberger*, Rethinking (s. Anm. 17), 43–45.
[25] Philo, Vit. Mos. 2,116: unter der Platte auf dem Kopf ist die „Mitra" und darüber eine Bedeckung (κίδαρις, auch 2,131).
[26] TestLevi 8,2; Arist 98.
[27] Ἐπὶ τῆς κεφαλῆς ἔχοντα τὴν κίδαριν καὶ τὸ χρυσοῦν ἐπ᾽ αὐτῆς ἔλασμα ᾧ τὸ τοῦ θεοῦ ἐγέγραπτο ὄνομα.
[28] An zwei weiteren Stellen bei Josephus zeigt sich, dass eine Kopfbedeckung unter manchen Völkern eine Ehre sein kann: Nach Ant. 11,35 und 20,67 ist es bei Persern und Parthern eine königliche Ehre, u.a. einen Turban aus Byssus bzw. eine Tiara tragen zu dürfen.

rekonstruiert ([מג]בעות). Es ist also im Frühjudentum bekannt, dass der Hohepriester als Teil seines Ornats eine Kopfbedeckung trägt.[29]

Interessant ist in diesem Zusammenhang aber auch, was Paulus in 2Kor 3,13–16 über Mose sagt: Hier verwendet Paulus das Lexem κάλυμμα viermal, wenn er von dem Schleier spricht, mit dem Mose (freilich nur nach der paulinischen Interpretation) das Vergehen der Herrlichkeit (δόξα) auf seinem Gesicht verbirgt. In diesem Zusammenhang kritisiert Paulus selbst nicht den Punkt, dass Mose *als Mann* ein κάλυμμα trägt, sondern dass er die Israeliten über das Vergehen der Herrlichkeit täuscht; zugleich bezeugt Paulus hier, dass er die Tradition der Kopfbedeckung eines Mannes in gottesdienstlichen Kontexten kennt. Eine solche Sitte ist aber auch in der griechisch-römischen Antike bekannt.

Überhaupt ist bekannt, dass einige unter den römischen Priestern (und Priesterinnen, so die Vestalinnen) Kopfbedeckungen trugen, so z.B. der *Flamen Dialis*, der oberste Priester des *Iuppiter Optimus Maximus*, der außerhalb des Hauses stets einen *galerus*, eine Pelzhaube, trug, was auch in bildlichen Darstellungen, z.B. auf Münzen und auf dem *Ara Pacis Augustae* dargestellt wurde.[30] Aber auch sonst trugen

[29] Dies bestreiten *A.T. Robertson/A. Plummer*, A Critical and Exegetical Commentary on the First Epistle of Saint Paul to the Corinthians (ICC), Edinburgh [2]1929, 229: „It is doubtful whether the Jews used the *tallith* or veil in prayer as early as this." Auch wenn das für den Gebrauch des Tallit richtig sein mag, ist doch die Evidenz der genannten Zusammenhänge nicht zu leugnen. – Die Formulierung des Paulus in V. 4 führte *Heinrici*, Brief (s. Anm. 8), 326, auf die griechische Tradition zurück, der Paulus sich anschließe: „Die hellenische Sitte, der P[aulus] folgt […], war in den hellenischen Gemeinden vorherrschend geworden und hatte sich auch dem tiefblickenden Heidenapostel so ganz der gottgeordneten Stellung des Mannes entsprechend dargestellt (V. 3), dass ihm die Verhüllung des männlichen Hauptes als Entehrung des letzteren erschien." Dagegen spricht allerdings, dass Paulus in 2Kor 3,13–16 diese jüdische Tradition ohne kritische Bemerkung voraussetzt.

[30] Vgl. *R.E. Oster*, When Men Wore Veils to Worship. The Historical Context of I Corinthians 11,4, NTS 34 (1988), 481–505, hier 495 mit Anm. 5–6. Vgl. auch *ders.*, Use, Misuse and Neglect of Archaeo-

Priester eine Kopfbedeckung, und dies gilt im Ganzen auch für Römer, die im Rahmen der Gottesverehrung, bei Gebet und Opfer, ihren Kopf bedeckten. Dafür gibt es den stehenden Begriff *capite velato*,[31] und dies war auch auf Statuen, Monumenten und Münzen dargestellt.[32] Diese Sitte wird auf Aeneas zurückgeführt, der, als er den Göttern opferte, seine Toga über den Kopf warf.[33] Davon spricht auch Plutarch in seinen *Quaestiones Romanae*, wonach die Römer bei der Verehrung von Göttern ihre Köpfe bedecken (Mor. 266c1–e5), es sei denn, es handelt sich Kronos/Saturn (266e6–12) oder eine Gottheit, die die Römer „Ehre" nennen (gr. Ὄνωρ, was er als δόξα übersetzt, 266f4–267a2). Darüber hinaus sind Statuen bemerkenswerterweise gerade aus Korinth bekannt, die die römischen Kaiser Augustus und Nero darstellen, wie sie ihre Toga über den Kopf gezogen tragen; beide Kaiser werden hier wohl bei kultischen Handlungen dargestellt.[34]

Vor diesem Hintergrund wäre es also ganz und gar erstaunlich, wenn Paulus behaupten würde, dass eine Kopfbedeckung für Männer – wohlgemerkt in einem gottesdienstlichen Kontext (1Kor 11,4: πᾶς ἀνὴρ προσευχόμενος ἢ προφητεύων) – ihr „Haupt" beschäme, denn in der Antike, in einem römischen wie auch jüdi-

logical Evidence in Some Modern Works on 1 Corinthians (1 Cor 7,1–5; 8,10; 11,2–16; 12,14–26), ZNW 83 (1992), 52–73, hier 67–69.

[31] Vgl. *Oster*, Men (s. Anm. 30), 496, Belege ebd., auch Anm. 4, sowie ebd., 498–502.

[32] Belege s. *Oster*, Men (s. Anm. 30), 497 Anm. 3.

[33] So berichtet Dionysus Halicarnassus, Ant. 12,16,2–3; hier findet sich auch eine Ätiologie: Aeneas schützte sich so vor einem Feind (vgl. hierzu auch Plutarch, Quaest. Rom. 10 [Mor. 266e7]). Von diesem konkreten Fall abgelöst, übernahmen nach Dionysius Aeneas' Nachfahren von ihm dies als Sitte.

[34] Abb. bei *C.L. Thompson*, Hairstyles, Head-Coverings, and St. Paul. Portraits from Roman Corinth, BA 51 (1988), 99–115, hier 101, 103; vgl. auch *D.W.J. Gill*, The Importance of Roman Portraiture for Head-Coverings in 1 Corinthians, TynB 41 (1990), 245–260. Vgl. ferner *Oster*, Men (s. Anm. 30), 497f. – Neben diesen Belegen für eine Kopfbedeckung von Männern im Rahmen gottesdienstlicher Handlungen war es von Ort zu Ort Sitte, dass Männer generell lange Haare trugen, z.B. in Sparta (Herodot 7,208f.) und auch in Athen (Plutarch, Lysandros 1); vgl. *W. Schrage*, Der erste Brief an die Korinther (1Kor 6,12–11,16) (EKK VII/2), Neukirchen-Vluyn 1995, 522 Anm. 212.

schen Kontext, ist eine solche Sitte bekannt und unumstritten.
Doch spricht Paulus an dieser Stelle auch gar nicht von einer Kopfbedeckung von Männern – sondern es heißt: κατὰ κεφαλῆς ἔχων. Der eben dargestellte Befund hinsichtlich der Sitte einer Kopfbedeckung für Männer in kultischen Kontexten ließe sich hiermit vereinbaren, wenn man dieses Syntagma anders als „etwas *auf* dem Kopf tragen“ verstünde, nämlich: „etwas *vom Kopf herunter* haben“ – nämlich wenn Männer *lange Haare tragen, die ihnen vom Kopf herunter hängen*. Auch hierüber schreibt Plutarch, wenn er in seinen *Quaestiones Romanae* (Mor. 267b2–4) sagt:

> ... τοῖς [ἄνδραις] μὲν τὸ κείρεσθαι, ταῖς [γυναῖκαις] δὲ τὸ κομᾶν σύνηθές ἐστιν.
> ... es ist üblich, dass Männer (das Haar) abschneiden (d.h. kurz geschnitten tragen) und Frauen langes Haar tragen

4 κατὰ κεφαλῆς ἔχων (1Kor 11,4): „(etwas) vom Kopf herunter hängen haben“

Diese These, dass κατὰ κεφαλῆς ἔχων (1Kor 11,4): „(etwas) vom Kopf herunter hängen haben“ bedeutet – nämlich lange Haare – müssen wir aber noch erhärten, denn dies ist nicht unumstritten. So versuchte z.B. Richard Oster anhand von Texten von Posidonius (*Testimonia et fragmenta* 1,25b) and Plutarch (Mor. 200f; 267c) zu zeigen, κατὰ κεφαλῆς „can clearly mean ‚on the head‘“,[35] und das bedeute, eine textile Kopfbedeckung zu tragen, z.B. das ἱμάτιον. Allerdings belegen diese Stellen nicht, was sie belegen sollen – denn hier begegnet ἱμάτιον als Objekt. Gerade die Stelle bei Plutarch ist interessant, weil in diesem Text als Synonym zu

[35] *Oster*, Men (s. Anm. 30), 486.

κατὰ κεφαλῆς τὸ ἱμάτιον das Syntagma ἐπὶ τῆς κεφαλῆς ἔχοντες τὸ ἱμάτιον (Mor. 266c3–4) vorkommt. Ich verstehe das so, dass die Formulierung κατὰ κεφαλῆς allein semantisch unterbestimmt ist – es bedarf noch des Objektes, um die Referenz deutlich zu machen.

Dies ergibt sich auch daraus, dass κατὰ κεφαλῆς ohne Objekt eine große Bandbreite von Bedeutungen haben kann: Es kann eine einfache lokale Adverbialbestimmung sein – „oben, obenauf", oder „von oben herunter"[36] – oder es kann sich auf die Bewegung eines Objektes in Richtung des Kopfes – ein Stein, ein Schwert, oder Wasser, das „auf den Kopf" fällt oder fließt, beziehen.[37]

In Dionysios Halicarnassus' *Antiquitates Romanae* 19,8,3 wird erzählt, dass Meton κατὰ κεφαλῆς aus dem Theater geworfen wird, d.h. „mit dem Kopf voran".

Zum Vergleich gehen wir einem Abschnitt aus Homers Odyssee nach (8,83–86, bes. 85), der von einer Feier im Palast des Alkinoos berichtet (8,55–103). Hier singt der blinde Rhapsode Demodokos über Odysseus und Achilleus, was den anwesenden Odysseus zu Tränen rührt. Odysseus nimmt seinen Mantel (φάρος) und zieht (εἴρυσσε) ihn κὰκ κεφαλῆς, „über seinen Kopf". Dabei wird ausdrücklich angegeben, dass er damit seine Trauer verbergen will (8,83–86). Etwas später wiederholt sich der Vorgang: Odysseus verbirgt seinen Kopf, damit seine Tränen nicht von den anderen Gästen wahrgenommen werden; hier begegnet das Verb καλύπτομαι (8,93: ἂψ Ὀδυσεὺς κατὰ κρᾶτα καλυψάμενος γοάασκεν).

[36] Josephus, Bell. 2,48; vgl. Xenophon, Hellenica 7,2,8.11, wo Feinde beginnen, die Verteidigungsmauer κατὰ κεφαλῆς, „von oben her [nach unten]", abzutragen.

[37] Vgl. Homer, Il. 16,411–12 und 20,387 (ein Stein wird in Richtung auf den Kopf geworfen), oder 20,447 (ein Schwert trifft einen Kopf), vgl. auch Athenaeus, Deipnosophistae 1,44. Nach Homer, Il. 18.23–24, streut Achilleus aus Trauer über Patroclos' Tod Asche über/auf seinen Kopf (ἑλὼν κόνιν αἰθαλόεσσαν / χεύατο κὰκ κεφαλῆς).

Dies zeigt aber, dass Odysseus sich den Mantel nicht einfach, wie ein Kleidungsstück für den Kopf, „auf den Kopf" zieht – vielmehr *umhüllt er damit sein ganzes Gesicht*, damit seine Trauer unentdeckt bleibt.
Insgesamt zeigen diese Stellen, dass die Bedeutung von κατὰ κεφαλῆς ἔχων keineswegs eindeutig „(etwas) auf dem Kopf haben", oder gar „eine Kopfbedeckung tragen" ist. Darum schlagen einige Exegeten vor, die Referenz von κατὰ κεφαλῆς ἔχων von den Denotationen von κατά abzuleiten – „(etwas) vom Kopf *herunter* (hängen) haben"[38] – und beziehen dies auf lange Haare, die vom Kopf herunter hängen.

5 Paradigmatische Relationen zu κατὰ κεφαλῆς ἔχων: κατακαλύπτομαι (V. 6a, 6bβ, 7a) und ἀκατακαλυπτός (V. 5a, 13b)

Aber was ist dann mit den Ausdrücken, die in 1Kor 11,2–16 zu κατὰ κεφαλῆς ἔχων in paradigmatischer Relation stehen? Offensichtlich wird κατακαλύπτομαι (V. 6bβ, 7a), „verhüllen", zu κατὰ κεφαλῆς ἔχων synonym verwendet, und das Gegenteil dazu ist ἀκατακαλυπτός, „unverhüllt" (V. 13b, bzw. ἀκατακαλύπτῳ τῇ κεφαλῇ, V. 5a) bzw. οὐ κατακαλύπτομαι (V. 6aα) – beziehen sich diese etwa nicht auf die Bedeckung des Kopfes? Doch ich meine, dass sich dieses Gegenargument entkräften lässt.

5.1 κατακαλύπτω: „den Kopf bedecken"?

Albrecht Oepke gibt als Äquivalent zu κατακαλύπτομαι u.a. „verschleiern", d.h. „einen Schleier tragen", an. Da-

[38] Vgl. hierzu meinen forschungsgeschichtlichen Überblick, oben S. 26f. mit Anm. 88–89.

zu beruft er sich auf Susanna 32 (Θ) und Gen 38,15.[39] An der zuletzt genannten Stelle bedeckt Tamar ihr Gesicht, damit Juda sie nicht als seine Schwiegertochter erkennt.[40] Auch wenn in Gen 38,14 ihre Verkleidung genauer als Anlegen eines θέριστρον bezeichnet wird, beweist dies m.E. nicht, dass κατακαλύπτομαι in V. 15 die Bedeutung „sich verschleiern" im Sinne von „einen textilen Schleier tragen oder ein Kleidungsstück als Kopfbedeckung tragen" hat, sondern vielmehr, dass Tamar ihr Gesicht *verhüllt* hat, um nicht erkannt zu werden. In Sus 32 (Θ) steht κατακεκαλυμμένη in Opposition zu ἀποκαλυφθῆναι und bezieht sich auch nicht ausdrücklich auf eine textile Kopfbedeckung, sondern auf Susanna als solche; es geht hier wohl eher darum, dass Susanna völlig entblößt wird, damit die beiden Übeltäter sich an ihrer Schönheit ergötzen. Demnach bezieht sich κατακεκαλυμμένη eher darauf, dass Susanna sich verhüllt hat, womöglich ist dabei sogar ihre Bekleidung im Blick. An diesen Stellen legt der Kontext nahe, dass es darum geht, etwas zu verbergen, so dass sich als Äquivalent anbietet: „sich bzw. den Kopf vollständig umhüllen".

Dies wird klarer anhand einer Stelle aus Herodot (6,67), wo auf Demaratus das Partizip κατακαλυψάμενος (ohne Objekt) angewandt wird. Er hatte sein Königtum verloren und wird vom neuen König der Spartaner, Leotychides, verspottet. Herodot erzählt sodann, dass Demaratus betrübt wurde (ἀλγήσας) und nach seiner Antwort ging er κατακαλυψάμενος nach Hause. Dies heißt an dieser Stelle aber nicht einfach, dass er seinen Kopf mit einem Kleidungsstück (wohl dem ἱμάτιον) „bedeckt", sondern vielmehr, dass er sein Gesicht damit aus Scham

[39] „Die schamhafte Frau erscheint vor Gericht verschleiert", *A. Oepke*, Art. καλύπτω κτλ., ThWNT 3 (1938), 558–597, hier 563.

[40] Κατεκαλύψατο γὰρ τὸ πρόσωπον αὐτῆς, καὶ οὐκ ἐπέγνω αὐτήν.

verbirgt, so dass er nicht erkannt wird – dass er also mit diesem Kleidungsstück seinen Kopf vollkommen einhüllt.[41] Ähnlich verhält es sich mit Haman in Est 6,12 LXX.

Dies entspricht dann auch dem, wie κατακαλύπτω bzw. κατακαλύπτομαι sonst verwendet werden – sie referieren auf eine Handlung, als deren Ergebnis etwas oder jemand nicht mehr sichtbar ist,[42] oder darauf, dass ein Gegenstand durch einen anderen bedeckt wird, z.B. die Teile des Opfers mit dem Fett,[43] oder die Bundeslade, die vom Vorhang bedeckt wird (Ex 26,34 LXX). Manchmal zielt κατακαλύπτω oder κατακαλύπτομαι darauf, dass etwas verborgen bzw. unkenntlich gemacht wird.[44] Besonders aufschlussreich für uns sind jene Stellen, an denen κατακαλύπτω auf „vollständig mit etwas umhüllen" referiert, z.B. wenn Staub oder Nebel etwas bedeckt und vollständig umhüllt.[45] Bemerkenswert ist hierfür auch eine Stelle in Platos Meno 76b: Hier sagt Sokrates zu Meno, dass selbst jemand, der nichts sehen kann, dennoch Menos Schönheit erkennen könnte – W.R.M. Lamb übersetzt hier κατακεκαλυμμένος sehr treffend „blindfolded".[46] Hier bezieht sich das Verb also darauf,

[41] *A.D. Godley*, Herodotus. Histories (LCL) III, Cambridge 1920, 214–217.

[42] Wenn Menschenmassen die Erde bedecken (Num 22,5; vgl. Jer 26,8; 28:42; Hes 26,19; 38,9), oder wenn Wasser jemanden bedeckt (Hab 2,14; vgl. Jes 11,9; Jer 26,8; 28,42; Hes 26,19).

[43] Homer, Il. 1,460–61, ähnlich Herodot 2,47,3; vgl. auch Ex 28,22; Lev 3,3.14; 4,8; 7,3; 9,19.

[44] Num 4,5 von der Bundeslade; Jes 6,2 von den Seraphim, die ihre Gesichter und ihre Füße verbergen. Vgl. ferner Dan 12,9 (parallel zu „versiegelt werden", κατακεκαλυμμένα καὶ ἐσφραγισμένα). So verkleidet sich z.B. König Ahab einmal, um nicht erkannt zu werden (hier aber καὶ συνεκαλύψατο βασιλεὺς Ισραηλ).

[45] Hes 26,10; vgl. Sir 24,3.

[46] κἂν κατακεκαλυμμένος τις γνοίη, ὦ Μένων, διαλεγομένου σου, ὅτι καλὸς εἶ καὶ ἐρασταί σοι ἔτι εἰσίν (*W.R.M. Lamb*, Plato in Twelve Volumes [LCL] II, Cambridge/London 1967, 282).

dass jemand vollkommen in ein Kleidungsstück eingehüllt ist, so dass er nichts mehr sehen kann. Auch Plutarchs *Quaestiones Romanae* 10–11 und 13–14 (Mor. 266c1–e12 und 266f4–267f4) weisen in diese Richtung (vgl. hierzu unten).
Diese Belege zeigen, dass die jeweilige Bedeutung von κατακαλύπτομαι aus dem Kontext erhoben werden muss. Es zeigt sich dafür auch, dass diesem Lexem stark die Assoziation anhaftet, dass etwas ganz und gar mit etwas eingehüllt wird, so dass es den Blicken entzogen ist. Dies *könnte* nun auch auf das Bedecken des Kopfes mit einem Kleidungsstück referieren – jedoch ist zugleich deutlich geworden, dass dieses Verb jedenfalls nicht die „technische" Bedeutung „eine Kopfbedeckung tragen" oder „verschleiert sein" hat.

5.2 Plutarchs *Quaestiones Romanae* 10–11, 13–14 (Mor. 266c1–e12 und 266f4–267c4)[47]

In seinen *Quaestiones Romanae* beschreibt Plutarch Sitten der Römer (Mor. 263d–304f). In *Quaest. Rom.* 10–11 und 13–14 (Mor. 266c1–e12 und 266f4–267c4) geht er dabei auf die Gepflogenheiten von Männern und Frauen in Rom hinsichtlich der Kopfbedeckung ein. In diesem Abschnitt begegnen eine Reihe von Aspekten, die auch für unseren Zusammenhang in 1Kor 11,2–16 von Bedeutung sind, so dass wir hier auf Plutarchs Darstellung etwas detaillierter eingehen.
Zunächst ist für die Aussagen über die Haarlänge und das Scheren in 1Kor 11,6.14f. interessant, dass Plutarch bemerkt:

> bei den Griechen schneiden sich Frauen, wenn irgendein Unglück eintritt, ihre Haare ab, die Männer aber lassen sie lang wachsen,

[47] Ich zitiere den griechischen Text nach: *F.C. Babbitt*, Plutarch. Moralia (LCL) IV, Cambridge/London 1936, 20–27.

> denn für die einen [die Männer] ist das Abschneiden Sitte, für die anderen [die Frauen] aber das Wachsenlassen.[48]

Diese Aussagen fügen sich zu dem, was auch nach anderen Quellen als geschlechtsspezifische Frisur von Mann und Frau angesehen war.[49]

Bemerkenswert ist, dass es nach Plutarchs Darstellung Römerinnen *verboten* war, ihren Kopf vollständig zu umhüllen (ταῖς δὲ γυναιξὶν οὐδ᾽ ὅλως ἐξῆν ἐπικαλύπτεσθαι τὴν κεφαλήν, Mor. 267b). Der Widerspruch zur folgenden Aussage, dass sich Sulpicius Gallus von seiner Frau scheiden ließ, weil er sah, dass sie ihr Himation vom Kopf zog[50] – gemeint ist: so dass sie nun, unbedeckt, von anderen Männern gesehen werden konnte – löst sich dann auf, wenn man ὅλως ἐπικαλύπτεσθαι τὴν κεφαλήν als „sich den Kopf vollständig ver- bzw. umhüllen" versteht. Von den Griechen sagt Plutarch, dass die Männer in der Öffentlichkeit ihre Köpfe unbedeckt ließen, Frauen dagegen (anders als in Rom) bedeckt (Mor. 267a9–b1). In Rom, so erklärt Plutarch, bedeckten die Männer ihren Kopf, wenn sie die Götter verehrten (266c1–e5), außer bei einem Opfer für Kronos/Saturn (266e6–12) und für eine Gottheit namens „Ehre" (Ὄνωρ, von Plutarch mit δόξα übersetzt, 266f4–267a2).

In diesem Zusammenhang verwendet Plutarch eine Terminologie, die nicht genau zu der von Paulus in 1Kor 11,2–16 passt: Anstelle des Verbs *κατακαλύπτομαι* (1Kor 11,6.7), begegnet bei Plutarch das Verb καλύπτο-

[48] Plutarch, Mor. 267b2–4: Ἕλλησιν ὅταν δυστυχία τις γένηται, κείρονται μὲν αἱ γυναῖκες κομῶσι δ᾽ οἱ ἄνδρες, ὅτι τοῖς μὲν τὸ κείρεσθαι ταῖς δὲ τὸ κομᾶν σύνηθές ἐστιν. Vgl. hierzu auch Lukian, De Syria Dea 6.

[49] Vgl. hierzu die Ausführungen in meinem forschungsgeschichtlichen Beitrag, oben S. 29f. und 55f.

[50] Plutarch, Mor. 267c2–3: ἐφελκυσαμένην ἰδὼν κατὰ κεφαλῆς τὸ ἱμάτιον (dies galt nach Valerius Maximus 6,3,10 als besonders streng, vgl. hierzu oben Anm. 17); vgl. auch 267a4–5.

μαι mit verschiedenen Präfixen – *ἐπικαλύπτομαι*,[51] *συγκαλυπτομαι*[52] und *ἐγκαλύπτομαι*.[53] Dabei kann das jeweilige Verb κεφαλή als ein Objekt bei sich haben, es kann aber auch ohne jedes Objekt stehen. Antonyme zu den genannten Verben sind ἀποκαλύπτομαι[54] oder ἀπαρακαλύπτῳ τῇ κεφαλῇ (266e6–7, f4–5). Aber auch folgende Formulierung fungiert als Gegensatz zu ἐπικαλύπτομαι κτλ. (267a4–5): Die Töchter tragen ihren Kopf „nackt" (γυμνός) und ihr langes Haar aufgelöst (αἱ δὲ θυγατέρες γυμναῖς ταῖς κεφαλαῖς καὶ ταῖς κόμαις λελυμέναις).

Am Anfang (Mor. 266c3–4), in der Mitte (266d8) und am Ende (267c2–3) des Abschnitts verwendet Plutarch Formulierungen, die deutlich machen, was das Thema ist: die Bedeckung des Kopfes mit einem Kleidungsstück.[55] Meiner Meinung nach ist dies gerade ein Hinweis darauf, dass die von Plutarch verwendeten Komposita von καλύπτομαι keineswegs die feste Bedeutung „sich den Kopf mit einem Kleidungsstück bedecken" oder „sich mit einem Schleier verhüllen" besitzen. Diese Referenz wird in der Passage durch die syntagmatischen Relationen deutlich, in denen die entsprechenden Verben stehen – also durch ihren Kontext. Darum lenkt Plutarch seine Leser immer wieder mittels der am Anfang, in der Mitte und am Ende eingestreuten Formulierungen, die deutlich machen, dass es um das Bedecken des Kopfes mit einem Kleidungsstück geht. Gehörte dies bereits zu den Denotationen der betreffenden Derivate von καλύπτομαι, wäre diese Redundanz unnötig.

[51] Plutarch, Mor. 266c1–2, c7, c13, e4, e9, 267b4–5 und b10.
[52] Plutarch, Mor. 266c8, 267a4.
[53] Plutarch, Mor. 267a10, vgl. ἐγκάλυψις 266e7.
[54] Plutarch, Mor. 266c4, vgl. 266c9, 14, 267a1, b1.
[55] Plutarch, Mor. 266c3–4: ἐπὶ τῆς κεφαλῆς ἔχοντες τὸ ἱμάτιον; 266d8: ἄχρι τῶν ὤτων ἀνελάμβανον τὸ ἱμάτιον; 267c2–3: ἐφελκυσαμένην … κατὰ κεφαλῆς τὸ ἱμάτιον.

Für unsere Frage sind weitere Aspekte dessen relevant, wie Plutarch römische Sitten erklärt: Er erzählt, dass Diomedes, der König von Argo, der erste Mann war, der bei der Götterverehrung seinen Kopf bedeckte (Mor. 266c6–11).[56] Diese Sitte erläutert Plutarch damit, dass Diomedes seinen Kopf bedeckte, weil Feinde anwesend waren. Offensichtlich hat in dieser Erklärung die Kopfbedeckung nicht den Zweck, Demut auszudrücken, sondern zu verhindern, dass die Person erkannt wird. Dies bedeutet nun aber, dass ἐπικαλυψάμενος – das hier parallel zu συγκαλύπτεσθαι πρὸς τοὺς πολεμίους steht – nicht einfach bedeutet „den Kopf mit einem Kleidungsstück bedeckt", sondern „den Kopf völlig eingehüllt" zu haben, damit die Person nicht erkannt werden kann.

Diese Interpretation wird durch andere Beobachtungen unterstützt: In Mor. 266d6 schreibt Plutarch über die Verhüllung des Kopfes (επίκρυψις τῆς κεφαλῆς) als Zeichen der Demut vor den Göttern. In diesem Zusammenhang erklärt er auch, dass die Römer dabei ihr Gewand „bis zu den Ohren" ziehen (ἄχρι τῶν ὤτων ἀνελάμβανον τὸ ἱμάτιον, 266d8), um jegliche Ablenkung zu vermeiden und zu verhindern, dass irgend ein böser Ton zu ihren Ohren gelangt. Das bedeutet doch aber, dass die Männer ihr Gewand nicht einfach auf dem Kopf tragen, sondern dass sie ihre Köpfe mindestens bis zu den Ohren völlig damit einhüllen.

Ein wenig später (266e1–5) zitiert Plutarch den römischen Geschichtsschreiber Castor, der römische Sitten mit pythagoreischen Lehren in Verbindung setzt. Ihm zufolge symbolisiert die ἐπικάλυψις des Kopfes die Bedeckung und Verhüllung der Seele mit dem Körper (τὴν τῆς ψυχῆς αἰνιττόμενον ὑπὸ τοῦ σώματος ἐγκάλυψιν καὶ ἀπόκρισιν, 266e4–5). Hier ist also die

[56] An anderer Stelle führt Plutarch diese Sitte auf Aeneas zurück (Mor. 266e7).

vollständige Umhüllung der Seele mit dem Körper eine Analogie für die ἐπικάλυψις des Kopfes.
Diese Beobachtungen erklären m.E., warum Plutarch die Lexeme *ἐγκαλύπτομαι* (Mor. 267a10) und *ἐγκάλυψις* (266e7) – also Derivate von καλύπτομαι mit dem Präfix ἐν – verwendet: Diese Lexeme haben die Konnotation „etwas völlig einhüllen". Wie der Kontext zeigt, gilt dies auch für συγκαλύπτομαι und ἐπικαλύπτομαι.

5.3 ἀκατακαλυπτός: „ohne Kopfbedeckung"?

Nun scheint es wenigstens für ἀκατακαλυπτός ausgemacht zu sein, dass dies „unbedeckt" bedeutet und im Speziellen meint, dass jemand seinen Kopf nicht mit einem Kleidungsstück bedeckt hat.[57] Allerdings ist hierzu auch eine Stelle aus Lev 13,45 zu bedenken. Hier heißt es in der Septuaginta über den Aussätzigen:

> αὐτοῦ ἔστω παραλελυμένα καὶ ἡ κεφαλὴ αὐτοῦ ἀκατακάλυπτος, καὶ περὶ τὸ στόμα αὐτοῦ περιβαλέσθω καὶ ἀκάθαρτος κεκλήσεται
> … seine Kleider sollen gelöst, sein Kopf unbedeckt sein, um seinen Mund herum soll er umwickelt werden und er soll unrein genannt werden.[58]

Im hebräischen Text aber steht:

> וְרֹאשׁוֹ יִהְיֶה פָרוּעַ

[57] So z.B. bei Lukian, Imagines 6,22, wo Lycinus das Bild der Frau, in die sich Polystratus verliebt hat, dadurch auferstehen lässt, dass er es in der Vorstellung aus den schönsten Statuen von Bildhauern zusammensetzt. Dabei wird auch die Sosandra des Kalamis genannt; jedoch soll das vorgestellte Bild anders als diese einen „unbedeckten Kopf" haben (ἀκατακάλυπτος αὕτη ἔσται τὴν κεφαλήν).
[58] Übersetzung nach Septuaginta Deutsch. Das griechische Alte Testament in deutscher Übersetzung, hg. von *W. Kraus/M. Karrer* (Hg.), Septuaginta Deutsch. Das griechische Alte Testament in deutscher Übersetzung, Stuttgart 2009.

> und sein [sc. des Aussätzigen] Kopf(haar) soll „gelöst" (d.h. ungeordnet, wirr, zerzaust) sein.

Das Verb פרע bedeutet u.a. „frei lassen", „(das Haar) frei hängen lassen", „(das Haar) lösen".[59] Dies scheint ein Widerspruch zur Septuagintafassung zu sein – ist es aber nicht: Denn auch dort geht es ja darum, dass der Aussätzige so auftreten soll, damit er von Ferne erkannt wird. Es macht daher m.E. wenig Sinn, ἡ κεφαλὴ ἀκατακαλυπτός an dieser Stelle als „den Kopf unbedeckt", d.h. ohne Kopfbedeckung, zu verstehen – denn dies wäre angesichts dessen, dass Männer ja in der Regel keine Kopfbedeckung getragen haben, keinerlei Warnsignal vor dem Aussätzigen. Vielmehr ist ἀκατακαλυπτός auf der Linie des hebräischen פרע zu verstehen: Der Aussätzige soll „gelöstes", also wohl ungeordnetes, wirres und zerzaustes Haar tragen, damit er erkennbar ist.

Dies bestätigt ein weiterer alttestamentlicher Text, nämlich Num 5,18.[60] Hier wird beschrieben, wie ein Priester bei Verdacht von Ehebruch einer Frau agieren soll. In Num 5,18 heißt es, dass er das Haar der Frau „lösen" soll; im Hebräischen steht hier וּפָרַע אֶת־רֹאשׁ הָאִשָּׁה. Die Septuaginta gibt dies mit ἀποκαλύψει τὴν κεφαλὴν τῆς γυναικός wieder. Man könnte vermuten, dass damit der Sinn des Textes erheblich geändert wird, indem in der Septuaginta der Priester der Frau den Kopf „aufdeckt", d.h. ihre Kopfbedeckung abnimmt. Ich

[59] W. Dietrich/S. Arnet, Konzise und aktualisierte Ausgabe des Hebräischen und Aramäischen Lexikons zum Alten Testament, Leiden/Boston 2013, 459 s.v. פרע unter Hinweis auf Lev 10,6; 13,45; 21,10; Num 5,18; Ri 5,2; Entsprechend bedeutet das Nomen פֶּרַע „das frei herunterhängende, ungeflochtene Haupthaar" (a.a.O., 460 s.v. פֶּרַע).

[60] Hierauf weist *A. Padgett*, Paul on Women in the Church. The Contradictions of Coiffure in 1 Corinthians 11,2–16, JSNT 20 (1984), 69–86, hier 70, hin; vgl. ferner *N. Baumert*, Antifeminismus bei Paulus? Einzelstudien (fzb 68), Würzburg 1992, 57–60.

vermute jedoch, dass genau wie in Lev 13,45 die Septuaginta den Sinn des hebräischen Textes bewahrt hat und dass ἀποκαλύπτω hier eben den Sinn von „lösen, auflösen, wirr machen" hat. Einen Hinweis darauf scheint mir Philo zu geben, der in Spec leg. 3,56 auf genau dieses Gebot zu sprechen kommt. Er aber schreibt: γεγυμνωμένῃ τῇ κεφαλῇ, d.h. er ersetzt das Verb ἀποκαλύπτω durch γυμνόω. Dies tut er m.E., weil ihm ἀποκαλύπτω zu undeutlich oder mehrdeutig vorkommt. Sollte dies richtig sein, ergibt sich, dass auch ἀποκαλύπτω und das in 1Kor 11,5a.13b vorkommende davon abgeleitete ἀποκαλυπτός in seiner Bedeutung nicht auf „unbedeckt = ohne Kopfbedeckung" festgelegt ist. Bemerkenswert und für unser weiteres Vorgehen entscheidend ist, dass sich ἀκατακαλυπτός in Lev 13,45 darauf bezieht, dass das Haupthaar „gelöst" (d.h. wohl: ungeordnet, wirr) ist, was Num 5,18 bestätigt.

6 Das Problem: Gelöste Haare

Fassen wir unsere bisherigen Beobachtungen zusammen: Es hat sich gezeigt, dass zunächst die Aussagen des Paulus in 1Kor 11,2–16 im Widerspruch zu Sitten bezüglich Kopfbedeckungen in der Antike stehen. Da es für Frauen keine einheitlichen Vorstellungen gab, ist es zumindest erstaunlich, dass Paulus hier solche Vorschriften über den Kleidungsstil im Gottesdienst macht. Ganz konträr zum Hintergrundwissen, das wir erheben können, ist aber, wenn Paulus in V. 4 behaupten sollte, dass ein Mann, der eine Kopfbedeckung trägt, sein ‚Haupt' beschämt – denn es ist sowohl im antiken Judentum, als auch in der griechisch-römischen Antike eine akzeptierte Sitte, dass Männer in einem gottesdienstlichen Kontext ihren Kopf bedecken. Aus diesem Grund bin ich der Arbeitsthese gefolgt, dass κατὰ κεφαλῆς ἔχων in V. 4

als „(etwas) vom Kopf herunter (hängen) haben" zu verstehen ist, nämlich in dem Sinne, dass langes Haar gelöst vom Kopf herunter hängt. Hier spricht Paulus natürlich nur hypothetisch, denn ein Mann trug in der Antike keine langen Haare. Semantische Erörterungen haben gezeigt, dass die Begriffe, die in paradigmatischen Relationen zu κατὰ κεφαλῆς ἔχων in V. 4 stehen, keineswegs in ihren Denotationen festgelegt sind: Für κατακαλύπτομαι ist die technische Bedeutung „sich den Kopf mit einem Kleidungsstück oder einem Schleier bedecken" nicht nachweisbar. Es legt sich in den besprochenen Zusammenhängen aber nahe, dass κατακαλύπτομαι darauf verweist, dass der Kopf „eingehüllt, vollständig umhüllt" ist. Für ἀκατακαλυπτός hat sich eine Stelle aus der Septuaginta gefunden, wonach dies auf „gelöstes", also wohl ungeordnetes Haar referiert (Lev 13,45; vgl. Num 5,18). Dazu passt ein Beleg in Plutarchs *Quaestiones Romanae*, wo zwar einmal als Antonym zu ἐπικαλύπτομαι κτλ. (Mor. 267a4–5) erwähnt wird, dass die Töchter nicht nur ihr Haar „nackt" (γυμνός) – d.h. wohl: nicht mit einem Kleidungsstück bedeckt, „barhäuptig" – tragen, dann aber auch, dass sie ihr langes Haar „gelöst" haben. D.h. doch wohl, dass sie ihr Haupthaar nicht, der Sitte entsprechend, hochgesteckt, sondern frei vom Kopf herunter hängen lassen (αἱ δὲ θυγατέρες γυμναῖς ταῖς κεφαλαῖς καὶ ταῖς κόμαις λελυμέναις). – Mit diesen Beobachtungen können wir nun eine begründete Hypothese darüber aufstellen, worauf Paulus in 1Kor 11,2–16 zielt:

Die Formulierungen κατὰ κεφαλῆς ἔχων (V. 4), ἀκατακάλυπτος (V. 5a.13b), (οὐ) κατακαλύπτεσθαι (V. 6a.bβ.7a) können nicht nur unter der Bedingung kohärent verstanden werden, dass sie auf die Bedeckung mit einem Kleidungsstück referieren, sondern auch dann, wenn sie sich auf die Art der Frisur beziehen: κατὰ κεφαλῆς ἔχων meint hier „langes Haar vom Kopf

herunter hängen haben", d.h. langes Haar gelöst tragen. Dies bedeutet auch ἀκατακάλυπτος: das Haar gelöst und ungeordnet zu tragen. Das Verb κατακαλύπτεσθαι bezieht sich dann auf die Sitte, sich den Kopf mit den Haaren „vollständig zu umhüllen" – d.h. die Haare um den Kopf gewunden zu tragen. Aus der zeitgenössischen Ikonographie sind Frisuren bekannt, bei denen Frauen ihre Haare kunstvoll hochgesteckt tragen.[61] Dabei ist zu bedenken, dass v.a. die Statuen, die Frauen aus dem Kaiserhaus darstellten, sicher als Trendsetter gegolten haben.[62] Die Formulierung οὐ κατακαλύπτεσθαι referiert dann darauf, dass die Haare *nicht* hochgesteckt, sondern gelöst und frei vom Kopf herunter hängend getragen werden.
Diese Lösung hat gegenüber der „klassischen" Deutung, dass es um eine textile Kopfbedeckung geht, den Vorteil, dass sie mit in Texten nachweisbaren Denotationen aller drei Ausdrücke – κατὰ κεφαλῆς ἔχων, ἀκατακάλυπτος, (οὐ) κατακαλύπτεσθαι – arbeitet *und* zum anderen, dass sie sich in den historischen Hintergrund der Sitten bezüglich Kopfbedeckungen und Frisuren für Mann und Frau in der Antike einfügt.[63]

Diese Deutung der betreffenden Lexeme in 1Kor 11,2–16, die auf Abel Isaksson (1965) und James B. Hurley (1973) zurückgeht und sich in den letzten Jahrzehnten immer mehr Anhänger gewonnen

[61] Beispiele finden sich bei *Thompson*, Hairstyles (s. Anm. 34), 106–111. Vgl. auch *G. Colbow/R. Hurschmann/*, Art. Haartracht, DNP 5 (1998), 39–45 und zum ganzen auch *C.H. Cosgrove*, A Women's Unbound Hair in the Greco-Roman World, with Special Reference to the Story of the „Sinful Woman" in Luke 7:36–50, JBL 124 (2005), 675–692, bes. 678–686.
[62] So auch *M. Böhm*, 1 Kor 11,2–16. Beobachtungen zur paulinischen Schriftrezeption und Schriftargumentation im 1. Korintherbrief, ZNW 97 (2006), 207–234, hier 212.
[63] Dafür, dass es um eine textile Kopfbedeckung gehe, votieren jedoch *du Toit*, Status (s. Anm. 7), 78–80, und *Stuckenbruck*, 1Kor 11,10 (s. Anm. 7), bes. 152–154.

hat,[64] wurde zuletzt von Preston T. Massey kritisiert,[65] der alle diskutierten paganen und jüdischen Vergleichstexte einer neuen Sichtung unterzogen hat. Sein Ergebnis lautet:

> ἀκατακαλυπτός can only be translated as „unveiled“ or „uncovered“ and that the companion verb κατακαλύπτω must be rendered with an appropriate translation of „to cover“ in the particular sense of a veil or headdress.[66] [...] κατακαλύπτω [...] means „to veil“ or „cover the head“ in texts describing dress and physical appearance.[67]

Im Grunde bringt seine Durchsicht der bereits bekannten Texte keine neuen Einsichten und kann auch je im Einzelnen kritisiert werden. Dass κατακαλύπτω z.B. stets auf eine Bedeckung „with an artificial material of some kind“ referiere,[68] ergibt sich nicht aus den Sinnzusammenhängen des Lexems in den diskutierten Texten, sondern ist schlicht von Massey dort eingetragen. Seine Kritik an Isaksson und Hurley trifft im übrigen meine Erörterungen nicht, denn ich habe dargestellt, dass κατακαλύπτω bzw. κατακαλύπτομαι auf eine Handlung referieren, als deren Ergebnis etwas oder jemand nicht mehr sichtbar ist, oder darauf, dass ein Gegenstand durch einen anderen bedeckt oder vollständig mit etwas umhüllt wird, damit er verborgen oder unkenntlich wird. In den Texten, die Massey diskutiert, zielt κατακαλύπτω *darauf*, nicht aber auf eine Bedeckung „with an artificial material of some kind“. Ebenso wenig überzeugt seine Behauptung, dass ἀκατακαλυπτός nie gebraucht wird, wenn ein Text das Auflösen von Haaren thematisiert[69] – wie gezeigt, verbindet Plutarch verschiedene Komposita von καλύπτομαι damit, dass Töchter ihr Haar nackt, gleichzeitig aber gelöst tragen (αἱ δὲ θυγατέρες γυμναῖς ταῖς κεφαλαῖς καὶ ταῖς κόμαις λελυμέναις; Mor. 267a4–5).

Das Hauptproblem aber bleibt, dass mit diesem Verständnis der infrage stehenden Lexeme die übrigen, unter Abschnitt 1–3 genannten Argumente gegen die klassische Deutung auf textile Kopfbedeckung weiterhin in Geltung stehen; Masseys Verteidigung dieser Position löst die sich daraus ergebenden Interpretationsprobleme des gesamten Textes nicht.

[64] Vgl. meinen forschungsgeschichtlichen Überblick, oben S. 26f.

[65] *P.T. Massey*, The Meaning of κατακαλύπτω and κατὰ κεφαλῆς ἔχων in 1 Corinthians 11.2–16, NTS 53 (2007), 502–523.

[66] *Massey*, Meaning (s. Anm. 68), 505.

[67] *Massey*, Meaning (s. Anm. 68), 523.

[68] *Massey*, Meaning (s. Anm. 68), 523.

[69] *Massey*, Meaning (s. Anm. 68), 523.

Es bleibt dann aber die Frage, weshalb die Frisur für Paulus ein solches Problem darstellt. Auf die Lösung dieser Frage leitet uns die Direktive des Paulus in V. 10. Doch bevor ich dies darstelle, müssen wir noch auf einen speziellen Aspekt von V. 10 eingehen.

7 „Wegen der Engel" (V. 10)

Die vordergründige Begründung dafür, dass das von Paulus kritisierte Verhalten falsch ist, liefert V. 10b: „wegen der Engel". Es ist sehr umstritten, welche Rolle die Engel hier haben.[70] Ich halte es für falsch, den Schwerpunkt des Textes auf V. 10b zu legen. Denn wenn man die Argumentation in V. 7–10a verfolgt, so ist diese auch ohne die Begründung „wegen der Engel" in sich schlüssig: (*1*) Der Mann braucht seinen Kopf nicht (mit Haar) zu „umhüllen", weil er εἰκὼν καὶ δόξα θεοῦ ist (V. 7ab). (*2*) Die Frau aber ist die δόξα des Mannes (V. 7c). Dies wird (*3a*) begründet aus dem zweiten Schöpfungsbericht, wonach Eva aus Adams Rippe gemacht wurde (V. 8), und (*3b*) daraus, dass die Frau „um des Mannes willen" – zu seiner Hilfe (βοηθός), wie es Gen 2,18 heißt – erschaffen wurde (V. 9). Daraus ergibt sich (*4*) schlüssig, dass die Frau „Kontrolle im Hinblick auf ihren Kopf" ausüben muss (V. 10a) – nämlich unter der Voraussetzung, dass ein unangemessenes Verhalten der Frau nach V. 3 und 5–6 ihrem „Haupt" – also dem Mann – Schande bereitet. Gegenüber dieser schlüssigen Argumentation wirkt die Formulierung „wegen der Engel" als ein Fremdkörper, zumal die Engel weder vorher noch nachher irgendeine eine Rolle spielen. Außerdem ist diese Stelle stilistisch unausgeglichen, indem auf den mit διὰ τοῦτο eingeleiteten finiten Satz V. 10a ein elliptisches διὰ τοὺς ἀγγέλους folgt – eine

[70] Vgl. meinen forschungsgeschichtlichen Überblick, oben S. 42–48.

unnötige und unvollständige Doppelung der Begründung.[71] Ich vermute, dass Paulus das „wegen der Engel" an dieser Stelle als weiteres unterstützendes Argument eingeführt hat, das aber im Rahmen seiner Argumentation in 1Kor 11,2–16 sonst kein großes Gewicht hat.[72] Es empfiehlt sich darum auch nicht, den Ausgangspunkt der Exegese bei diesem nachgeschobenen Argument zu nehmen.

Von den Qumranparallelen, wonach die heiligen Engel sich mitten in der Gemeinschaft aufhalten, legt es sich m.E. her nahe, dass die Engel als Wächter über einen angemessenen – d.h. einen heiligen und reinen – Gottesdienst gesehen worden sind.[73] Die Vorstellung einer Gemeinschaft zwischen der Qumran-Gemeinde und den Engeln ist in den Schriften vom Toten Meer weit verbreitet, vgl. nur 1QS 11,7–9 und 1QH[a] 11,21–23; insofern verwirklicht sich die eschatologische Hoffnung auf die Gemeinschaft zwischen den Frommen und den Engeln in der Gegenwart der Gemeinde.[74] Der Ort, an dem die Sektenmitglieder und die Engel miteinander

[71] Dies verleitete Ferdinand Christian Baur dazu, die Worte διὰ τοὺς ἀγγέλους als Glosse zu betrachten (Paulus, der Apostel Jesu Christi. Sein Leben und Wirken, seine Briefe und seine Lehre. Ein Beitrag zu einer kritischen Geschichte des Urchristenthums, Stuttgart 1845, 637).

[72] So schon *J. Fitzmyer*, A Feature of Qumrân Angelology and the Angels of I Cor. XI. 10, NTS 4 (1957), 48–58, hier 49.

[73] Näheres hierzu in meinem forschungsgeschichtlichen Überblick, oben S. 46–48.

[74] Vgl. *C. Wassen*, Angels in the Dead Sea Scrolls, in: *F.V. Reiterer/ T. Nicklas/K. Schöpflin* (Hg.), The Concept of Celestial Beings – Origins, Development and Reception, Berlin/New York, 499–523, hier 515–520; ferner *dies*., „Because of the Angels". Reading 1 Cor 11:2–16 in Light of Angelology in the Dead Sea Scrolls, in: *A. Lange/E. Tov/M. Weigold* (Hg.), The Dead Sea Scrolls in Context. Integrating the Study of the Dead Sea Scrolls in Ancient Texts, Languages, and Cultures (VT.S 140), Leiden/Boston 2011, Bd. 2, 735–754.

verbunden sind, ist der Gottesdienst,[75] wie die Engel ja auch als Priester im himmlischen Gottesdienst vorgestellt werden.[76] Insbesondere in den Sabbatopferliedern (ShirShabb und ShirShabb^{a-f} = 4Q400–407 und 11Q17) ist die Vorstellung von der Teilnahme der Gemeinde am himmlischen Gottesdienst der Engel ausgebaut.[77]
Also müssen die Frauen sich angesichts dessen, dass die Gemeinde gemeinsam mit den Engeln am himmlischen Gottesdienst teilnimmt, durch ihr Auftreten entsprechend verhalten. Denn wenn die Gemeinde in gottesdienstlicher Gemeinschaft mit den Engeln steht, muss sie auch deren Reinheit, Heiligkeit und Perfektion imitieren.[78] Es passt hierzu kein Verhalten, das anstößig ist oder das mit negativen Konnotationen besetzt ist – wie etwa dass Frauen in der Öffentlichkeit ihre aufgesteckten Haare lösen. So verstanden, fügt sich „wegen der Engel" überzeugend in die übrige Argumentation des Paulus ein, in der Anstand und ehrenvolles (d.h. angemessenes) Verhalten das Hauptargument darstellen (vgl. 1Kor 11,4–6.7c.13–15). Vor diesem Hintergrund ist auch meine Interpretation von 1Kor 11,2–16 zu verstehen, wonach das Anliegen des Paulus in 1Kor 11,2–16 ist, dass die Frauen sich im Gottesdienst angemessen verhalten sollen, indem sie nicht ihre Haare auflösen.

[75] Vgl. hierzu ausführlich *B. Frennesson*, „In a Common Rejoicing". Liturgical Communion with Angels in Qumran, Uppsala 1999.
[76] Vgl. *Wassen*, Angels (s. Anm. 77), 505–508.
[77] Vgl. *Wassen*, Angels (s. Anm. 77), 507f. *Stuckenbruck*, 1Kor 11,10 (s. Anm. 7), 171–174, bietet weitere Belegstellen aus den Texten vom Toten Meer.
[78] Vgl. *C. Wassen*, What Do Angels Have against the Blind and the Deaf? Rules of Exclusion in the Dead Sea Scrolls, in: *W.O. McCready/A. Reinhartz* (Hg.), Common Judaism. Explorations in Second Temple Judaism, Minneapolis, MN [2]2011, 115–129, bes. 127–129.

8 Frauen sollen „Kontrolle über ihren Kopf haben" (1Kor 11,10)

Das Thema von 1Kor 11,2–16 ist also nicht die Bedeckung des Kopfes (z.B. mit dem ἱμάτιον), sondern *die Haartracht*, die *Frisur*. Diese Interpretation, die erstmals von Stephan Lösch 1947 vorgetragen wurde,[79] wird von immer mehr Exegeten befürwortet,[80] allerdings im Hinblick auf den vermuteten Hintergrund unterschiedlich beurteilt – wobei auch immer noch die Position vertreten wird, dass es Paulus um das Bedecken des Kopfes gehe.[81]

So schlussfolgert z.B. Marlis Gielen aus V. 5f., dass es um eine „Kurzhaarfrisur" der Frauen gehe, die jedoch aus einer missverstandenen Anwendung der These von Gal 3,28 alle gesellschaftlichen Konventionen durch Aufhebung der Geschlechtsrollensymbolik verletzten.[82] Jedoch sollte aus dem harschen Sarkasmus in V. 5f. nicht vorschnell ein Rekurs auf reale Gegebenheiten herausgelesen werden. M.E. haben die Aussagen in V. 5f. rein rhetorische Funktion: Es wird nur besagt, dass das Verhalten der Frauen, das Paulus kritisiert, *genauso zu werten* ist, *als ob* die Frau geschoren oder gar kahl rasiert wäre. Damit ist noch gar nicht eingegrenzt, welches konkrete Verhalten Paulus kritisiert, geschweige denn, dass die Frauen sich im Sinne einer Kurzhaarfrisur tatsächlich scheren lassen würden.

[79] *Lösch*, Frauen (s. Anm. 5); er verbindet dies jedoch mit der „klassischen" These: Die Frauen beteten in Korinth zwar nach heidnischer Sitte mit aufgelöstem Haar, Paulus gehe es seinerseits um die Bedeckung des Kopfes als Symbol dessen, dass die Frau dem Mann untersteht.

[80] Vgl. hierzu meinen forschungsgeschichtlichen Beitrag oben S. 28–28.

[81] Ausdrücklich gegen die These, dass es um Frisuren gehe, wenden sich z.B. *Oster*, Men (s. Anm. 30), 485f.; *J. Delobel*, 1 Cor 11:2–16. Towards a Coherent Explanation, in: *A. Vanhoye* (Hg.), L' apôtre Paul. Personnalité, style et conception du ministère (BETL 73), Leuven 1986, 369–389; *Engberg-Pedersen*, 1 Corinthians 11:16 (s. Anm. 11), 679, 682; *J.D. BeDuhn*, „Because of the Angels". Unveiling Paul's Anthropology in 1 Corinthians 11, JBL 118 (1999), 295–320.

[82] *Gielen*, Beten (s. Anm. 13), 231ff.

Aber warum ist Paulus dieses Thema so wichtig? Die starke Betonung der Bedeutung von Anstand,[83] also der Konformität mit den Sitten der Umwelt, deutet die Stoßrichtung seiner Aussagen an:[84] Es ziemte sich gemäß den gesellschaftlichen Normen der hellenistischen Umwelt nicht, dass eine Frau ihr Haar in der Öffentlichkeit (die ja auch die ἐκκλησία τοῦ θεοῦ darstellt![85]) löst und frei auf die Schultern herab hängen lässt.

[83] Dies wird besonders im Stichwort πρέπον (1Kor 11,13) und der Betonung des Ehre-/Scham-Schemas (1Kor 11,4ff.14f.; vgl. hierzu *J.W. Thompson*, Creation, Shame and Nature in 1 Cor 11:2–16. The Background and Coherence of Paul's Argument, in: *J. Fitzgerald/ T.H. Olbricht/L.M. White* [Hg.], Early Christianity and Classical Culture. Comparative Studies in Honor of Abraham J. Malherbe [NT.S CX], Leiden/Boston 2003, 237–257, hier 239f., 250–235) deutlich.

[84] Auch sonst argumentiert Paulus oft in diesem Sinne, dass die Außenwirkung der Aktivitäten und Handlungen innerhalb der Gemeinde zu bedenken ist, vgl. im 1Kor etwa nur 6,1ff.; 10,32f.; 14,22ff., besonders V. 40, eventuell auch 5,1; 15,33f.

[85] Ein Beleg für diese Auffassung der ersten Christen ist 1Kor 14,35: Die Frau soll in der ἐκκλησία schweigen. Die Begründung αἰσχρὸν γάρ ἐστιν γυναικὶ λαλεῖν zeigt, worum es geht: Sie sollen nicht reden bzw. geschwätzig sein (in der Antike ein stereotyper Vorwurf gegenüber Frauen; zu λαλεῖν = „schwatzen" vgl. *C. Forbes*, Prophecy and Inspired Speech in Early Christianity and its Hellenistic Environment [WUNT II/75], Tübingen 1995, 271 Anm. 44 [hier auch Belege], z.B. Plutarch, Mor. 504a; 510c u.ö.). Zwar bedeutet λαλεῖν, wie *Forbes*, ebd., betont, sonst in 1Kor 14 nicht „schwatzen" (vgl. V. 16.19.29), aber hier ist λαλεῖν eben auch mit einem Objekt verbunden (V. 16 τὸ ἀμήν; V. 19 πέντε λόγους τῷ νοΐ μου) oder durch den Kontext näher bestimmt (V. 29: Propheten reden). Nur in V. 34f. ist λαλεῖν nicht durch ein Objekt oder durch den Kontext näher bestimmt. Es kann also durchaus ein Bedeutungswechsel zu „schwatzen" vorliegen. Dass Frauen in der ἐκκλησία schweigen sollen, entspricht der antiken Vorstellung, dass Frauen in der Volksversammlung und in politischen Dingen zu schweigen haben (vgl. hierzu *M.R. Lefkowitz*, Influential Women, in: *A. Cameron/A. Kuhrt* [Hg.], Images of Women in Antiquity, London/Canberra 1983, 49–64, hier 59f., mit Belegen). Zur Wertung der Frau als geschwätzig vgl. auch Sophokles, Aias 293; Aristot., Pol. 1260a 23–30; Rhet. 1384b 18; Euripides, Andromache 943–953. Es handelt sich also um einen verbreiteten Topos.

Warum dies so ist, hat Charles H. Cosgrove gezeigt, der die verschiedenen Konnotationen von gelöstem Haar bei Frauen darstellt.[86] Gelöstes Haar einer Frau konnte z.B. in einem sexuellen Zusammenhang stehen; so trugen verführerische, gefährliche und ehebrecherische Frauen ihr Haar. Viele Belege zeigen, dass Frauen ihre Haare im Zusammenhang gottesdienstlicher Verehrung gelöst haben, so etwa im Demeterkult der andanischen Mysterien (Andania, Messenien), im Kult der Despoina (Lykosura, Arkadien), im Kult der Juno (Rom) und im Artemiskult. Die Haare gelöst zu tragen, war auch mit Zauberei konnotiert. Insbesondere der ekstatische Zustand von Frauen im Dionysoskult war mit gelöstem und wirr herunterhängendem Haar verbunden.[87] Bei gelöstem Haar konnten aber auch der religiöse und der sexuelle Aspekt verbunden sein: So hat etwa die symbolische Selbstdarbietung der Kurtisane Phryne für Poseidon, bei der sie sich ihrer Oberbekleidung entledigt, ihre Haare auflöst und in das Meer steigt, durchaus sexuelle Konnotationen (hier spielt womöglich auch eine Rolle, dass sie Kurtisane ist).[88] In anderen Fällen ist gelöstes Frauenhaar verbunden mit „freedom, naturalness (and in this sense freedom from the conventions of society), even wildness“ (z.B. bei den Nymphen), oder – im Falle weiblicher Kriegerinnen – mit Wildheit und von ihnen ausgehender Gefahr.[89] Nach anderen Quellen lösen Frauen ihr Haar in außergewöhnlichen, besonders emotional geprägten Situationen, etwa der Trauer. Aber auch dann stellte gelöstes Haar eine Ausnahme vom Regelfall dar, die nur in den genannten Fällen gesellschaftlich akzeptiert war. Im Gegensatz dazu ist der Normalfall, dass

[86] Vgl. *Cosgrove*, Hair (s. Anm. 61), bes. 678–686.

[87] Euripides, Bacch. 695.864f.927–931; Aristophanes, Lys. 1308–1313. Vgl. hierzu auch ausführlich unten S. 140–143.

[88] Athenaios, Deipnosophistae 13,590, vgl. hierzu *Cosgrove*, Hair (s. Anm. 61), 680.

[89] Vgl. *Cosgrove*, Hair (s. Anm. 61), 681f., mit Belegen.

Frauen ihre Haare mit Bändern, Nadeln und Haarkämmen hochgebunden und geflochten getragen haben. Wenn also das Lösen der Haare vom gesellschaftlich akzeptierten „Normalen" in der Antike abwich – weshalb verhielten sich die Frauen in der korinthischen Gemeinde dann so? Die Lösung deutet sich an, wenn wir die einzige klare Direktive in V. 10 betrachten:

ὀφείλει ἡ γυνὴ ἐξουσίαν ἔχειν ἐπὶ τῆς κεφαλῆς.

Dabei ist umstritten, worauf diese Aussage zielt.[90] Häufig wird dies so verstanden, dass der Mann Vollmacht *über die* Frau hat – etwa: „Die Frau muss eine Autorität über dem Kopf haben".[91] Ein solches Verständnis ist aber vom semantischen Gehalt von ἐξουσία her nicht möglich, denn dieses Nomen referiert auf aktive Ausübung von „Macht" vonseiten des Subjekts hin („Autorität", „Vollmacht", „Macht", auch ein „Amt" der Polis).

'Ἐξουσία bedeutet zunächst einmal Macht bzw. Autorität (z.B. Thukydides 5,50; Euripides, Fragmenta 784), gar Macht über Leben und Tod zu haben (Pollux 8,86), auch die Befugnis, etwas zu tun (Platon, Symposium 182e; Critias 51d).[92] Es kann auch politische Macht (Platon, Alcibiades 1,135b),[93] das Recht bzw. die Zulassung zu einem Amt (Aristoteles, Politica 1275b) oder auch das Amt selbst bezeichnen (Aristoteles, eth. Nic. 1095b21; Rhetorik 1384a1), sogar speziell die Konsulschaft (Diodorus Siculus 14,113) oder das Amt des Quaestoren (Dionysius Halicarnassus 8,77), oder auch den Magistrat als Subjekt der Machtausübung (Dionysius Halicarnassus 11,32).[94] Einige Texte belegen die Verbindung von ἐξουσία und dem Willen zu etwas, so dass ἐξουσία dann in etwa „Macht, Fähigkeit zu etwas" bedeutet, etwa wenn Demosthenes (Or. 19,87) davon berichtet, dass

[90] Vgl. hierzu meinen ersten Beitrag, oben S. 35–42.
[91] Vgl. hierzu auch die Lutherübersetzung: „eine Macht über dem Haupt".
[92] Vgl. ferner: Demosthenes, Or. 57,12: „Erlaubnis"; Aristoteles, Eth. Nic. 1161a: „Erlaubnis zu tun, was man will".
[93] In Aristoteles, Magna moralia 2,3,7 steht ἡ ἐξουσία parallel zu ἡ ἀρχή.
[94] Vgl. LSJ 599 s.v. ἐξουσία.

Philipp die ἐξουσία (= „Macht") hätte, in Attika einzumarschieren, wenn er es wollte, oder auch wenn nach Or. 24,151 das Gericht die ἐξουσία (= „Autorität", „Entscheidungsfreiheit") zu derjenigen Gerichtsentscheidung hat, die es will. In einem ethischen Sinne verwendet Aristoteles (Politica 1318b) ἐξουσία, wenn er davor warnt, dass die „Erlaubnis zu tun, was man will" (ἡ ... ἐξουσία τοῦ πράττειν ὅ τι ἂν ἐθέλῃ) kein ausreichender Grundsatz gegen das Böse sei.
In einem ethischen Sinne wird ἐξουσία auch in der Stoa verwendet; bei Chrysipp etwa bezieht sich ἐξουσία auf die „Freiheit" bzw. „Autorität" zur Wahl und zur Tat.[95] Ἐξουσία bezeichnet auch die „Kontrolle" über die Impulse bzw. Triebe und Mittel des Handelns.[96] Der Neuperipatetiker Alexander von Aphrodidias kritisiert an den Stoikern, dass diese keine ἐξουσία, etwas zu tun oder auch nicht, zulassen.[97]

Dies gilt desto mehr für die Verbindung von ἐξουσία und ἔχειν, die stets auf eine Befugnis, Macht, Autorität oder auch Kontrolle referiert, *die jemand* über etwas oder jemanden *ausübt*. Ἐξουσία ἔχειν bezieht sich darauf, dass jemand *Subjekt* und nicht etwa *Objekt* von Autorität, Macht, Kontrolle ist.

Vgl. hierzu etwa Xenophon Memorabilia 2,6,24,4, wo ἐξουσίαν ἔχειν parallel zu ἄρχειν steht,[98] oder auch Polybius 6,12,6, wo vom ἐξουσίαν ἔχειν des αὐτοκράτωρ die Rede ist;[99] ἐξουσίαν ἔχειν kann auch „Erlaubnis zu etwas" bedeuten (Polybius 23,14,3). Bei Diogenes Oenoandensis 57 bedeutet ἐξουσία ἔχειν „Kontrolle über jemanden haben". Bei Teles wird ἐξουσίαν ἔχειν in einem ethischen Sinne verwendet und bezieht sich auf die „Macht" etwas zu tun, wie

[95] Τὸ ἐξουσίαν ἔχειν τὸν ἄνθρωπον τῆς αἱρέσεώς τε καὶ πράξεως, SVF 3,979,2f. (= Alexander von Aphrodisia, De fato cp. 13 [Alexandri Aphrodisiensis praeter commentaria scripta minora II: Quaestiones, De fato, De mixtione, hg. von *I. Bruns*, Berlin 1892, 181, 13]).
[96] Ἐξουσία τῆς ὁρμῆς καὶ ἀφορμῆς, SVF 3,236,3 (= Clementis Alexandrini Opera I, hg. von *J. Potter*, Oxford 1715, 368).
[97] ... μὴ καταλιπόντες ἡμῖν τὴν ἐξουσίαν τοῦ ταῦτα πράττειν τε καὶ μή, Alexander Aphrodisias, De fato, hg. von *Bruns* (s. Anm. 94), 199, 7.
[98] Vgl. ferner Demosthenes, Or. 22,49; 24,161; Aristoteles, Fragmenta Varia 412,14.
[99] Vgl. ferner Polybius 5,104,9.

man will (Περὶ φυγῆς 23,14). In den Fragmenten des Historiker Satyrus (1,43) wird von Zeus gesagt, dass er ἔχων ἐξουσίαν ἅπαντα λαβεῖν. Auf Gottes Macht bezieht auch frühjüdische Literatur die Verbindung von ἐξουσία und ἔχειν und meint dann, dass Gott Macht ausübt,[100] und auch sonst liegt die Verwendung auf den eben angedeuteten Linien.[101]

Ebenso verweist die Verbindung von ἐξουσία und ἐπὶ τινός darauf, dass ein Subjekt aktiv Macht über jemanden ausübt.

So z.B. geht es bei Thukydides (6,31,5) über die Macht über Feinde. In Sir 33,20 findet sich die Mahnung, nicht Frau noch Kinder Macht über sich haben zu lassen. Cassius Dio bezieht ἐξουσία ἐπί auf die Vollmacht zu tun, was man will (79,17,1).

So muss diese Direktive des Paulus vor dem zeitgenössischen Sprachgebrauch also so verstanden werden, dass die Frau „Autorität“, „Macht“, „Vollmacht“ – eben „Kontrolle“ über ihren eigenen Kopf ausüben soll. Dies wird dann vor dem Hintergrund des stoischen Gebrauchs von ἐξουσία (z.B bei Chrysipp) verständlich, wonach mit diesem Lexem die Kontrolle u.a. über Impulse bzw. Triebe (τῆς ὁρμῆς, SVF 3,236,3; vgl. 3,979,2f.) bezeichnet wird. Was aber ist ein möglicher historischer Hintergrund für diese paulinische Forderung?

9 Manie, Ekstase und Prophetie

Ein anderer Text im 1. Korintherbrief hilft uns zu verstehen, was das Anliegen des Paulus in 1Kor 11,2–16 ist:

[100] In der Septuaginta vgl. hierzu Jdt 8,15; Sap 16,13; Dan 4,17; 1Esr 8,22; 1Makk 10,35; Sir 9,13 u.ö.; ferner auch in Philo (z.B. Leg. all. 1,95; Jos 67 u.ö.).

[101] Vgl. bei Josephus z.B. Ant. 4,259 (Entscheidungsbefugnis haben), Ant. 7,195 (Macht und Einfluss haben). In den Pseudepigraphen vgl. z.B. TestRub 5,1 (Frau und Kinder sollen keine macht über den Mann haben); Arist 102 (Erlaubnis haben, die Zitadelle zu verlassen) u.ö.

In 1Kor 12–14 behandelt Paulus in verschiedenen Argumentationsgängen das Thema der „Geistesgaben“ (χαρίσματα). In diesem Zusammenhang ermahnt Paulus in 14,26–33a, dass die mit Zungenrede und Prophetie Begabten im Gottesdienst „geordnet“, d.h. nacheinander, zu Wort kommen sollen (vgl. auch 14,40: κατὰ τάξιν). Dies begründet Paulus zum einen in V. 33a mit einem theologischen Argument, nämlich dass Gott kein Gott des Aufruhrs, sondern des Friedens ist. Direkt davor allerdings findet sich in V. 32 ein anderes Argument:

> πνεύματα προφητῶν προφήταις ὑποτάσσεται.
> Die Geister der Propheten sind den Propheten untergeordnet.

Aus dem Kontext ergibt sich, dass nach diesem Diktum die Propheten die Kontrolle darüber haben, ob sie sprechen, oder nicht; d.h. sie sind nicht ihren „Geistern“ untertan, sondern diese sind ihnen untergeordnet. Denn sonst hätte die Ermahnung, dass alles geordnet und nacheinander zugehen soll, keinen Sinn.

Paulus möchte also eine ἀκαταστασία in der Gemeinde vermeiden und benutzt damit ein Lexem, das der politischen Sphäre entstammt und „Aufruhr“, „Aufstand“, „Rebellion“ bedeutet;[102] damit ist er ein erheblich negativ konnotierter Begriff.[103] Welche Wirkung ein solcher Aufruhr haben kann, erläutert Paulus in 1Kor 14,22–25, hier besonders V. 23: Wenn die ganze Gemeinde in Zungen reden würde, und es würden Unwissende und Ungläubige hineinkommen – „werden sie nicht sagen, dass ihr μαίνεσθαι seid (οὐκ ἐροῦσιν ὅτι μαίνεσθε)? Dieser Begriff kann zwar einfach bedeuten, sie seien – in einem juristischen oder „medizinischen“

[102] Vgl. Polybius 1,70,1; Dionysius Halicarnassus 6,31,1; so wohl auch bei Paulus, vgl. 2Kor 6,5.

[103] Dies ist auch in 2Kor 12,20 der Fall, wo ἀκαταστασία zusammen mit Begriffen wie ἔρις, ζῆλος usw. steht.

Sinne – „wahnsinnig“.[104] Wenn nicht dieser pejorative Sinn intendiert ist, kann ein Grieche durchaus an den „Wahn“ denken, den die Götter im Sinne einer „Inspiration“ schenken.[105] Μαίνεσθαι und μανία werden aber auch regelmäßig im Zusammenhang mit „ekstatischen“[106] Phänomenen in Religion und Prophetie verwendet. Dabei sollen im Folgenden „ekstatisch“ und „Ekstase“ vom griechischen μαίνεσθαι und μανία her verstanden werden – denn der Begriff „(religiöser) Wahn“ hat heute andere Konnotationen (nämlich im Sinne von „Fanatismus“) und deckt sich noch weniger mit μαίνεσθαι und μανία als „Ekstase“.[107]

Dass diese religiöse Ekstase der Zusammenhang ist, den Paulus in 1Kor 14,23 vor Augen hat (und dem gegenüber

[104] Μανία und μαίνεθαι als *Unverstand/Irrsinn* im Gegensatz zu σωφροσύνη: Xenophon, Mem. 1,1,16; vgl. Herodot 6,112; Isokrates, Panegyricus 4,133; Plat., Philebus 45e; als *krankhafter Wahn*: Aeschylus, Prom. 879; 1057, vgl. Platon, Prot. 323b; als *Wahnsinn* als Strafe der Götter: Herodot 6,75; Euripides, Heracles 835; als *Unzurechnungsfähigkeit* im juristischen Sinne: Demosthenes, Or. 46,14; als *Besessenheit/Passion*: Pindar, Nemean 11,48; als *Zorneswahn*: Hom., Il. 5,717; 6,101; 16,245 u.ö.; Sophokles, Ant. 955; als *Wahn der Trunkenheit*: Homer, Od. 18,406; 21,298.

[105] Vgl. Platon, Phaedr. 244a-e zur Wertung der μανία bzw. des μαίνεσθαι als Gabe der Götter (244c; vgl. 256b) zur höchsten aller Künste (244c), nämlich der Vorhersage der Zukunft, so auch Ps.-Aristoteles, De mundo 391a16; Lukian, Alexandr. 40; Cicero, De div. I,18,34; Plutarch, Def. orac. 51 (Mor. 438a), der dies allerdings kritisch sieht. Als Geschenk der Götter gilt Platon μανία daher mehr als σωφροσύνη (Phaedr. 244d). Auch die Inspiration durch die Musen ist μανία (245a), und neben diesen gibt es noch andere Arten, von den Göttern her in μανία zu geraten (245b), z.B. die Liebe (244a, vgl. auch 265b).

[106] Zu Recht warnt Christopher Forbes vor einer unreflektierten und undifferenzierten Verwendung des unklaren Begriffs „Ekstase“, der allzu oft von unseren heutigen Vorstellungen her gefüllt wird (Prophecy [s. Anm. 88], 53–56).

[107] *D.E. Aune*, Prophecy in Early Christianity and the Ancient Mediterranean World, Grand Rapids 1983, 33, schlägt vor, von „vision trance“ und „possession trance“ zu sprechen. Zu den genannten Phänomenen vgl. a.a.O., 32–34.

nach 14,22–25.40 die „Ordnung" Gottes bewahrt werden soll), belegt der Umstand, dass μαίνεσθαι und μανία auch mit prophetischen Phänomenen verbunden sind.[108] So heißt es z.B. in Platons *Timaios* 72a–b, dass προφήτης – hier als Interpret verstanden – die Worte eines Rasenden deutet. Diese Verbindung ist wiederum für die berühmteste Prophetin der Antike, Pythia am Apollonheiligtum in Delphi, belegt – die als „Prophetin" (προφῆτις) bezeichnet wird.[109] Die „mantische Ergriffenheit"[110] der Pythia (ἐνθυσιασμός[111]) wird beschrieben als Ausschalten des νοῦς[112] und als Vonsinnensein (ἔκφρονες).[113]

Nach Plutarch ist die Ekstase darin begründet, dass der Gott Apollon selbst durch die Pythia spricht (Pyth. or. 409c2–5). Von religiöser Ekstase der Pythia im Vollzug des προφητεύειν berichten auch andere Autoren.[114] Dass dieser Zustand nicht ungefährlich ist, zeigt eine Geschichte, in der eine Pythia stirbt (Plutarch, Pyth. or. 438a); allerdings ist sie hier auch auf die Anwesenheit des Gottes nicht richtig vorbereitet. Lucan beschreibt

[108] Vgl. hierzu besonders *L.S. Nasrallah*, An Ecstasy to Folly. Prophecy and Authority in Early Chrstianity (HThS 52), Cambridge, MA 2003, 36–44.

[109] Euripides, Ion 42; 321. Vgl. zu Prophetinnen im antiken Griechenland auch *A. Hagedorn*, The Role of the Female Seer/Prophet in Ancient Greece, in: *J. Stökl/C.L. Carvalho* (Hg.), Prophets Male and Female. Gender and Prophecy in the Hebrew Bible, the Eastern Mediterranean, and the Ancient Near East, Atlanta, GA, 101–125.

[110] *H. von Geisan*, Art. Pythia, PRE 24 (1963), 515–548, hier 534.

[111] Vgl. Platon, Phaidr. 244a–245a; Tim. 71e–72b; Aristoteles, Probl. 954a 35; Plutarch, Quaest. conv. I,5,2 (Mor. 633c); Pyth. or. 21 (Mor. 404e–f). Vgl. *Nasrallah*, Ecstasy (s. Anm. 107), 36–44.

[112] Vgl. Platon, Ion 534cd; Tim. 71e; Schol. Eur. Hippol. 144.

[113] Vgl. Platon, Men. 99cd; Aristid, Or. 45,12, vgl. aus patristischer Zeit zu unserer Stelle: Johannes Chrysostomos, Hom. 29 in epist. ad Corinth. prim.

[114] Vgl. Platon, Phaidr. 244a–b (vgl. 244d–e); Strabo IX,419; Plutarch, De Pyth. or. 25 (Mor. 407b).

plastisch die ekstatische Raserei der Phemonoe in Delphi, die sich daraus ergibt, dass sie die wahren Göttersprüche zu verfälschen sucht (Bell. civ. 5,150–224). Ähnliches wird von der römischen Prophetin Sibylle erzählt. Vergil etwa beschreibt die Ekstase, in die sie gerät, weil die Gottheit über sie kommt, so, dass sie schreit *deus, ecce deus*, und dass dabei (neben anderen eindrucksvollen Symptomen, wie etwa einer Veränderung der Stimme) auch ihre Haare gelöst bzw. wirr werden: *non comptae mansere comae* (Aeneas 6,45–54). Vergleichbares berichtet Tibull in seinen *Elegien* (2,5,65) von der Ekstase der Prophetin; demnach schüttelt sie den Kopf, so dass die Haare herabfallen (*iactauit fusas et caput ante comas*).

Christopher Forbes hat gegenüber den genannten Texten bei Lucan und Vergil Vorbehalte, was ihren historischen Wert anbelangt.[115] Er meint – wie auch Christine Schnurr-Redford[116] –, dass die Quellen nicht so verstanden werden können, dass die Pythia bei ihrem Prophezeien „ekstatisch" (im Sinne von μαίνεσθαι) gewesen sei. Aber auch wenn diese Deutung richtig wäre (dagegen sprechen doch Darstellungen bei Plutarch), belegt es doch die weite Verbreitung der Vorstellung, Prophetie sei mit dem Phänomen der μανία verbunden. Es gehört also zur kulturellen Enzyklopädie, dass bei Anwesenheit eines Gottes das „Medium" einer ekstatischen Ergriffenheit erliegt. Nicht nur historische „Tatsachen" gehören zum Hintergrund des Textes, der rekonstruiert werden muss, sondern auch verbreitete Wertungen und Vorstellungen.[117]

[115] *Forbes*, Prophecy (s. Anm. 88), 136.

[116] *C. Schnurr-Redford*, Weissagung und Macht. Die Pythia, in: *T. Späth*/*B. Wagner-Hasel* (Hg.), Frauenwelten in der Antike. Geschlechterordnung und weibliche Lebenspraxis, Darmstadt 2000, 132–146, hier 141–143.

[117] Dieter Mersch fasst die regulative Hypothese der kulturellen Enzyklopädie bei Umberto Eco so zusammen: Dieses Wissen umfasse sämtliche in einer Kultur verbreiteten Kenntnisse, Ideologien, Glaubensinhalte, Dummheiten und Lügen (*D. Mersch*, Umberto Eco zur Einführung, Hamburg 1993, 111; vgl. auch *K. Dronsch*, Bedeutung als Grundbegriff neutestamentlicher Wissenschaft. Texttheoretische und semiotische Entwürfe zur Kritik der Semantik dargelegt anhand

Aber nicht nur für die Prophetie der Pythia und der Sibylle ist Ekstase belegt. Dionysos wurde zu Amphikleia in Phokis als Orakelgott verehrt, wobei davon die Rede ist, dass der Priester von Dionysos besessen (ἐκ τοῦ θεοῦ κάτοχος) ist und so wahrsagen kann.[118] Auch Lukian ist dafür ein Zeuge; er parodiert dieses Motiv und belegt gerade damit, dass es weithin bekannt war: In *Alexanderos* 13 tritt der Lügenprophet auf dem Marktlatz auf und simuliert göttliche Inspiration, indem er sein gelöstes Haar schüttelt, wie ein ekstatischer Kybelepriester.[119] Neben Dionysos, ist auch für den Isiskult belegt, dass Frauen hier ihre Haare lösten, wie Tibull (Elegiae 1,3,29–32) belegt.[120] Für die wilden, ekstatischen kultischen Schreie von Frauen gab es sogar einen *terminus technicus*: ὀλυλυγία.[121] In Korinth wurde ein Täfelchen im Heiligtum der Demeter gefunden, das diese kultischen Schreie von Frauen nennt,[122] so dass man folgern kann, dass die Praxis von ekstatischen Schreien von Frauen im Kult in Korinth bekannt war.[123]

Auch im Judentum ist diese Vorstellung bekannt, wofür Philo Zeuge ist. Die Ekstase wertet er als Voraussetzung für die Begegnung mit Gott (Her. 68–70) und beschreibt

einer Analyse zu ἀκούειν in Mk 4 [NET 15], Tübingen/Basel 2009, 218).

[118] Pausanias 10,33,11; vgl. Plutarch, Quaest. conviv. 3,1,3 (Mor. 647a).

[119] Σείων ἅμα τὴν κόμην ἄνετον ὥσπερ οἱ τῇ μητρὶ ἀγείροντές τε καὶ ἐνθεαζόμενοι.

[120] Vgl. *E. Schüssler Fiorenza*, Zu ihrem Gedächtnis … Eine feministisch-theologische Rekonstruktion der christlichen Ursprünge, München 1988, 284f.

[121] Vgl. hierzu ausführlich *C. Kroeger*, The Apostle Paul and the Greco-Roman Cults of Women, JETS 30 (1987), 25–38, hier 29f., mit Quellenbelegen, vgl. etwa Aischylos, Sept. 269f. (die Frauen schreien so, dass sich sogar die Feinde fürchten); Aristophanes, Lysistrata 387–398; Strabo, Geogr. 7,3,3 u.a.

[122] *R. Stroud*, The Sanctuary of Demeter and Kore on Acrocorinth, Hesperia 37 (1968), 299–317.

[123] Vgl. *Kroeger*, Apostle (s. Anm. 120), 29f.

dies als eine Form der μανία,[124] die durch das Kommen des göttlichen Geistes hervorgerufen wird (Her. 263–265). Diese μανία hat das Aussehen der Trunkenheit (Ebr. 146,2; Migr. 34f.). Philo kann diesen vom göttlichen Geist hervorgerufenen Zustand auch als „Bakchanalien begehen" (βακχέω) bezeichnen (Her. 69f.).[125]
Blicken wir mittels dieser Kontexte wieder auf unseren Ausgangstext 1Kor 11,2–16 zurück, so finden sich hier eine Reihe von Anknüpfungspunkten: Es geht hier um den Bereich der Religion (προσεύχεσθαι, V. 4–5, 13) und der Prophetie (προφητεύω, V. 4–5). So liegt es durchaus nahe, 1Kor 11,2–16 mit dem etwas später begegnenden Text in 1Kor 14 ins Gespräch zu bringen. Hier geht es um die Phänomene von Prophetie und Zungenrede, in Bezug auf die Paulus ermahnt, sie sollen nicht in „Aufruhr", sondern geordnet geschehen. Dies verweist auf den eben dargestellten Zusammenhang, nach dem Prophetie und Ekstase in der Antike zusammengesehen wurden. Es gab also in der Antike ein Modell (*pattern*) davon, wie sich Menschen, die von einer Gottheit inspiriert sind, verhalten: Sie legen Verhaltensweisen des religiösen Wahns, der Ekstase an den Tag. Paulus ermahnt nun die Korinther, dass sie sich *so* nicht verhalten sollen; bei ihnen soll alles geordnet zugehen, weil die πνεύματα die Propheten nicht beherrschen, sondern ihnen untergeordnet und untertan sind (14,32).
Aus diesem Vergleich von 1Kor 11,2–16 und 1Kor 14 (bes. V. 22ff.) ergibt sich also: Paulus argumentiert dagegen, dass die Frauen sich, weil die Gottheit im prophetisch Reden über sie kommt, auf ekstatische

[124] Es gibt bei Philo auch andere Arten der μανία, vgl. hierzu *Nasrallah*, Ecstasy (s. Anm. 107), 40f.
[125] Vgl. *Nasrallah*, Ecstasy (s. Anm. 107), 36–44. Laura S. Nasrallah bestimmt diese μανία bei Philo als eine „God-possessed experience" und als „ecstasy and inspired possession and madness fall" (a.a.O., 40f.).

Weise verhalten.[126] Dies bedeutet die Direktive, dass die Frau „Kontrolle über ihren Kopf" haben soll (1Kor 11,10a): dass sie dabei nicht die Haare lösen und wirr vom Kopf fallen lassen soll, und dies steht *pars pro toto* für das ekstatische Verhalten, wie es ja auch für die Prophetinnen Pythia und Sibylle beschrieben wird. Dazu passt dann wiederum, dass der Begriff ἐξουσία in 1Kor 11,10 in der philosophischen Tradition auch als Selbstkontrolle (als Kontrolle über Impulse und Triebe) verstanden werden konnte.[127]

10 Die Wertung von religiöser Ekstase in der Antike

Ein Mosaikstein bleibt noch offen: Was ist für Paulus das Problem daran, dass Frauen sich beim prophetisch Reden – wenn man so will – wie „Prophetinnen" verhalten? Was ist für Paulus das Problem am ekstatischen Verhalten?
Die Spur hierzu weist uns der bereits zitierte Text von Lukian (Alex. 13), wonach der Lügenprophet Alexanderos mantische Ergriffenheit vortäuscht, indem er wie ein Kybelepriester sein Haar schüttelt. Religiöse Ekstase ist also auch Element einiger Kulte, wie dies Lukian hier für den Kybelekult belegt. Auf der Basis der Darstellung in Euripides' *Bacchae* stellte Christopher Forbes Aspekte

[126] Ähnlich auch *C. Wolff*, Der erste Brief des Paulus an die Korinther (ThHK 7), Leipzig 1996, 252: „Die Frau soll beim ekstatischen Beten und Prophezeien ‚Gewalt über ihren Kopf haben'", was er jedoch auf die Kopfbedeckung, nicht die Frisur, bezieht.
[127] Diesen Gedanken, „dass die Frau die ἐξουσία über ihren Kopf (= ihren Verstand) nicht enthusiastisch verlieren soll" äußerte schon *Lindemann*, Korintherbrief (s. Anm. 4), 243, verwarf ihn aber, weil „die Aussage im Kontext deplaziert" wirke. Diese These geht zurück auf *Lösch*, Frauen (s. Anm. 5), der als Hintergrund den Dionysuskult vermutete.

zusammen, die in der Antike mit religiöser Ekstase – mit μανία und μαίνεσθαι –verbunden wurden:

> [...] cries [...], energetic dancing features [...], the frantic tossing of the head, with hair in disarray [...][128]

Diese Symptome der religiösen „Manie" entstammen natürlich der fiktiven Erzählung der Entstehung des Dionysos-Mythos (vgl. bes. Euripides, Bacch. 695), was nicht gleich zu setzen ist mit der Beschreibung dessen, was im Rahmen des Dionysos-Kultes geschah.[129] Allerdings bestätigen andere Texte, dass der Begriff der μανία (bzw. des μαίνεσθαι) den von Dionysos hervorgerufenen Wahn der Bacchen bezeichnet, und dieser Sprachgebrauch bestand seit Homer[130] bis in das 2. Jh. n.Chr.[131] Darüber hinaus werden auch die Symptome der religiösen Ekstase von anderen antiken Texten bestätigt.[132]

Bemerkenswert ist in diesem Zusammenhang ein Text aus dem 4. Jh. n.Chr., Basilius' Homilia XIV In Ebriosus,[133] der zeigt, dass über Jahrhunderte die mit religiösem Wahn verbundenen Assoziationen stabil geblieben sind. Hierin beschwert sich Basilius über Frauen, die

[128] *Forbes*, Prophecy (s. Anm. 88), 127f.

[129] Vgl. Dionysos-Kult finden sich bei *R.S. Kraemer*, Ecstasy and Possession. The Attraction of Women to the Cult of Dionysos, HThR 72 (1979), 55–80. Zu den „ekstatischen" Phänomenen beim Dionysos-Kult vgl. ebd., 58–60, 67 Zu den „regulierten" Kultpraktiken in hellenistischer Zeit und zum Inhalt des Kultes vgl. ebd., 66–68.

[130] Hom., Il. 6,132 (von Dionysos selbst); vgl. in klassischer Zeit Euripides, Bacch. 305 und Herodot 79 (besonders 79,4: bei den Bacchanalien vom Gott besessen).

[131] Vgl. Pausanias, Perieg. 2,7,5.

[132] Z.B. Plutarch, Mor. 432d = Zitat von Pindar Frgm. 208; Dio Chrysostomos, Or. 1,55; Diodorus Siculus 3,57–59 [von Basilea/Kybele]; so wird auch der Kybele-Kult beschrieben, z.B. bei Livius 39,13,12f.; Catull 63,18ff.; 64,251ff. Weitere Belege für μαίνεσθαι und μανία finden sich bei *Forbes*, Prophecy (s. Anm. 88), 174 Anm. 52.

[133] Hom. 14 In Ebriosos (MPG 31, 444–464, hier 445f.), vgl. hierzu auch *Cosgrove*, Hair (s. Anm. 61), 685.

zur Ostervigil die Schleier von ihren Köpfen ziehen, ihre Köpfe schütteln, ihre Oberbekleidung hinter sich herschleifen, tanzen und wie von Sinnen (ἐκμανεῖσαι) lachen und manchen weiteren Wahnsinn (μανία) vollbringen. Er führt dieses Verhalten auf Trunkenheit zurück, doch weist das Verhalten der Frauen, zumal die Lexeme ἐκμαίνω und μανία begegnen, eher auf einen religiösen Wahn hin, der bestimmte Frauen im Zusammenhang mit den Osterfeierlichkeiten überkommt.

Zudem gibt es eine Reihe von Darstellungen auf Vasen und anderen Gefäßen, auf denen Bacchantinnen/Mänaden, also Teilnehmerinnen des Dionysoskultes, dargestellt werden. Nicht alle Darstellungen sind identisch; aber es gibt zahlreiche Bilder, auf denen die Mänaden mit aufgelöstem und z.T. wirrem Haar, das ihnen ungeordnet vom Kopf fällt, dargestellt werden,[134] zum Teil tanzen sie auch in einem solchen Aufzug.[135] Diese Aspekte sind auch in literarischen Quellen belegt.[136] Man wird nicht fehlgehen, in diesen Darstellungen der Mänaden einen ekstatischen Zustand zu sehen, der sich daraus ergibt, dass die Gottheit über sie kommt.

[134] RISD 11.018 (Krater, ca. 325–300 v.Chr.; Museum of Art, Rhode Island School of Design; Beleg: *J.D. Beazley*, Attic Red-Figure Vase-Painters, Oxford ^{2}1963 [= ARV^{2}], 1435, 2): während eine Mänade hochgebundenes Haar trägt, tanzt eine andere ekstatisch mit wirrem Haar; Berlin F 2290 (Kylix, ca. 490–480 v.Chr.; Berlin, Antikenmuseen; Beleg: ARV^{2}, 462, 48): tanzende Maenaden in ekstatischer Haltung mit gelöstem, teils wirrem Haar; Harvard 1925.30.40 (Stamnos, ca. 440–430 v.Chr.; Cambridge, Harvard University Art Museums; Beleg: ARV^{2}, 1042, 1): u.a. eine Mänade in ekstatischer Haltung und gelöstem Haar.

[135] Belege für Tanz der Mänaden mit gelöstem Haar sind etwa: Harvard 1960.343 (Krater; ca. 440-430 v.Chr.; Cambridge, Harvard University Art Museums; Beleg: ARV^{2}, 1042, 2); Karlsruhe 259 (Hydria, ca. 440 v.Chr.; Karlsruhe, Badisches Landesmuseum; Beleg: ARV^{2}, 1315, 1); Harvard 1960.343 (Krater; ca. 440–430 v.Chr.; Cambridge, Harvard University Art Museums; Beleg: ARV^{2}, 1042, 2); Karlsruhe 259 (Hydria, ca. 440 v.Chr.; Karlsruhe, Badisches Landesmuseum; Beleg: ARV^{2}, 1315, 1).

[136] Vgl. Euripides, Bacch. 695.864f.927–931; Aristophanes, Lys. 1308–1313.

Religiöse Ekstase war also nicht nur mit Prophetie verbunden, sondern auch mit Kulten wie etwa dem Dionysoskult. Dazu ist zu bedenken, dass durch „ekstatisches" Verhalten von Frauen nicht einfach nur der Anstand verletzt wird. Vielmehr ist es auch so, dass Kulte wie der Dionysoskult in einem zwielichtigen Ruf standen. Dem Dionysoskult etwa wurde nachgesagt, dass seine Teilnehmer sich sexuell freizügig verhalten würden. Darum war eine Teilnahme Männern lange Zeit verboten,[137] selbst bis in hellenistische Zeit hinein war die Beteiligung von Männern an diesem Kult eine Ausnahmeerscheinung.[138] In Rom etwa sollen im Jahr 186 v.Chr. viele Teilnehmer der Bacchanalien, 7.000 Frauen und Männer, mit dem Tod bestraft worden sein; daraufhin wurde der Kult in Rom streng reglementiert.[139]

11 Zusammenfassung

Paulus warnt also davor, dass die christliche Gemeinde mit ekstatischen Kulten der Umwelt verwechselbar sein könnte (vgl. 1Kor 14,23).

So erklärt sich m.E. auch, weshalb Paulus den Abschnitt über die Geistesgaben (1Kor 12–14) mit einer Götzenpolemik eröffnet, der er als das authentische Wirken des Geistes Gottes das Bekenntnis zum Herrn Jesu Christi entgegenstellt (12,1–3). Auch der Befund, dass Paulus kurz vor unserem Abschnitt von der Teilnahme an Götzenopfermahlen spricht (8,1–11,1), stellt 11,2–16 in den Zusammenhang

[137] Vgl. *S.B. Pomeroy*, Frauenleben im klassischen Altertum (Kröners Taschenausgaben Band 461), Stuttgart 1985, 347.

[138] Vgl. hierzu *Kraemer*, Ecstasy (s. Anm. 128), 60, 65, 69–73. Was die sexuellen Konnotationen anbelangt, vgl. ebd., 57, 67f. sowie *Pomeroy*, Frauenleben (s. Anm. 136), 347f. (unter Verweis auf Vasenmalereien und die traditionelle Verbindung mit Satyrn und Nymphen).

[139] Vgl. hierzu Livius 39,8–19; Valerius Maximus IX 1,3,1, sowie die Inschrift von Tiriolo (CIL 1, 581). Zum ganzen ferner *Pomeroy*, Frauenleben (s. Anm. 136), 339, 347–348.

mit der Auseinandersetzung mit heidnischen Götterkulten.[140] Das gilt selbst für den Abschnitt über das Mahl des Herrn (11,17–34), der sich unserem Abschnitt anschließt, wenn denn der Tadel, der eine sei betrunken, während der andere noch hungrig ist (V. 21), auf die Praxis des übermäßigen Weingenusses im Dionysus-Kult Bezug nehmen sollte.[141] Auch der Diskurs über den größeren Wert des prophetisch Redens gegenüber dem Reden in „Zungen" (1Kor 14,1ff.) betont, dass das Phänomen des Betens in fremden Sprachen anders als das prophetisch-überführende Reden nicht zur Erkenntnis (und Anerkenntnis) Gottes führt (14,23–25, vgl. V. 28), dass es also nicht ein spezifisch christliches, sondern ein zumindest missverständliches Phänomen ist. Daher ist Paulus auch daran gelegen, das christliche Proprium deutlich herauszustellen: Nach 1Kor 12,3 ist dies das Bekenntnis zu Jesus als Herrn; nach 12,4–31a ist dies die Bezogenheit der Charismen auf das Ziel der Einheit der Gemeinde; nach 12,31b–13,13 ist dies die Orientierung an der Liebe; nach 14,3.12.16f.26 (vgl. 14,33a) ist dies das Ziel des „Aufbaus" und der Tröstung der Gemeinde. Alle diese „Präzisierungen" der Wirkungen des Geistes Gottes belegen, dass Paulus v.a. die Glossolalie in ihrem Woher und in ihrem Woraufhin als „unterbestimmt" angesehen hat: zum einen, weil ihre Überbewertung in die von Gott geschenkten Charismen eine Wertung (und Abwertung!) hinein bringt, die nicht angemessen ist; zum anderen, weil die Glossolalie, um wirklich Charisma des Geistes Gottes sein zu können, nicht die Liebe und die Einheit verletzen kann; *dies* ist also quasi der Prüfstein, von welchem Geist die Gabe kommt.

Das bedeutet *nicht*, dass Paulus gegen ein tatsächliches Weiterbestehen des Dionysos-Kultes unter Frauen in der korinthischen Gemeinde angeht.[142] Man wird hier vielmehr religionspsychologisch deuten müssen: Wie

[140] Dazu, dass 1Kor 11,2–16 im Rahmen seines brieflichen Kontextes interpretiert werden muss, vgl. *G. Ince*, Judge for Yourselves. Teasing Out Some Knots in 1 Corinthians 11:2–16, ABR 48 (2000), 59–71. Sie bestimmt den Kontext allerdings meines Erachtens mit 1Kor 8,1–11,34 zu klein, er müsste bis 14,40 gezogen werden.

[141] So etwa *H. Preisker*, Art. μέθη κτλ., ThWNT 4 (1942), 550–554, hier 553; auch in 1Thess 5,7 scheint eine solche Anspielung im Hintergrund zu stehen, vgl. hierzu *C. vom Brocke*, Thessaloniki – Stadt des Kassander und Gemeinde des Paulus. Eine frühe christliche Gemeinde in ihrer heidnischen Umwelt (WUNT II/125), Tübingen 2001, 113–142.

[142] Dies vermuteten aber *R. Kroeger/C. Kroeger*, An Inquiry into Evidence of Maenadism in the Corinthian Congregation, SBL.SP 2 (1978), 331–338.

sollten die ersten Christen ihre neue Religiosität und das Wirken des Geistes in der Gegenwart des Herrn, das sie spürten, anders geäußert haben, als in Formen, die sie aus ihrer „heidnischen" Vergangenheit bzw. aus ihrer religiösen Umwelt kannten?[143] Paulus wendet sich also nicht gegen „Maenadism in the Corinthian congregation",[144] wohl aber warnt er davor, dass durch unkritische Übernahme von Handlungsweisen und Ausdrucksformen aus antiken Religionen und aus der antiken Prophetie das christliche Proprium nicht mehr erkennbar sein könnte. Das Auflösen der Haare beim Beten und prophetisch Reden könnte, so ist Paulus in 1Kor 11,2–16 zu deuten, Anlass dazu geben, den Gottesdienst der Christen in Korinth im Rahmen der z.T. verpönten, jedenfalls zwielichtigen ekstatischen Kulte zu interpretieren, die es in der antiken Umwelt der Christen gab.

Das wäre nicht ohne Parallele: Apuleius etwa erzählt in den Metamorphosen 11,10 einen Festzug zu Ehren der Isis, bei der die Frauen ein *teg(i)men* (eine Kopfbedeckung) tragen; Gail Patterson Corrington interpretiert dies so, dass Apuleius damit zeigen wolle, dass die An-

[143] Kritik an dieser These äußert *Nasrallah*, Ecstasy (s. Anm. 107), 65 Anm. 10 mit dem Hinweis darauf, dass diese Deutung auf zwei anfechtbaren Grundlagen steht: (1) Paulus beschreibe die Vorgänge in Korinth genau, so dass solch eine Schlussfolgerung begründet ist, und (2) diese Interpretation basiert auf „Orientalist stereotypes about exotic Greek and Eastern-Influenced religions in antiquities". Dennoch legt sich die genannte These m.E. nahe, wenn man alle Informationen des Textes mit den geschichtlichen Hintergründen verbindet. – *Forbes*, Prophecy (s. Anm. 88), bes. 312–321, wendet sich gegen den Versuch, Glossolalie und urchristliche Prophetie einlinig aus in der hellenistischen Umwelt belegten Phänomenen herzuleiten. Nicht aber das ist Kern meiner These, dass die urchristlichen Phänomene der Glossolalie und Prophetie aus der hellenistischen Umwelt „übernommen" worden sind, sondern dass diese in der Praxis mit Formen ihrer praktischen Ausgestaltung verbunden wurden, die sich für Menschen z.B. in der hellenistisch geprägten Stadt Korinth angeboten haben.

[144] *Kroeger/Kroeger*, Inquiry (s. Anm. 41); vgl. schon *Lösch*, Frauen (s. Anm. 5); *Gill*, Importance (s. Anm. 34).

hänger des Isiskultes sich auf nach römischem Verständnis angemessene Weise verhalten.[145] Ein pythagoreischer Text aus dem 3. Jh. v.Chr. empfiehlt Frauen, sich bei der Ausübung ihrer Religion angemessen zu verhalten. Insbesondere sollen sie jeden heimlichen oder privaten Gottesdienst vermeiden, weil hier Trunkenheit und Ekstase vorkommen können, die keine akzeptierten Verhaltensweisen sind.[146]

Paulus ermahnt also die Christen in Korinth, dass sie sich in einer angemessenen Weise verhalten sollen. Weil die Geister ihnen untergeordnet sind (1Kor 14,32), brauchen sie dem Impuls, sich wie in ἐνθουσιασμός und wie in μανία zu verhalten, nicht nachzugeben: Besonders werden in 1Kor 11,2–16 dann die Frauen genannt, die – so die Vorstellungen in der Antike – für solche Phänomene wie göttliche Besessenheit besonders empfänglich sind.[147] Darum auch wendet sich Paulus an sie und fordert sie auf, dass sie die Kontrolle über ihren Kopf behalten und sich nicht ekstatisch verhalten sollen, wofür das Auflösen der Haare als geprägter Topos der ekstatischen Prophetie steht.

[145] *G.P. Corrington*, The „Headless Woman". Paul and the Language of the Body in 1 Cor 11:2–16, PRSt 18 (1991), 223–231, hier 229.

[146] *M.B. Fant/M.R. Lefkowitz*, Women's Lives in Greece and Rome. A Source Book in Translation, Baltimore 1982, 176; vgl. hierzu *Corrington*, „Headless Woman" (s. Anm. 143), 229.

[147] Vgl. *R. Padel*, Women. Model for Possession by Greek Daemons, in: *Cameron/Kuhrt* (Hg.), Images (s. Anm. 88), 3–19, hier 11–13, Beispiele aus der antiken Literatur ebd., 12–14.

Loren T. Stuckenbruck

1. Korinther 11,10

Ein Erklärungsversuch

1 Hinführung

Die Deutung von 1Kor 11,2/3–16 bleibt einer der rätselhaftesten Problemfälle der Exegese des Neuen Testaments. Zum Beispiel liegt in dieser Passage nach Ansicht keiner geringen Zahl der neutestamentlichen Wissenschaftler ein Widerspruch im paulinischen Denken vor: Während der Text die Situation voraussetzt, dass Frauen in der korinthischen Gemeinde öffentlich beten und prophezeien (11,5),[1] ermahnt Paulus nur einige Kapitel später, Frauen sollen „in den Gemeinden schweigen" (14,34). Dieser vermeintliche Gegensatz lässt sich nicht leicht entschärfen, denn in beiden Texten beruft sich der Apostel auf eine übliche Gemeindepraxis: Dem Einwand, Frauen bräuchten ihre Häupter nicht zu bedecken, entgegnet er, „wir haben diese Sitte nicht, auch nicht die Gemeinden Gottes" (11,16), und andererseits betont er in Bezug auf ihr Schweigen, „wie in allen Gemeinden der Heiligen, sollen die Frauen in den Gemeinden schweigen" (14,33b–34a).[2]

[1] Der Text: „Eine Frau aber, die betet oder mit unbedecktem Haupt prophezeit, schändet ihr Haupt."

[2] Es ist zu bemerken, dass sich diese zwei Textpassagen mit unterschiedlichen Problemfällen beschäftigen. Der Appell gegen eine verbreitete Praxis in 1Kor 14 richtet sich darauf, Frauen daran zu hindern, „in den Gemeinden" öffentlich zu reden, während 1Kor 11 die Bedingung für die öffentliche Teilnahme am Gottesdienst von Frauen durch die Vorschrift, das Haupt zu bedecken, erst schafft. Differenzierbare Kontexte könnten einen möglichen Widerspruch

Daher gilt, wie auch immer man 1Kor 11,2/3–16 deutet, weiterhin die Fragestellung, wie sich Paulus' vereinzelte Aussagen im größeren Kontext des 1. Korintherbriefes verstehen lassen. Obwohl der Text mehrmals und unterschiedlich versucht, von der Notwendigkeit einer Kopfbedeckung für Frauen im Gottesdienst zu überzeugen, sind die Zusammenhänge zwischen den vom Apostel genannten differenzierbaren Begründungen dafür zunächst nicht einleuchtend. Diese Inkohärenz wird am deutlichsten sichtbar in 11,10. Dass ein Text immer auch im Kontext untersucht werden muss, ist selbstverständlich, in diesem Fall jedoch unterlässlich. Zunächst mag der Verweis auf Engel in 11,10 nur wenig mit den anderen Argumenten, derer sich der Apostel hinsichtlich der Kopfbedeckung oder des Tragens von langem Haar bei Frauen in 11,2/3–16 bedient, zu tun haben. Gewissermaßen lässt sich fragen, ob sich bei einer Auslassung des Ausdrucks διὰ τοὺς ἀγγέλους („wegen der Engel") in 11,10b eine Argumentationslücke ergibt; der Text könnte so von 11,10a unmittelbar auf 11,11–12 hinführen, ohne dass man den übersprungenen Inhalt vermisst. Nichtsdestotrotz, da „Engel" im textkritisch unproblematischen Text als eine unter anderen (auch nicht transparenten) Begründungen fungiert, soll es in der folgenden Analyse darum gehen, zwei Aspekte von 11,2/3–16 herauszugreifen: (A) einen Überblick zu den unleugbaren Deutungsschwierigkeiten zu liefern, um zu einer sicheren Basis zu gelangen, auf die sich die Exegese stützt und (B) 11,10 möglichst im Zusammenhang mit dem Rest der Passage und dem gesamten 1Kor zu untersuchen, um die Forderung des Apostels nach einer Kopfbedeckung während des Betens und Prophezeiens aufzuklären.

auflösen, doch setzt 11,5 prophetische Rede von Frauen voraus, genau die Handlung, die nach 14,34 ausgeschlossen wird. Soweit diese unvereinbaren Perspektiven nicht durch text- und quellenkritische Überlegungen aufzulösen sind, bleibt die Inkongruenz der Texte bestehen und wahrnehmbar.

2 Herausforderungen für eine kohärente Interpretation von 1Kor 11,2–16

2.1 Widersprüche

Die bereits erwähnte Spannung zwischen 1Kor 11,2/3–16 und 14,33b–36 wird von einigen durch die Annahme, der eine oder der andere Text sei im Nachhinein von späterer Hand eingeschoben, aufgelöst.[3] Hinsichtlich 11,2/3–16 handele es sich bei solcher Interpolation um einen Eingriff von Paulus selbst (Earle Ellis[4]) oder von einem Anhänger des Apostels, der in Paulus' Namen a-

[3] Noch mehr als 1Kor 11,2–16 hält 14,33b–36 eine nicht geringe Zahl der Wissenschaftler für eine sekundäre paulinische Glosse, obwohl textkritische Indizien dazu fehlen; vgl. *J. Leipoldt*, Die Frau in der antiken Welt und im Urchristentum, Gütersloh 1962, 125–126; *C.K. Barrett*, A Commentary on the First Epistle to the Corinthians (BNTC), New York 1968, 330–333; *R. Scroggs*, The Text and the Times. New Testament Essays for Today, Minneapolis 1993, 71; *G. Dautzenberg*, Urchristliche Prophetie. Ihre Erforschung, ihre Voraussetzung im Judentum und ihre Struktur im ersten Korintherbrief, Stuttgart 1975, 257–273, und *ders.*, Zur Stellung der Frauen in den paulinischen Gemeinden, in: *G. Dautzenberg/H. Merklein/K. Müller* (Hg.), Die Frau im Urchristentum (QD 25), Freiburg i.B. 1983, 182–224. Über die Spannung zwischen 1Kor 14,33b–36 und 11,2–16 hinaus sind weitere Beobachtungen zu 14,33b–36 gemacht geworden: (a) Der Text drängt sich in den Kontext des 1Kor 14 hinein, der sonst eine Regelung von prophetischer Rede in der Gemeindeversammlung thematisiert; (b) der Verweis auf das Gesetz in 14,34 als Basis für die Handlungsweise in der Gemeinde ist schwer mit anderen Aussagen des Apostels über das Gesetz in Einklang zu bringen; und (c) der Inhalt von 14,33b–36 entspricht eher der Haltung im deutero-paulinischen 1Tim 2,11–12: „Eine Frau lerne mit Stille [und] in aller Unterordnung; d.h. [δὲ] einer Frau gestatte ich nicht, dass sie lehre, auch nicht, dass sie über den Mann Autorität bekäme, sondern dass sie sich in der Stille halte."

[4] *E.E. Ellis*, Traditions in I Corinthians, NTS 32 (1986), 492–494: Paulus hat selbst hinzugefügt oder ließ eine mündliche oder schriftliche Tradition einfügen (1Kor 11,2–16) „into an initial secretarial draft or into the completed roll or codex before the letter was sent to Corinth".

gierte (so z.B. Alfred Loisy,[5] William O. Walker,[6] Lamar Cope[7] und Garry W. Trompf[8]). Man kann 11,17 („wenn ich euch unterweise, so lobe ich euch nicht") als unmittelbar auf 11,2 folgend („ich lobe euch, weil ihr an mich in allen Angelegenheiten denkt, denn ihr haltet die Überlieferungen fest, wie ich [sie] euch überliefert habe") lesen. Die Vermutung eines Einschubs hat aber weder eine text- noch eine literarkritische Basis, auf die sie sich stützen kann.[9] Es liegt näher, 11,2–16 in Verbindung mit dem Rest des 1Kor zu betrachten: In welcher Beziehung steht der Text z.B. zu seinem brieflichen Rahmen? Geht man von 14,33b–36 aus, lässt sich diese Vorgehensweise nicht so leicht durchführen.[10]

[5] *A. Loisy*, Remarques sur la littérature épistolaire du Nouveau Testament, Paris 1935, 60–62: 1Kor 11,3–16 unterbricht die Argumentation von Paulus, die sonst von 11,2 bis 11,17 lückenlos fließt, und ist deswegen eine Einfügung von anderer Hand.

[6] Walker postuliert für 11,3–16 eine Interpolation, die drei nachpaulinische Quellen zusammenführt; vgl. *W.O. Walker*, 1 Corinthians 11.2–16 and Paul's Views Regarding Women", JBL 94 (1975), 94–110; *ders.*, The „Theology of Woman's Place" and the „Paulinist" Tradition, Semeia 28 (1983), 101–112; und *ders.*, The Vocabulary of 1 Corinthians 11.3–16. Pauline or Non-Pauline?, JSNT 35 (1989), 75–88 (bes. 83–84 Anm. 3).

[7] *L. Cope*, 1 Cor 11,2–16. One Step Further, JBL 97 (1978), 435–436. Im Gegensatz zu Walker schreibt Cope 11,2 Paulus zu.

[8] *G.W. Trompf*, On Attitudes toward Women in Paul and Paulinist Literature. 1 Cor 11:3–16 and Its Context, CBQ 42 (1980), 196–215.

[9] Vgl. die überzeugenden Argumente gegen *Walkers* These von *J. Murphy-O'Connor*, The Non-Pauline Character of 1 Cor 11,2–16?, JBL 95 (1976), 615–621, und *ders.*, Sex and Logic in 1 Corinthians 11:2–16, CBQ 42 (1980), 482–500.

[10] E.E. Ellis hielt 1Kor 14,33b–36 für eine Randnotiz, die Paulus hinzufügte zwischen dem ersten Entwurf des Briefes und seiner Absendung nach Korinth; s. *ders.*, The Silenced Wives of Corinth (1 Cor 14,34–5), in: *E.J. Epp/G.D. Fee* (Hg.), New Testament Textual Criticism. Its Significance for Exegesis, Oxford 1981, 213–220. Diese These wird geteilt von *S.C. Barton*, Paul's Sense of Place. An Anthropological Approach to Community Formation in Corinth, NTS 32 (1986), 225–246. Um den paulinischen Ursprung von 14,33b–36 zu untermauern, argumentiert er für eine Kohärenz mit anderen Passagen des 1Kor: (a) Der Appell auf das Gesetz (14,34; vgl. 9,8–9 und

2.2 Lückenhafte Kenntnisse über die Lage in der korinthischen Gemeinde

Eine andere exegetische Schwierigkeit ergibt sich aus einer Lektüre von 11,2–16: Hält man den Text für paulinisch, welches Verhältnis zwischen dem Apostel und der Gemeinde in Korinth lässt sich dann vermuten? Die Frage nach den Umständen, die den Brief bedingten, mündet unweigerlich in weitere Schwierigkeiten: Mit welcher speziellen Situation in Korinth setzt sich Paulus auseinander? Was hat er über die Lage in Korinth bei der Abfassung des Briefes gewusst und durch wen und wie wurde er darüber informiert? Waren die Berichte, ob mündlich oder schriftlich, die Paulus erreichten, verlässlich? Welche Aussagen des Apostels geben eigentliche Bräuche und Praktiken der Gemeinde in Korinth wieder,[11] und inwiefern liegt hier eine überzeugende Rheto-

14,21) und (b) eine Unterscheidung zwischen der privaten (οἶκος, „Haus") und öffentlichen (ἐκκλησία, „versammelte Gemeinde") Sphäre (14,35; vgl. 11,17–34). Barton entwickelt sein Argument aber weiter, indem er die „Schande" (14,35) einer in der ἐκκλησία redenden Frau mit 11,2–16 vereinbart, da das Letztere nicht bloßes Reden, sondern „divinely inspired" Sprechen bezeichnet (a.a.O., 231). Abgesehen von seiner hervorragenden Studie, bleibt Bartons Ausführung in dieser Hinsicht nicht überzeugend: in einem Kontext, in dem Paulus sich mit prophetischer Rede auseinandersetzt, zeigt der Autor von 14,33b–36 kein Interesse, sein kategorisches Schweigegebot einzuschränken oder zu nuancieren. Ebenfalls nicht überzeugend ist der Versuch, 14,34–35 mit dem Rest des Briefes auszusöhnen, von *E. Schüssler Fiorenza*, In Memory of Her. A Feminist Theological Reconstruction of Christian Origins, London 1983, 228–229, die behauptet, 14,34–36 bezöge sich auf Ehefrauen, während 11,2–16 an unverheiratete „pneumatische" Frauen denkt, die eher in der Lage sind, sich den Angelegenheiten des Herrn hinzugeben (vgl. 7,32–35). 1Kor 14,34–36 setzt aber eine solche Unterscheidung nicht voraus.

[11] Eine Lektüre, die diesen Zugang zum Text vertritt, findet sich in *A.C. Wire*, The Corinthian Women Prophets. A Reconstruction through Paul's Rhetoric, Minneapolis 1990, 116–134 und *L.A. Jervis*, „But I Want You to Know …". Paul's Midrashic Intertextual Response to the Corinthian Worshipers (1 Cor 11:2–16), JBL 112 (1993), 231–246.

rik vor, die auf potentielle, aber noch nicht umgesetzte Ansichten in der Gemeinde zielt?[12] Es wird kaum bestritten, dass sich 11,2–16, wie viele der anderen Abschnitte des Briefes, mit einer Auseinandersetzung in Korinth über die Notwendigkeit der Kopfbedeckung oder die Art des Haartragens beschäftigt. Doch ist zu bestimmen, *welche* der Ausführungen von Paulus direkten Bezug auf den aktuellen Kontext nimmt.[13]

[12] Anders als andere Abschnitte des 1. Korintherbriefs (so 7,1.25; 8,1; 12,1) wird 11,2–16 nicht durch die Formel περὶ δέ eingeleitet. Obwohl auf Basis dieser Wendung angenommen wird, dass Paulus Fragen, die ihm durch briefliche Korrespondenz gestellt wurden, aufgreift, heißt das Fehlen nicht, er habe von der Lage in Korinth nur mündlich erfahren. S. dazu *M.M. Mitchell*, Paul and the Rhetoric of Reconciliation. An Exegetical Investigation of the Language and Composition of 1 Corinthians (HUTh 28), Tübingen 1991, 261 und Anm. 214; *B. Witherington*, Conflict and Community in Corinth. A Socio-Rhetorical Commentary on 1 and 2 Corinthians, Grand Rapids 1995, 231.

[13] Diese Auffassung zeigt sich beispielsweise an Paulus' Aussagen im Text über Männer. Einige sind der Meinung, der Verweis von Paulus in 11,4 auf Männer, die mit Kopfbedeckung beten oder prophetisch reden, beziehe sich lediglich auf einen theoretischen Problemfall und bilde somit eine rhetorische Konstruktion, die der Kritik an einer Praxis bei Frauen diene; vgl. bes. *J. Weiß*, Der erste Korintherbrief (KEK 5), Göttingen ^{9}1910, 271; *A. Robertson/A. Plummer*, A Critical and Exegetical Commentary on the First Epistle of St Paul to the Corinthians (ICC), Edinburgh ^{2}1914, 229; *F.F. Bruce*, 1 and 2 Corinthians (NCeB), London 1971, 104 und *G. Fee*, The First Epistle to the Corinthians (NICNT), Grand Rapids 1987, 507f. Die Gegenposition vertritt *R.F. Oster*, When Men Wore Veils to Worship. The Historical Context of 1 Corinthians 11.4, NTS 34 (1988), 481–505 (bes. 483–484, 505) und *ders.*, Use, Misuse, and Neglect of Archaeological Evidence, ZNW 72 (1990), 52–73 (hier 67–69). Was Frauen im Text betrifft, setzten die meisten Exegetinnen und Exegeten voraus, dass Paulus einen wirklichen Fall in der korinthischen Gemeinde anspricht; vgl. aber *S.T. Foh*, Women and the Word of God. A Response to Biblical Feminism, Grand Rapids 1979, die hingegen mahnt: „The possibility that 1 Corinthians 11.2–16 was not intended to correct an actual wrong must be noted" (106).

2.3 Zeitgeschichtliche und kulturelle Verhältnisse im sozialen Umfeld

Eine Deutung von 1Kor 11,2–16, die den historischen Rahmen beachtet, besteht auch darin, den soziokulturellen Kontext zu bestimmen. Finden die Anweisungen von Paulus oder die Haltungen einer postulierten Gegenposition (darunter die Erwähnung von Engeln neben den Aussagen über Kopf- bzw. Haarpflege) eine Entsprechung unter zeitgenössischen Praktiken bei Diaspora-Juden oder der nicht-jüdischen Umwelt des Mittelmeerraums, die man als erklärende Analogie anführen könnte? Lassen sich darüber hinaus irgendwelche Einflüsse der biblischen Tradition, ihrer Auslegung oder der Schriften der Zeit des Zweiten Tempels erschließen?
Einige Studien haben Einsichten zum hellenistisch-römischen Kontext des Textes beigetragen, stoßen dabei aber auf Schwierigkeiten. Weder die Erforschung literarischer Quellen noch archäologische Befunde im antiken Mittelmeerraum – auch wenn sie direkt mit Korinth zu tun haben – passen vollkommen zu den Aussagen des Apostels und zu der Problematik, mit der er sich vermutlich auseinandersetzt.[14]

Exkurs: Kopfbedeckung, Korinth und der antike Mittelmeerraum

Eine gründliche Studie von Cynthia L. Thompson hat Marmorbilder, kleine Statuetten aus Ton und numismatische Materialien aus verschiedenen sozialen Schichten in Korinth untersucht, die vom 1. Jh. v.u.Z. bis zur Mitte des 2. Jh. n.u.Z. zu datieren sind. Diese Artefakte

[14] Trotz *Oster*, Veils (s. Anm. 13), 481–505, bleibt die frühere Bemerkung von *J.A. Fitzmyer*, A Feature of Qumran Angelology and 1 Cor. 11:10, in: *ders.* (Hg.), Essays on the Semitic Background of the New Testament (SBS 5), Missoula 1974, 188 Anm. 1, gültig: „Though many details about the wearing of the veil in antiquity, both by Jewish and Greek women, have been preserved for us, none of them bears directly on the problem of the church in Corinth. We do not know the exact nature nor the origin of the abuse Paul was trying to handle."

weisen keine exakte Übereinstimmung mit den Ausführungen von Paulus über das Tragen einer Kopfbedeckung bei Frauen auf. Die Fundstücke zeugen eher von der weiblichen Haarmode der damaligen Zeit, die der Forderung des Apostels entspricht, dass Frauen lange Haare tragen sollten (11,6), und erklären, dass diese Frisuren, durch das griechische Wort περιβόλαιον (11,15 „Umhüllung" oder „Schleier") bezeichnet werden konnten.[15]

Um sich passenden Sitten bezüglich der Kopfbedeckung anzunähern, sind weniger archäologische Funde in Korinth als überlieferte Indizien in der antiken Literatur aussagekräftig. Pausanias (Bezeichnungen der Griechen, Elis I,20,2–3) erzählt, dass Priesterinnen, während sie im Tempel von Eileithyia die Gottheit Sosipolis lobpriesen, verpflichtet waren, ihre Gesichter und Köpfe mit einem weißen Schleier zu bedecken (2. Jh. n.u.Z.). Nach Apuleius (Metamorphosen 11,10) hielten Frauen, die am Isiskult in der Nähe von Korinth teilnahmen, „ihre Haare gesalbt und ihre Häupter mit hellen Leinen bedeckt, während aber die Männer ihre Köpfe bloß und hell leuchtend ließen" (2. Jh. n.u.Z.). Es ist auch allgemein bekannt, dass Frauen nach römischer Sitte ihre Köpfe verschleierten, wenn sie Opfer darbrachten (so Varro, de Lingua Latina 5,29,130[16]; vgl. Juvenal, Saturnalia 6,390–392). In diesem letztgenannten Falle ist zu beachten, dass die erwähnte Sitte – im Gegensatz zu Paulus – nicht dazu diente, Frauen von Männern zu unterscheiden.[17] Thompson schlussfolgert aus diesen Quellen, (a) dass die Beschreibung des Isiskults von Apuleius auf besondere Praktiken verweisen wollte, nicht auf allgemeineres Handeln in der römischen Gesellschaft und (b) dass Plutarchs Bemerkung, dass bei den Römern Frauen, im Unterschied zu Männern, mit Haarbedeckung in der

[15] *C.L. Thompson*, Hairstyles, Head Coverings, and St. Paul. Portraits from Roman Corinth, BA 51 (1988), 99–115 (hier 112). *Schüssler Fiorenza*, Memory (s. Anm. 10), 227, hat recht darin, dass Paulus' Gleichstellung von Haar und Umhüllung nichts mit einer jüdischen Sitte in Korinth zu tun hat. Vgl. zum kulturgeschichtlichen Hintergrund von Kopfbedeckungen in der Antike auch *T. Jantsch*, Die Frau soll Kontrolle über ihren Kopf ausüben (1Kor 11,10). Zum historischen, kulturellen und religiösen Hintergrund von 1Kor 11,2–16, in diesem Band S. 97–144, hier 103–108.

[16] Die Bemerkung von Varro über den römischen Ritus trifft zu, trotz seiner fraglichen etymologischen Herleitung des Terminus *rita* („Schleier"); vgl. *M. Beard*, The Sexual Status of Vestal Virgins, JRS 70 (1980), 12–27 (hier 16, 21).

[17] Vgl. *Oster*, Veils (s. Anm. 13).

Öffentlichkeit wandeln (Römische Fragen 14[18]), eher als spekulativ anzusehen sei und kaum auf reine Beobachtung zurückgehe. Die Entsprechung zur Ansicht von Paulus, vor allem beim Isiskult, ist beachtenswert, während literarische Zeugnisse über zerraufte Haare der Mänaden in kultischen Handlungen von Dionysos, Kybele, der delphischen Pythia und der Sibylle[19] genau das zu beschreiben scheinen, was Paulus kritisiert.

Die literarischen Anhaltspunkte führen zu zwei weiteren Überlegungen: Erstens weist die kultische Anwendung von Kopfbedeckungen eher auf eine spezifische als auf eine allgemeine Handlung hin. Wir sollten deswegen nicht annehmen, dass Paulus daran interessiert war, von Frauen ein Verhalten zu verlangen, das sie auch außerhalb ihres Betens und des Prophezeiens in der Gemeindeversammlung zeigen sollten. Zweitens macht der Verzicht auf eine Sitte der Kopfbedeckung als Zeichen der wahren Prophetie bei einigen zeitgenössischen Kulten plausibel, warum man in der korinthischen Gemeinde eine solche Praxis hätte aufnehmen können. Die von Apuleius beschriebene Handlung im Isiskult zeigt, dass es für die Praxis, die Paulus befürwortet, einen Präzedenzfall hätte geben können. Obwohl Paulus in 1Kor 11 einen gottesdienstlichen Kontext anspricht, bedeutet das nicht, dass er unbedingt die Handlungen einer christlichen Gemeinde von denen anderer religiöser Kulte unterscheiden wollte. Es ging ihm mehr darum, sich für unanstößige Bräuche einzusetzen.

Die exegetische Problematik liegt eher in der theologischen Begründung, der Paulus sich für seine Haltung bedient, sowie in seinem Vorhaben, durch diese Argumentationsweise eine geschlechtsbezogene Differenzierung hervorzuheben. Es empfiehlt sich daher, die theologischen Dimensionen der Überlegungen des Apostels, darunter auch die Erwähnung von Engeln, anhand biblischer und frühjüdischer Überlieferungen zu untersuchen.

[18] Der Text befindet sich in Plutarch, Moralia 267 A–B. Die Sitte ist an sich nicht der Fokus von Plutarchs Bemerkungen; seine Beobachtungen sind Teil seiner Antwort auf die Frage, warum bei Trauerfeiern Söhne ihre Häupter bedecken, während Töchter nicht so handeln. In der Antwort erörtert er, dass sich die Sitten beim Trauern von den gängigen Praktiken in der Öffentlichkeit unterscheiden. Vgl. zu diesem Text ausführlich auch *Jantsch*, Kontrolle (s. Anm. 15), 113–117, der den Text jedoch anders auslegt.

[19] Zu den Gewohnheiten, die mit diesen Kulten verbunden sind, vgl. *R. Kroeger/C. Kroeger*, An Inquiry into Evidence of Maenadism in the Corinthian Congregation, SBL.SP 14,2 (1978), 331–346. S. bes. Juvenal, Saturnalia 6,314–316.

2.4 Problematische Begriffe

Beginnen wir mit der Aufgabe, besondere Wörter und Ausdrücke in 1Kor 11,2–16 zu übersetzen und zu interpretieren, so stoßen wir sofort auf Schwierigkeiten. Zunächst ergibt sich das Problem, einen genaueren Sinn des Terminus κεφαλή („Kopf, Haupt") in 11,3–5 zu erschließen:

> 3 Ich lasse euch aber wissen, dass Christus das Haupt eines jeden Mannes ist; der Mann aber ist das Haupt der Frau; Gott aber ist das Haupt Christi. 4 Ein jeder Mann, der betet oder prophetisch redet und hat etwas auf dem Haupt, der schändet sein Haupt. 5 Eine Frau aber, die betet oder prophetisch redet mit unbedecktem Haupt, die schändet ihr Haupt. Denn es ist gerade so, als wäre sie geschoren.

Das Wort κεφαλή gilt hier als Metapher, aber in welcher Hinsicht? Heißt es „Ursprung" oder „Quelle"?[20] Andererseits könnte es sich um einen Verweis auf „Herrschaft" oder „Überlegenheit" handeln. Welche Übersetzung man auch immer wählt, auf zwei Dinge ist zu achten: (1) Paulus benutzt den Terminus, um Gott, Christus, Mann und Frau voneinander zu unterscheiden (in welchen Zusammenhängen genau, muss sich noch zeigen). Anders gesagt: Die Bedeutung bleibt der Vorstellung von einem geschlechtsspezifischen und kosmischen Hierarchieverhältnis nicht fern.[21] (2) Die Bedeutung ist mit

[20] Vgl. bereits *S. Bedale*, The Meaning of *Kephale* in the Pauline Epistles, JTS 5 (1954), 211–215; *Bruce*, Corinthians (s. Anm. 13), 103; *Barrett*, Corinthians (s. Anm. 3), 248; *R. Scroggs*, Paul and the Eschatological Women, JAAR 40 (1972), 283–303, hier 289 und Anm. 41; *Murphy-O'Connor*, Sex (s. Anm. 9), 491–492. *Schüssler Fiorenza*, Memory (s. Anm. 10), 229, übernimmt diese Deutung, lässt das Wort aber auf eine absteigende Hierarchie hinweisen mit der Akzentuierung: „each preceding member [...] establishes the other's being."

[21] Vgl. bes. *J. Økland*, Women in Their Place. Paul and the Corinthian Discourse of Gender and Sanctuary Space (JSNT.SS 269), London 2004, 174–177. Auch David du Toit betont die Überordnung des

der Anwendung weiterer Begriffe eng verbunden, nämlich mit δόξα („Herrlichkeit“, „Abglanz“, 11,8–9.15; vgl. 15,40–41) und καταισχύνω („schänden“, 11,4–5.14). Hier ist vor allem auf die Frage nach dem gedanklichen Rahmen, in dem sich Unterscheidungen in Ordnung und Handlung vollziehen, einzugehen.
Dass Paulus in Bezug auf κεφαλή ein Wortspiel aufstellt, zeigt sich in der Phrase κατὰ κεφαλῆς ἔχων (wörtlich „auf dem Haupt habend“): Auf dem Haupt zu tragen heißt für Paulus, das eigene Haupt zu ehren. Die Deutungen des Ausdrucks bleiben aber unterschiedlich: Verweist der Ausdruck, wie oftmals angenommen, „auf dem Haupt habend“ in 11,4 auf einen Mann, der „*etwas* (d.h. eine Bedeckung) auf seinem Haupt“ hat, oder handelt es sich, wie J. Murphy-O'Connor erwogen hat, um einen Mann mit langem Haar? Stellt der Terminus κατακαλύπτω („sich bedecken“) ein Kleidungsstück dar, oder deutet er, wie Murphy-O'Connor meint, langes Haar an?[22] Die Wahrscheinlichkeit, dass sich der Ausdruck hier auf eine Kopfbedeckung und nicht das Haar selbst bezieht, wird durch Plutarchs vergleichbare Anwendung der Phrase κατὰ κεφαλῆς bekräftigt.[23]

Mannes über die Frau (Status und Anstand als Schlüssel zum Verständnis von 1Kor 11,2–16. Argumentationslogische und sozialgeschichtliche Überlegungen, in diesem Band S. 61–96, hier bes. 73–75). Vgl. hierzu ferner *T. Jantsch*, Einführung in die Probleme von 1Kor 11,2–16 und die Geschichte seiner Auslegung, in diesem Band S. 1–60, bes. 21–26.

[22] So *J. Murphy-O'Connor*, 1 Corinthians 11:2–16: Once Again, CBQ 50 (1988), 268–269. Murphy-O'Connor übersetzt ἀντὶ περιβολαίου in 1Kor 11,15 als „as a wrapper“, nicht „in place/instead of a wrapper.“ Darüber hinaus und ausgehend von 11,6 hält Murphy-O'Connor „being covered“ für eine Metapher, die eigentlich auf die langen und ungeschorenen Haare einer Frau hinweist.

[23] Dazu *Witherington*, Conflict (s. Anm. 12), 233, der sich auf die folgenden Schriften von Plutarch beruft: Regum 200F; Römische Fragen 267C; Pyrrhus 399B; Pompeius 640C; Caesar 739D; Leben der Zehn Redner 842B. Man sollte aber trotzdem zur Kenntnis nehmen, dass diese Texte das Verb „haben“ durch ein Akkusativobjekt, z.B. meistens τὸ ἱμάτιον („Gewand“ oder „Kleidungsstück“),

Meiner Meinung nach fungiert Paulus' Bezeichnung von Haar „als Schleier" (ἀντὶ περιβολαίου) in 11,15 nicht als eine direkte Identifizierung dessen, wofür er sich schließlich einsetzt, sondern ist als dem Argument dienendes Vergleichselement aufzufassen.[24] Da Paulus in 11,5–6 einen geschorenen Kopf mit einem unbedeckten Haupt (ἀκατακάλυπτος) vergleichen kann, überlässt er es der Leser- bzw. Hörerschaft zu schlussfolgern, dass das Tragen von Haaren selbstverständlich mit Kopfbedeckung zu verbinden ist. Es scheint sich an dieser Stelle nicht zuletzt deswegen um eine gegenständliche Kopfbedeckung zu handeln, weil es im Kontext des Betens und des Prophezeiens in der Gemeindeversammlung steht. Paulus ist zunächst nicht daran interessiert, wie sich Männer und Frauen generell benehmen sollen; eine Haartracht (d.h. eine Frisur auf dem Haupt als „Schleier") wäre einer öffentlichen Teilnahme am Gottesdienst weniger angemessen als der Gebrauch von Schleiern, der den kontextuellen Unterschied (zwischen allgemeinem Verhalten und gottesdienstlicher Praxis) klarer signalisieren würde.

Vielleicht am meisten umstritten im Textabschnitt ist die Bedeutung des Wortes ἐξουσία („Autorität", „Macht"). Weil sich der Terminus in 11,10a gerade vor der Erwähnung der „Engel" befindet, soll er hier näher aufgegriffen werden. Hinsichtlich der Bedeutung von „eine Frau soll ἐξουσία auf ihrem Haupt haben", gehen die Meinungen auseinander. Analog zum Ausdruck „auf dem Haupt haben" wird man herausgefordert, eine sinngemäße Übersetzung zu wählen.

Ich räume die Schwierigkeit ein, sich zwischen den Hauptinterpretationen (sowohl den neuen als auch den

ergänzen. Die Elememte dieser Beweisführung gewinnen nur zusammen mit anderen Erwägungen, die hier angeführt werden, an Relevanz. Für ein weiteres Argument, dass Paulus sich mehr mit Schleiern als mit Frisuren beschäftigt, vgl. *A. Jaubert*, La voile des femmes (1 Cor. xi.2–16), NTS 18 (1972), 419–430.

[24] Anders votiert aber *Jantsch*, Kontrolle (s. Anm. 15), 100–102.

traditionellen) für eine zu entscheiden. Die am häufigsten vertretenen Deutungen sind: (1) Der Ausdruck soll die „Macht“, „Kontrolle“, oder „Autorität“ der Frau unterstreichen, die sie beim Beten und Prophezeien ausübt. In diesem Zusammenhang will Paulus sagen, eine Frau hat das Recht, im Gottesdienst zu beten und zu prophezeien.[25]

Gleichermaßen, aber mit anderer Akzentuierung, (2) wird der Ausdruck auf die „Freiheit“ oder das „Recht“ einer Frau bezogen, zu entscheiden, was sie mit ihrem Haupt tut.[26] Diese Sinngebung versucht eine Verbindung zwischen dem Text und anderen Stellen in 1Kor herzustellen, in denen sich Paulus des Wortes ἐξουσία bedient, um auf das Recht eines Einzelnen zu verweisen, nicht heiraten zu müssen (7,37), Götzen geopfertes Fleisch zu essen (8,9) und als Apostel die Unterstützung der Gemeinde zu verlangen (9,17–18). Das Problem dieses Erklärungsversuches liegt aber darin, dass das Konstrukt, „ἐξουσία auf dem Haupt zu haben“, keine genaue Entsprechung an den eben genannten Stellen

[25] In diesem Zusammenhang wird oftmals auf zwei Aufsätze verwiesen: *M.D. Hooker*, Authority on Her Head. An Examination of 1 Cor. XI.10, NTS 10 (1963/64), 410–416 und *W. Foerster*, Art. ἐξουσία, ThWNT 2 (1935), 562–574. S. ferner *Barrett*, Corinthians (s. Anm. 3), 255; *Jaubert*, Voile (s. Anm. 23), 428–430; und *R.N. Longenecker*, New Testament Social Ethics for Today, Grand Rapids 1984, 82. Diese Ansicht zu 1Kor 11,10a wird auch von G. Brooke geteilt, nach dem „customary decorum“, ob Schleier oder Haartracht, die Handlungsvollmacht einer Frau kennzeichnet; vgl. *G. Brooke*, Between Qumran and Corinth. Embroidered Allusions to Women's Authority, in: *J. Davila* (Hg.), The Dead Sea Scrolls as Background to Parabiblical Judaism and Early Christianity (StTDJ 46), Leiden/ Boston 2003, 157–176 (hier 171). Vgl. zum Thema auch ausführlich *Jantsch*, Einführung (s. Anm. 21), hier 35–42, und *ders.*, Kontrolle (s. Anm. 15), hier 126–131, der von dieser Aufforderung aus 1Kor 11,2–16 auslegt.

[26] Vgl. *A. Padgett*, Paul on Women in Church. The Contradiction of Coiffure in 1 Cor 11,2–16, JSNT 20 (1984), 69–86 (hier 78) und *Fee*, Epistle (s. Anm. 13), 520.

hat.[27] Wenn eine dieser zwei aufgeführten Alternativen zutrifft, bleibt fraglich, ob es sich um die einzig mögliche Deutung handelt. Es muss daran erinnert werden, dass Paulus die ἐξουσία eher für eine Pflicht hält (er verwendet das Verb ὀφείλω, „sollen"), so dass er schwerlich ein Recht betont, sondern den Fokus auf eine Einschränkungs- oder Hemmungsmaßnahme lenkt.

(3) Eine ganz andere Erwägung wird von vielen nahegelegt, u.a. von Joseph A. Fitzmyer: Unter dem Wort ἐξουσία sei einfach eine „Kopfbedeckung" oder ein „Schleier" zu verstehen. Sich an den Vorschlag von G. Kittel anlehnend, beruft sich Fitzmyer auf das aramäische Wort שלטוניה, das im Talmud Jeruschalmi oftmals die Bedeutung „Ornament", „Kopfschmuck", oder „Schleier" trägt.[28] Da der Stammwurzel des Terminus, שלט, häufiger die Bedeutung „Macht haben, herrschen" zukommt, kann in ἐξουσία eine „wortgetreue" Entsprechung gesehen werden. In diesem Fall lässt sich die Wortwahl von Paulus auf eine Fehlübersetzung zurückführen oder spiegelt eine „populäre Etymologie" wider, bei der ein zugrundeliegender Ausdruck in Vergessenheit geraten ist.[29] Es wäre denkbar, dass dem Apostel eine solche Etymologie bekannt gewesen ist, aber eine unvermittelte Wiedergabe von ἐξουσία als „Schleier" scheint unnötig präzis zu sein. Zusätzlich darf bezweifelt werden, dass man bei den korinthischen Empfängern des Briefes Kenntnisse der Semantik des Wortes samt eines

[27] Die nächste Analogie dazu wäre 1Kor 7,37: einem Mann steht es frei, nicht seine Jungfrau zu berühren, sondern sie *nicht* zu berühren. In 11,10 liegt bei der Anwendung von ἐξουσία die Betonung auf der Pflicht.

[28] *Fitzmyer*, Feature (s. Anm. 14), 193–194; vgl. weiter *Foerster*, Art. ἐξουσία (s. Anm. 25), 574. Vgl. ausführlich hierzu auch *Jantsch*, Einführung (s. Anm. 21), 34f.

[29] In dieser Hinsicht wird auf die Textvariante κάλυμμα („Schleier", *velamen* in manchen lat. Hss.) für ἐξουσία und auf Origenes' klärende Einfügung κάλυμμα καί vor dem Wort (lat. Übersetzung: *velamen et*) aufmerksam gemacht, wo beide Ausdrücke unmissverständlich gleichgesetzt werden.

zu vermutenden aramäischen Hintergrundes voraussetzen kann!

(4) Der Terminus ἐξουσία ist auch oftmals als die „magische Kraft“ einer verschleierten Frau verstanden worden, die dazu dient, sie vor dem Eindringen von bösen Geistern oder Engeln zu schützen. Diese Ansicht impliziert, zumindest bei Paulus, dass Frauen dem „schwächeren Geschlecht“ angehören und im Gegensatz zu Männern eine abwehrende Kopfbedeckung benötigen, besonders in einem für Böses anfälligen Kontext, wenn sie zum Beispiel beten oder im verzückten Zustand prophezeien. Fitzmyer und andere lehnen diese Deutung ab, da ihnen keine solche Funktion eines Schleiers aus der Antike bekannt ist. Diese Einschätzung ist allerdings zu einseitig und bedarf einer weiteren, genaueren Untersuchung.

3 Zusammenfassung der bisherigen Erörterungen und die Art der Gleichstellung der Geschlechter bei Paulus

Die vorangehende Diskussion bringt uns nun dazu, die problematische Phrase „wegen der Engel“ in 1Kor 11,10 aufzugreifen. Um der Klarheit willen fasse ich die von mir angenommenen Ansichten zusammen: (1) 1Kor 11,2–16 ist keine Interpolation, der Passus ist für paulinisch zu halten. (2) Die Aussagen des Paulus lassen sich nicht auf die Frage der Frisur reduzieren. Verweise auf eine Bedeckung sind zunächst auf Bekleidung zu beziehen. (3) Obwohl in 11,4.7 von Männern und deren Tragen und Nicht-Tragen einer Kopfbedeckung die Rede ist, liegt das Hauptgewicht des Gedankengangs bei Paulus auf dem Verhalten von Frauen. (4) Die variierenden Interpretationen zum Terminus ἐξουσία schließen einander nicht aus. In der Tat reflektiert der Text den ambivalenten Status der betenden und prophezeienden Frau: Einerseits hat sie die Autorität über das, was sie im

Gottesdienst ausübt, andererseits bittet der Apostel die Frauen darum, ihre offen ausgeübte Tätigkeit „wegen der Engel" einzuschränken. Der Gedanke an die Schutzbedürftigkeit der Frau, wenn nicht sogar ihre Unterlegenheit, liegt dem Text nicht fern.

Gewiss unterstreicht Paulus in 11,11–12 – in mancher Hinsicht der Höhepunkt des Arguments – die Gleichheit und Interdependenz von Frau und Mann. Aber inwiefern setzt Paulus dieses Prinzip um? Paulus mag sprachlich auf eine Gleichstellung zwischen den Geschlechtern „im Herrn" bestehen (11,11) und eine Taufformel, in Christus sei „weder Mann noch Frau", aufgenommen haben (Gal 3,28), aber was dies alles gerade für die Praxis bedeutet, ist etwas anderes. Selbst in Galater 3,28 wird die männliche Form εἷς („einer") für die Gleichstellung bzw. Einheit von Mann und Frau beansprucht. Im Thomasevangelium (Logion 114)[30] und Joseph und Asenet (14,15–15,2)[31] weist die „Androgynie" nicht auf eine Gleichstellung hin, die die Würde einer Frau *als Frau* respektiert, sondern nimmt sie aufgrund dessen an, dass die Frau als männlich aufgefasst werden kann. Paulus weigert sich in 1Kor 11,2–16, die Unterscheidung zwischen Frauen und Männern aufzuheben. So lernen wir – vor allem vom Thomasevangelium – dass sich eine Gleichstellung in der Theorie nicht einfach folgerichtig in die Praxis umsetzen lässt. Anders formuliert: für den

[30] Der oftmals zitierte Text lässt sich aus dem Koptischen folgendermaßen übersetzen: „Simon Petrus sagte ihm (Jesus): ‚Lass Maria von uns gehen, da Frauen dieses Lebens unwürdig sind.' Jesus sagte: ‚Siehe, ich werde sie führen, um aus ihr einen Mann zu schaffen, damit sie eine lebendige Seele werde, wie ihr Männer, denn jede Frau, die sich in einen Mann verwandelt, wird in das Himmelreich eintreten.'"

[31] Die Bereitschaft der Jungfrau Asenet, sich zum Judentum zu bekehren, wird durch die Entfernung ihrer Kopfbedeckung (die der Engel von ihr verlangt) symbolisch signalisiert; ihr Aussehen wird nun mit dem „eines jungen Mannes" verglichen (15,1).

Apostel stellte die Ausübung der prinzipiellen Gleichheit der Geschlechter ein Problem dar.[32]

4 Paulus' Argumente für eine Kopfbedeckung

Wie oben angedeutet, kommt die Wendung κατὰ κεφαλῆς ἔχων beiläufig vor und wirkt dabei überflüssig. Paulus versucht weder, sie zu erklären, noch sie in den eigentlichen Gedankengang zu integrieren. In dieser Hinsicht ist der Ausdruck neben den weiteren Begründungen, die Paulus anführt (darunter die Schöpfungsordnung, Schriftdeutung, Naturgemäßheit und geteilte Praxis in den Gemeinden), eher auffällig. Dass Paulus in Bezug auf Kopfbedeckung nicht ein, sondern eine Reihe von Argumenten liefert, spricht für die besondere Wichtigkeit, die er dieser Verhaltensvorschrift für Frauen in der zum Gottesdienst versammelten Gemeinde beimisst. Hier betrachten wir nun diese Erörterungen des Apostels, wie sie in 11,3–9 und 11,13–16 zu finden sind.
Erstens beruft Paulus sich auf den Rang der Frau in der kosmischen Hierarchie (11,3–5a.7). Es fällt schwer, nicht

[32] Vgl. bes. *W. Meeks*, The Image of the Androgyne. Some Uses of a Symbol in Earliest Christianity, HR 13 (1974), 165–208 und *D.R. MacDonald*, Corinthian Veils and Gnostic Androgynes, in: *K.L. King* (Hg.), Images of the Feminine Gnosticism, Philadelphia 1988, 276–292, der unter Beweis stellt, wie weit verbreitet in gnostischen Quellen die Vorstellung männlicher Hierarchie und Androgynie gewesen war (z.B. das Apokryphon des Johannes); vgl. des Weiteren die Übersicht zu „unequal androgyny" von *D.B. Martin*, The Corinthian Body, New Haven 1995, 230–232. Dagegen sieht *Schüssler Fiorenza* (Memory [s. Anm. 10], 211–213), keine Ungleichbehandlung von Frau und Mann im Thomasevangelium (und auch bei Paulus); man kann Paulus allerdings eine unterschiedliche Bewertung von Frau und Mann nicht absprechen, aufgrund dessen, dass man den gnostischen Einfluss auf die Sichtweise des weiblichen Verhaltens in Korinth nicht beweisen kann. Vielmehr scheint das Problem eher in der unterschwellig männlichen Haltung als in traditions- und religionsgeschichtlichen Verhältnissen zu liegen, wie unten trotz der Fokussierung auf die Religionsgeschichte noch gezeigt wird.

anzunehmen, dass der Terminus κεφαλή – egal ob er „Ursprung“ oder „Quelle“ bedeutet – auf eine Rangfolge in kosmischer und menschlicher Beziehung hindeutet: Gott, das Haupt von Christus; Christus, das Haupt des Mannes; der Mann, das Haupt der Frau. Diese Hierarchie wird in 11,7 untermauert, auch wenn „Christus“ nicht ausdrücklich vorkommt: Die Begriffe εἰκών (hier „Abbild“) und δόξα („Abglanz“) beziehen sich auf das Verhältnis zwischen Mann und Gott, während der Abglanz (δόξα) der Frau nur von dem des Mannes abzuleiten ist.[33] Nach Paulus soll dieser wesentliche, seit der Schöpfung währende Unterschied zwischen Mann und Frau durch eine Kopfbedeckung augenscheinlich gemacht werden. Wird diese Abgrenzung von der Frau nicht respektiert, schändet sie ihr Haupt (11,5), d.h. ihren in der kosmischen Hierarchie Übergeordneten (den Mann), genau wie der Mann durch das Tragen einer Bedeckung sein Haupt schändet (11,4: wahrscheinlich Christus). Darf man davon ausgehen, dass κεφαλή in 11,3 zunächst auf Überlegenheit hindeutet, bezieht sich das Wort in 11,4–5 auf eine Handlung, bei der das Selbst geschändet wird. „Das Haupt schänden“ bedeutet eher, dass man denjenigen missachtet, der als Nächster kosmisch übergeordnet ist. Zu schänden heißt gleichzeitig, gegen die Schöpfungsordnung zu verstoßen. Aus der metaphorischen Verwendung von κεφαλή als „Anführer“ oder „Herrscher“ (hebr. ראש)[34] und zugleich der

[33] Dieses Argument setzt die „Bild“-Sprache von Gen 1,27 voraus, die durch Gen 2 interpretiert wird; vgl. Gen 5,1–3, nach dem Mann und Frau zwar als geschaffen beschrieben werden, aber im Unterschied zu Gen 1,27 wird das Wort „Bild“ ausschließlich auf „Adam“ bezogen (5,1), d.h. auf den Namen, der beiden Geschlechtern gegeben wurde (5,2).

[34] Das hebr. Wort im Sinne von „Herrscher“ ist in Dtn 1,13 und Jes 29,10 belegt. Viel häufiger ist dessen Anwendung im Sinne von „Anführer“; vgl. Ex 6,14.25; 18,25; Num 1,4.16; 7,2; 8,12; 10,4; 13,3; 17,3; 25,4.15; 30,1; Dtn 1,15; 5,23; 28,13.44; 33,5.21; Jos 11,10; 14,1; 19,51; 21,1; 22,21; 23,2; 24,1; Ri 7,25; 10,18; 11,8.9.11; 1Sam 15,17; 1Kön 8,1; 1Chr 5,24; 7,2.4.7.9.11.40; 8,6.10.13.28; 9,13;

Bedeutung „Kopf“ ergibt sich ein semantisches Wortspiel: Der anständige Umgang mit dem eigenen Kopf (durch Bedecken oder Nicht-Bedecken) stellt den Respekt vor dem Übergeordneten bzw. vor der von Gott gegebenen Einordnung in den Kosmos unter Beweis. Das Wortspiel impliziert, dass die von Gott geschaffene Ordnung der Welt Grenzen enthält, die einzuhalten sind.
Zweitens setzt Paulus das unbedeckte Haupt einer Frau mit dem Fall, sie sei am Kopf geschoren, gleich. Genau genommen hat dieses keinen Sinn, da es nicht auf seine Beobachtung zurückgeht; es basiert stattdessen eher auf der Vermutung von Paulus, dass bei den Korinthern weibliche Barhäuptigkeit soziale Schande bedeutet. (11,6a).[35] Durch die Gleichsetzung von einem unbedeckten mit einem geschorenen Kopf ergibt sich für Paulus die konsequente Forderung an die Frau, ihr Haupt zu bedecken.
Drittens lenkt Paulus die Aufmerksamkeit der Korinther auf die zeitliche Reihenfolge in der Schöpfung: Die Frau wurde aus dem Mann erschaffen, nicht andersherum (11,8–9). Dieses Argument geht nicht auf Gen 1,26 – nachdem Mann und Frau, ohne Angabe der zeitlichen Reihenfolge, zusammen von Gott geschaffen wurden – sondern auf Gen 2 zurück,[36] wonach eine gewisse Zeitspanne zwischen der Erschaffung des Mannes und der der Frau liegt.
Viertens will Paulus die „Natur“ (φύσις, 11,14) berücksichtigt wissen. Dieses Argument hängt eng mit dem über die soziale Schande, die ein geschorener Kopf mit sich bringt, in 11,6 zusammen. Paulus setzt voraus, dass

12,32; 29,11; 2Chr 5,2; 28,12; Ps 18,43. In den Handschriften vom Toten Meer vgl. bes. 1QSa (Gemeinschaftsregel) i 16.23.25.

[35] Vgl. TestHiob 23,8–10 und bes. 24,9–10 (Hiobs Frau lässt sich wegen ihrer Beschämung die Haare scheiden).

[36] Eine vergleichbare Deutung zu Gen 2 kommt in der Mahnrede 4Q415 (= 4QInstruction) 2 ii 1–9 vor; vgl. *J. Strugnell/D.J. Harrington* (Hg.), Qumran Cave 4 XXIV. Sapiential Texts, Part 2 (DJD 34), Oxford 1999, 47–48 (Text mit Übersetzung).

die Korinther seine Ansicht teilen werden, es sei unanständig, wenn ein Mann langes Haar, aber anständig, wenn eine Frau lange Haare hat.[37] Davon ausgehend ließe sich schlussfolgern, langes Haar sei zwingend mit einer Kopfbedeckung verbunden. Langes Haar lässt sich bedecken, kurzes oder kein Haar hingegen nicht.[38] Die Logik dieser Argumentation läuft in die umgekehrte Richtung: Da Männer keine Kopfbedeckung in der Gemeindeversammlung tragen sollen, sollen sie kein langes Haar tragen; da Frauen sich bedecken sollen, sind bei ihnen auch lange Haare zu vermuten.

Fünftens bricht Paulus seine Argumentationskette in 11,16 mit der Erkenntnis der Tatsache ab, dass dieser Problemfall eine umstrittene Sache ist. Trotzdem hebt er hervor, dass jeder, der seiner Anweisung nicht Folge leistet, im Widerspruch zur einheitlichen Praxis „in den Gemeinden Gottes" steht. Hier verweist Paulus auf eine Sitte und behauptet dabei, „wir" haben keine andere Sitte. Meint Paulus mit dem Pronomen 1. Person Plural Gemeinden, die unter seinem Einfluss stehen, oder beruft er sich auf alle Gemeinden schlechthin? Wie immer man diese Frage beantwortet – die Rhetorik des Apostels macht unmissverständlich klar, dass die Korinther, die seiner hier dargestellten Haltung zum korrekten Benehmen von Frauen widersprechen, in Gefahr stehen, sich in dieser Hinsicht vom Rest der Christus-Gemeinden abzutrennen.

[37] Zu diesem Argument vgl. ausführlich *du Toit*, Status (s. Anm. 21), bes. 65–68.

[38] Vgl. JosAs 15,1: Die menschähnliche Engelsgestalt bittet Asenet darum, ihren Schleier abzulegen; da ihr Haupt „wie eines jungen Mannes" ist, d.h. weil sie kurzes Haar hat, ist dessen Bedeckung überflüssig.

5 Warum „wegen der Engel"?

Wie wir beobachtet haben, ist der Verweis auf die Engel in 1Kor 11,10b in den Argumentationsverlauf nicht reibungslos integriert. Deswegen sind Deutungsversuche unter anderem auf den engeren (vor allem 11,2–9) und weiteren Kontext des Briefes und den Bezug auf Traditionen hinsichtlich Engelwesen in frühjüdischen Schriften und Sitten in der griechisch-römischen Antike angewiesen. In der Debatte über einen genauen Hintergrund für die Erwähnung der Engel wird Weniges vorgeschlagen, das sich als maßgebend betrachten lässt. Aus diesem Grund muss man mit Recht die Frage stellen, welche Weltanschauung (in der Engel eine Rolle einnehmen) bei Paulus gültig ist und welche Einsichten sie zur Interpretation dieser Passage liefern könnte. Man muss dabei für die Möglichkeit offen sein, dass nicht alle der geläufigen vorgeschlagenen Deutungsversuche einander kategorisch ausschließen. Darüber hinaus muss vielleicht auch die Fragestellung, auf die eine Interpretation eine Antwort geben soll, neu überdacht und entsprechend umformuliert werden.

Die vier Hauptversuche, die Erwähnung von Engeln in 1Kor 11,10 zu erklären, können folgendermaßen zusammengefasst werden:

Erstens gehen manche Einzelstudien davon aus, Paulus habe nur menschliche ἄγγελοι im Blick.[39] Um diese Deutungsmöglichkeit zu untermauern, verweist J. Murphy-O'Connor auf 1Kor 10,32 und 14,23. In 10,32 – einem Text, der unserem Passus unmittelbar vorangeht –, ermahnt Paulus die Korinther, „keinen Anstoß, weder bei den Juden noch bei den Griechen noch bei der Gemeinde Gottes" zu erregen (Lutherübersetzung 1984), und in 14,23, während er das durch Zungenreden verursachte

[39] So *J. Lightfoot*, Horae Hebraicae et Talmudicae (6 Bd.), Cambridge 1658–1678, hier Bd. 4, 238; vgl. aus letzterer Zeit *Padgett*, Paul (s. Anm. 26), 81 und *Murphy-O'Connor*, Corinthians (s. Anm. 22), 271f.

Chaos im Gottesdienst zu dämpfen versucht, warnt Paulus die Leserschaft davor, dass sowohl „Unkundige" als auch „Ungläubige" bei einem Besuch im Gottesdienst denken würden, die Gemeinde sei „von Sinnen". Diesen Texten entnimmt Murphy-O'Connor, „Paul would be concerned that practices in Corinth should not shock envoys from other churches".[40] Wegen der Boten aus anderen Gemeinden sollten sich die Korinther möglichst anständig verhalten.

Diese Interpretation beruft sich auf eine häufig vertretene Deutung des Wortes ἄγγελος, bleibt aber problematisch. Obwohl ἄγγελοι in frühchristlicher Tradition nicht selten auf Menschen hinweisen kann (so Mt 11,10; Lk 7,24; 9,52; Jak 2,25; vgl. vielleicht auch die umstrittene Bedeutung der „Engel" als Empfänger der Botschaften Jesu in Offb 2–3), kommt gerade diese Bedeutung sonst weder bei Paulus noch in den deuteropaulinischen Schriften vor.[41] Darüber hinaus ist, obwohl 1Kor 10,32 doch den ständigen Kontakt zwischen den Gläubigen in Korinth und anderen voraussetzt, in 11,2–16 gar keine Rede von der Möglichkeit solcher Begegnungen im gottesdienstlichen Kontext. Schließlich sind die in 14,23 gemeinten Beobachter, die den Gottesdienst in Korinth besuchen, nicht mit Murphy-O'Connors „Boten von anderen Gemeinden" gleichzusetzen, sondern werden dort ἰδιῶται („Unkundige") und ἄπιστοι („Ungläubige") genannt! Die Annahme, Frauen sollten sich wegen menschlicher Besucher bedecken, bleibt zwar nicht unmöglich, aber lässt sich kaum mit diesem vermeintlichen Zusammenhang im Brief vereinbaren.

[40] *Murphy-O'Connor*, Corinthians (s. Anm. 22), 271–272.

[41] Gal 4,14 ist vielleicht diesem Gedanken nicht sehr fern. Paulus aber verwendet den Ausdruck ἄγγελος θεοῦ in einem theoretischen Zusammenhang: Er unterstreicht die exemplarische Gastfreundlichkeit der Galater („ihr habt mich wie einen Engel Gottes aufgenommen, ja wie Christus Jesus"). Die Hauptrichtung dieser Aussage, sich auch mit Christus vergleichen zu lassen, legt nahe, dass Paulus an einen nicht-menschlichen, von Gott gesandten, Boten denkt.

Eine zweite Interpretation hält die Engel in 1Kor 11,10 für eindeutig „gut“ oder zumindest „gehorsam“: sie gelten als Beschützer der von Gott geschaffenen Weltordnung. Im unmittelbaren Kontext spielt Paulus auf die Tradition in Gen 2 an, um die chronologische Priorität des Mannes gegenüber der Frau zu unterstreichen (11,8–9; vgl. auch 11,3). Wenn hier doch die Schöpfungsgeschichte aus Genesis im Blick ist, ist die Erwähnung von „Engeln“ nicht fehl am Platz. Nach manchen Deutungen von Gen 1 zur Zeit des Zweiten Tempels nahmen Engel aktiv an der Schöpfung der Menschen teil. Philo von Alexandria hielt die 1. Person Plural in Genesis 1,26 („lasset *uns* Menschen machen“) für einen Hinweis auf eine Teilnahme von Engeln neben Gott (so Opif. Mun. 72–76; vgl. Conf. Ling. 171–182; Fug. et Inv. 65–70; Mut. Nom. 27–34).[42] Die Übersetzung im Targum Pseudo-Jonathan zu Gen 1,26 ist als von einer viel älteren Tradition ableitbar zu betrachten, indem sie die Phrase „lasst uns“ auf Engel hinweisen lässt, die Gott dienen und die am zweiten Schöpfungstag geschaffen wurden. Eine derartige Teilnahme der Engel an der Schöpfung setzt auch die Mahnrede (4QMusar l^{e}Mevin = 4QInstruction) aus den Texten vom Toten Meer voraus. Nach dieser Schrift ist die Menschheit in zwei Gruppen aufgeteilt (4Q417 1 i 15–18): Einerseits gibt es ein „geistliches Volk“ (עם רוח, 1 i 16), das „Enosch“ (אנוש) genannt und „dem Muster der Heiligen“ (כתבנית קדושים, 1 i 17; hier sind die Heiligen als Engelwesen aufzufassen) zugeordnet wird, andererseits gibt es „die Kinder

42 Philo involviert Engel in die Schöpfung der Menschheit (sie werden „himmlische Körper“ am vierten Tag), um die freiwilligen und unfreiwilligen Verhaltensweisen bei Menschen zu erklären. Während himmlische Körper einen geistlichen Verstand haben, der bei Pflanzen und Tieren fehlt, haben nur Menschen die Fähigkeit, freiwillig am Bösen teilzunehmen. In der Schöpfung der Menschen dient die Anwesenheit der Engel dazu, Gott von der Verantwortung für das entstehende Böse zu befreien.

Seths" (1 i 15), die nicht in der Lage sind, das Gute vom Bösen zu unterscheiden.[43]
In Bezug auf 1Kor bedeutet dies: Paulus ist unzweifelhaft damit befasst, die Unterscheidungen und Differenzen in der Schöpfungsordnung aufrechtzuhalten, sowohl in 1Kor 11,2–16 als auch im Brief als Ganzem (s. den Verweis in 15,40–41 auf die unterschiedliche δόξα sowohl zwischen den Himmelskörpern und den irdischen, als auch unter den Himmelskörpern selbst). Dieser Auffassung zufolge haben Engel die Aufgabe, diese Unterschiede in der Schöpfung zu bewahren – in unserem Fall die zwischen Mann und Frau. Vermutlich hielten Engel jede Handlung für anstößig, die eine solche Unterscheidungsmöglichkeit aufhebt (1Kor 11,3.8–9).[44]
Eine Hauptschwierigkeit in dieser Interpretation besteht überraschenderweise darin, dass es kaum einen Beleg in frühjüdischer oder rabbinischer Literatur gibt, nach dem

[43] Für die zutreffende Analyse dieses Textes vgl. *B.G. Wold*, Women, Men, and Angels. The Qumran Wisdom Document *Musar LeMevin* and Its Allusions to Genesis Creation Traditions (WUNT II/201), Tübingen 2005, 124–182.

[44] Vertreter dieser Position sind *J. Moffatt*, The First Epistle of Paul to the Corinthians, London 1947, 152; *Fitzmyer*, Feature (s. Anm. 14), 197 Anm. 36, 37 und *C.H. Talbert*, Reading Corinthians. A Literary and Theological Commentary on 1 and 2 Corinthians, New York 1987, 69.
Ein anderes Verhältnis zwischen Engelwesen und der Weltordnung wird vorgestellt von denjenigen, die Paulus die Annahme unterstellen, Engel seien Beschützer der „alten" Weltordnung, da sie als Vermittler bei der Gabe des Gesetzes agiert haben (Gal 3,19; vgl. Apg 7,53; Heb 2,2; Jub 1,27.29; 2,1 *passim*; ApokMos Einleitung; und Josephus, Ant. 15,136). Paulus verhandelt zwischen der eschatologischen (11,11–12) und der alten Ordnung (11,8–9) und weist Frauen an, eine Kopfbedeckung zu tragen, um entweder (a) der alten Ordnung entsprechen oder (b) sie erkennen zu lassen, dass sie nun berechtigt sind (11,10a), die alte Ordnung zu sprengen, der sie einst unterworfen waren. Für (a), vgl. *G.B. Caird*, Principalities and Powers, Oxford 1956, 15–22 und *T.W. Manson*, On Paul and John, 19–20; in Bezug auf (b), vgl. *Hooker*, Authority (s. Anm. 25), 412–413 und *Scroggs*, Paul (s. Anm. 20), 91 Anm. 46.

Engelwesen genau diese Rolle zugeschrieben wird,[45] ganz zu schweigen von einem mutmaßlichen Zusammenhang zwischen solchen Engeln und der Frisur von Frauen. Man geht aber sicher zu weit mit der Vermutung, die erwähnten Engeln in 11,10 haben mit der kosmischen Ordnung nichts zu tun; in der Tat scheint es doch einen Zusammenhang gegeben zu haben. Wenn dies der Fall ist, in welchem Sinne genau?

Drittens bringt uns der Vorschlag von J. Fitzmyer einen weiteren Schritt voran: Fitzmyer lenkt den Blick auf eine Reihe von Stellen in den Texten vom Toten Meer, die eine Anwesenheit von Engeln in der frommen Gemeinschaft hervorheben.[46] In seiner ersten Veröffentlichung dazu listete Fitzmyer vier Texte auf, nach denen strenge Reinheitsvorschriften wegen der Anwesenheit der Engel einzuhalten sind: Kriegsregel (1QM = 1QSerekh ha-Milḥamah) vii 6; Gemeinschaftsregel (1QSa = 1QRule of the Congregation) ii 8–9; 4QFlorilegium (= 4Q174) 1 i 3–4; und die Damaskusschrift in CD xv 15-17. Seitdem sind weitere, sich mit diesen Schriften zum Teil deckende Texte ans Licht gekommen, nämlich 4Q491 = 4QKriegsregel[a] 1–3.10 und 4Q263 = 4QD[a] 8 i 6–9.[47] Die Ähnlichkeit dieser Texte weist auf eine gemeinsam überlieferte Tradition hin, die auf Lev 21,18–23 anspielt, in der Kategorien von *Männern*[48] aufgelistet werden, denen die Teilnahme am Kultus Israels wegen ihres unreinen Zustands nicht gestattet ist. In der Kriegsregel handelt es

[45] Ich bin in dieser Hinsicht mit *Jaubert*, Voile (s. Anm. 23), 427, einverstanden; Jaubert unterstreicht, es gibt keine antiken, vor allem keine frühjüdischen Quellen, die auf diese Rolle der Engel hinweisen.

[46] *Fitzmyer*, Feature (s. Anm. 14).

[47] Die hebräischen Texte dieser Handschriften vom Toten Meer, mit entsprechenden Übersetzungen ins Englische, sind am leichtesten zugänglich in: *F. Garcia Martinez/E.J.C. Tigchelaar* (Hg.), The Dead Sea Scrolls Study Edition (2 Bd.), Grand Rapids ²2000.

[48] Nur in 1QM vii 3–4 werden Frauen gesondert erwähnt: „Weder ein junger Mann noch eine Frau (אשה) soll in ihre Lager eintreten von dem Zeitpunkt an, an dem sie Jerusalem für den Kampf verlassen, bis sie zurückkehren.“

sich um das Verbot der Teilnahme am endzeitlichen Krieg, während in der Gemeinschaftsregel, der Damaskusschrift und dem Florilegium von einer Nichtteilnahme am Gottesdienst der eschatologischen Gemeinde die Rede ist ist. Für Fitzmyer ist diese Begründung für die Ausschließung von halakhisch unreinen Menschen von besonderem Interesse: „denn die heiligen Engel sind unter ihnen“ (כי מלאכי קודש עם), was dem Ausdruck διὰ τοὺς ἀγγέλους („wegen der Engel“) in 1Kor 11,10 entspricht.[49] Zusammengenommen bekräftigen diese Texte nach Fitzmyer die Ansicht, dass die Anwesenheit der Engel die Einhaltung von Reinheitsgeboten in der Qumrangemeinde bestimmte.[50]
Man könnte die Deutung von Fitzmyer noch weiterentwickeln. Die genannten Texte vom Toten Meer spiegeln eine Auffassung wider, die ebenso in den Qumrantexten vertreten ist: die Gemeinde (vielleicht auch weitere Gemeinden) leitet ihr Selbstverständnis von der Anwesenheit der Engel in ihrer Mitte ab.[51] Zum Beispiel

[49] *Fitzmyer*, Feature (s. Anm. 14).

[50] Die Interpretation der Engel 1Kor 11,10 bei Fitzmyer wird z.B. angenommen von *H.J. Cadbury*, A Qumran Parallel to Paul, HTR 51 (1958), 1–2 und *Jervis*, Response (s. Anm. 11), 231–246 (hier 244 Anm. 53).

[51] Vgl. 1QS xi 8; 1QSb iii 6; iv 26; 1QH[a] iii 21–23; vi 13; xi 11–14; 2,10.14; 5,3; 7,11; 10,6–7; 1QM i 14–15; xii 1–2, 4–5, 7–9; xiii 10; xvii 6; 1Q36; 4Q181 1,3–4; 4Q400 ii 5–7; 4Q491 24,4; 4Q511 2,8; 8,9; 11Q14 ii 13–14. Zur Bedeutung dieser Texte vgl. die Studien von *B. Gärtner*, The Temple and the Community (SNTS.MS 1), Cambridge 1965; *P. von der Osten-Sacken*, Gott und Belial. Traditionsgeschichtliche Untersuchungen zum Dualismus in den Texten aus Qumran (StUNT 6), Göttingen 1969, 222–232; *H.-W. Kuhn*, Enderwartung und gegenwärtiges Heil (StUNT 4), Göttingen 1966, 66–73; *H. Lichtenberger*, Studien zum Menschenbild in Texten der Qumrangemeinde (StUNT 15), Göttingen 1980, 224–227 und *L.T. Stuckenbruck*, Angel Veneration and Christology (WUNT II/70), Tübingen 1995, 150–163. Da die Verfasserschaft der Mahnrede in den Höhlen 1 und 4 nicht der Qumrangemeinde zugeordnet werden kann, sind manche ihrer Textpassagen hinsichtlich einer Koordinierung menschlicher Erfahrung mit Engelwesen von besonderem In-

wird in der fragmentarisch erhaltenen Schrift 11QBerakhot die Präsenz sowohl von Gott als auch von Gottes Engeln in der Gemeinde als Grund dafür angegeben (ii 14), warum die Menschen ein geeignetes Klima, gute Ernte und Schutz vor einigen tödlichen und unrein machenden Gefahren genießen können (ii 7–14). Für diese schützende und fürsorgliche Behandlung werden neben Gott sogar die Engel gepriesen (ii 4–6).[52] In der Schabbatliturgie der Handschriften vom Toten Meer (Schirot 'Olat ha-Schabbat: 4Q400–407; 11Q17 und eine Hs. aus Masada) beschreibt die Gemeinde den himmlischen Gottesdienst der Engel. Die Mitglieder der anbetenden Gemeinschaft preisen ihr Privileg, an diesem Gottesdienst teilhaben zu dürfen (4Q400 ii 5–7). Die Gottesverehrung der himmlischen Engel wird deswegen für die Gemeinde von Menschen als vorbildhaft gesehen. Der Gottesdienst der Engelwesen führt die Gemeinde sogar dazu, die Engel selbst zu verehren: „sie (an dieser Stelle werden die Engelwesen *elim* genannt) werden verehrt unter all den Lagern der *elohim* (auch in der Liturgie eine Bezeichnung für Engelwesen) und sie sind unter menschlichen Versammlungen geehrt". Zweifellos ist die Anwesenheit der Engel in der Gemeinschaft nicht nur der Grund für das allgemeine Wohl der Gemeinde, sondern dient als Vorbild für den idealen Gottesdienst,

teresse: 4Q417 ii 15–18//4Q418 43,11–14; 55,8–12; 69,10–14; 81,4–5.

[52] Da 11QBerakhot ii inhaltlich mit 4Q285 1,1–10 übereinstimmt, postuliert M. Abegg, hier werde ein Teil der Kriegsregel überliefert; vgl. *M. Abegg*, Messianic Hope and 4Q285. A Reassessment, JBL 113 (1994), 81–91; und des Weiteren *P.S. Alexander/G.Vermes*, 4QSefer ha-Milḥamah, in: *S. Pfann/P. Alexander* (Hg.), Qumran Cave 4 XXVI. Cryptic Texts and Miscellanea, Part 1 (DJD 36), Oxford 2000, 231–232, 241–243. Die Segensformel dieses Textes, in der Gott und Engel nebeneinander gepriesen werden, zeigt, dass das Buch Tobit (so 11,14–15: fast genau der gleiche Wortlaut) einen traditionellen Segensspruch aufnimmt (vgl. beide griechischen Rezensionen, unter denen der Kodex Sinaiticus die ausgearbeitetere Form enthält); vgl. noch 4Q418 81,1–5.

nach dem sich die Mitglieder der Gemeinde sehnen. Wir können deswegen schlussfolgern: Dass die Begründung einer klaren Unterscheidung zwischen rein und unrein auf Engel verweist, zeigt die selbstverständliche Überzeugung, dass die Engel die Heiligkeit Gottes an die Gemeinde vermitteln.

Wir kehren wieder zurück zu 1Kor 11 und überlegen, auf welche Art und Weise die Texte vom Toten Meer einen Bedeutungsrahmen für die Erwähnung der Engel von Paulus liefern könnten. Zunächst aber stellen wir bei einem Vergleich fest: Im Unterschied zu den Schriften vom Toten Meer ist bei Paulus der Fokus der Rede auf Frauen gerichtet, obwohl auch die Texte vom Toten Meer die Teilnahme von Frauen in der gegenwärtigen und eschatologischen Gemeindeversammlung erlauben (1QM vii 3–4; 1QSa i 4). Die Teilnahme am Kultus bei den Gläubigen der Jesus-Bewegung und vor allem in den von Paulus beeinflussten Kreisen war nicht gebunden an die Beschneidung als Bedingung, sondern zeugt von einem neuen Status der Frau. Ein Evangelium, das nicht von der Beschneidung abhängig ist, hatte Folgen für die Beziehung zwischen Frauen und Männern; auf dieser Basis kann Paulus in 11,11 konstatieren: „Doch *im Herrn* ist weder die Frau etwas ohne den Mann, noch der Mann etwas ohne die Frau.“ Wenn man V. 8–9 mit einbezieht, unterweist Paulus die Frauen der Gemeinde, dass sie sich bedecken sollen, weil die Frau chronologisch an zweiter Stelle geschaffen wurde und weil ihr Abglanz (δόξα) von anderer Art ist als der des Mannes. Fitzmyer erklärt analog zu den Schriften vom Toten Meer, die Engel würden eine unbedeckte Frau als mit einem körperlichen Makel ausgestattet ansehen, und einen solchen Makel solle man vor der versammelten Gemeinde ausschließen.[53] Eine Kopfbedeckung kompensiere diesen Makel, vor allem in Anwesenheit der heiligen Engel, mit denen ein vorbildhafter, himmlischer und kultisch reiner

[53] *Fitzmyer*, Feature (s. Anm. 14), 56–57.

Gottesdienst assoziiert wird. Vermutlich waren die Korinther, einschließlich der Frauen, die in der versammelten Gemeinde gebetet und prophezeit haben, mit dieser Idealvorstellung vertraut; sie verstanden sich zusammen mit den Engeln als Verehrer Gottes (vgl. 13,1,[54] wo Paulus diese Auffassung einer ἀγάπη-Ethik unterordnet). D.h. in 11,10 tritt Paulus als Verfechter der Kopfbedeckung für Frauen um der Engel willen ein, mit denen die ganze Gemeinde den Gottesdienst feiert.

Ausgehend von den oben genannten Texten vom Toten Meer hat sich vor kurzem Cecilia Wassen für eine ähnliche Deutung eingesetzt. Sie hält die Engel in 11,10 für Wesen, auf die wegen ihrer Anwesenheit Rücksicht genommen werden muss. Sie weicht aber von der Meinung Fitzmyers ab, unverschleierte Frauen hätten einen körperlichen Makel. Stattdessen unterstreicht Wassen, die Kopfbedeckung diente eher dazu, das Aussehen einer Frau dem eines Mannes anzupassen.[55]

Die eben genannte Deutung ist weitgehend schlüssig. Sie versucht die Bezugnahme in 11,10 auf die Engel hinsichtlich des ganzen 1. Korintherbriefes und der Lage in Korinth zu verstehen. Sie ist auch vereinbar mit der Vorstellung, Engel seien Beschützer der von Gott geschaffenen Weltordnung.[56] Fitzmyer argumentiert auch

[54] Vgl. z.B. *Schüssler-Fiorenza*, Memory (s. Anm. 10), 228; *J.M. Gundry-Volf*, Paul on Women and Gender. A Comparison with Early Jewish Views, in: *R.N. Longenecker* (Hg.), The Road from Damascus. The Impact of Paul's Conversion on His Life, Thought, and Ministry, Grand Rapids 1997, 184–212, bes. 205: Man kann 1Kor 13,1 entnehmen, dass die erwähnten Engel als Vermittler von „Geistesgaben" verstanden werden.

[55] *C. Wassen*, „Because of the Angels". Reading 1 Cor 11:2–16 in Light of Angelology in the Dead Sea Scrolls, in: *A. Lange/E. Tov/M. Weigold* (Hg.), The Dead Sea Scrolls in Context. Integrating the Study of the Dead Sea Scrolls in Ancient Texts, Languages, and Cultures II (VT.S 140), Leiden/Boston 2011, 735–754 (hier 753) – darüber hinaus verweist Wassen auf JosAs 15,1, um die vermeintliche Angelegenheit in 1Kor 11 zu vermuten: „the uneasiness over the appearance of women in the presence of angels".

[56] Vgl. die bibliographische Angabe in Anm. 44.

überzeugend, dass Paulus sich dafür interessiert, „Heiligkeit" und „Reinheit" in der Gemeinde aufrechtzuhalten und dass „die Engel" in 11,10 etwas mit diesem Vorhaben zu tun haben. Es bleiben dennoch Schwierigkeiten bei dieser Haltung, besonders wenn man sie entgegen anderen möglichen Deutungen vertreten möchte. Diese Deutung setzt zum einen voraus, wenn wir von Fitzmyers These ausgehen, Paulus habe körperliche Defekte für einen hinreichenden Grund gehalten, von der Gemeinde ausgeschlossen zu werden, da Frauen ohne Kopfbedeckung für den Kult (so unter Einfluss von Lev 21,18–23 und den Texten vom Toten Meer) ungeeignet sind.[57] Ein zweites Problem besteht darin, dass die traditionsgeschichtliche Vorstellung, die Fitzmyer hinter dem Text vermutet, nichts Konkretes hinsichtlich der Teilnahme von *Frauen* im Gottesdienst bietet.[58] Man könnte sicherlich argumentieren, Paulus hat eine frühjüdische Engel-Tradition auf eine im Wesentlichen andersartige Situation in Korinth bezogen, in der die Teilnahme von Frauen am Gottesdienst schon eine Selbstverständlichkeit geworden war. Dieses Argument hat aber nur dann Bestand, wenn es keine weiteren Traditionen gibt, die unmittelbarer auf eine Beziehung zwischen Frauen und Engeln hinweisen. Eine dritte Schwierigkeit kommt somit auch in Betracht: Fitzmyer – wie auch viele andere exegetischen Studien zu 1Kor 11[59] – fühlt sich verpflichtet zu entscheiden, ob die Engel

[57] S. die vergleichbare Kritik von *Murphy-O'Connor*, Sex (s. Anm. 9), 497 und Anm. 57.

[58] Die Studie von *Wassen* (Angels [s. Anm. 55]), die die Texte in den Handschriften vom Toten Meer über Frauen am ausführlichsten berücksichtigt, entspricht eher dem jüngsten Forschungsstand.

[59] So *J. Héring*, The First Epistle of Saint Paul to the Corinthians. Übersetzt von A.W. Hethcote und P.J. Allcock, London 1962, 106–108; *Hooker*, Authority (s. Anm. 25), 412; *Barrett*, Corinthians (s. Anm. 3), 253–254; *Schüssler-Fiorenza*, Memory (s. Anm. 10), 228; *Fee*, Epistle (s. Anm. 13), 521; *Talbert*, Corinthians (s. Anm. 44), 69; *J. Winandy*, Un curieux *casus pendens*. 1 Corinthiens 11.10 et son

in V. 10 „gut" oder „böse" sind. Aus Gründen, die ich im Weiteren aufführen werde, ist eine solche Entscheidung irreführend; sie führt zur Annahme einer falschen Dichotomie.[60] Die Frage ist nicht so sehr, auf welche moralische Qualität der Engel Paulus verweist, sondern vielmehr, welche Weltanschauung (kosmologisch und anthropologisch gesehen) dem Apostel hätte nahelegen können, die Kopfbedeckung der Frauen für eine absolute Notwendigkeit zu halten, und das in einem so angespannten Kontext wie in Korinth. Diese Frage zeigt vielleicht die größte Schwierigkeit für Fitzmyers Deutung: Sie verlässt sich ausschließlich auf eine Analogiebetrachtung und liefert keine lückenlose Erklärung, sei es für eine Frisur oder eine Verschleierung. Statt von der Frage nach der Wesensart der „Engel" auszugehen, sollte sich die Diskussion über diesen Text eher auf die Funktion von Bedeckung und Verschleierung in der Antike fokussieren.

Dieser Punkt führt uns zu einem vierten Deutungsversuch, den ich für vertretbar halte, obwohl einige seiner Varianten von einigen Exegeten kategorisch abgelehnt worden sind: Kopfbedeckungen dienten einem prophylaktischen Zweck. Zunächst scheint diese These vorauszusetzen, dass die Engel in V. 10 als im Wesen „böse" aufzufassen sind; diese Annahme ist unnötig. Die entscheidendere Frage lautet anders: Welche gesellschaftlichen Funktionen wurden von einer Kopfbedeckung für Frauen im antiken Mittelmeerraum erfüllt? Weiter: Wie lassen sich einige dieser Funktionen mit dem Gewicht vereinbaren, das Paulus im Zusammenhang mit Prophetie von Frauen darauf legt? Wenn wir diese

interprétation, NTS 38 (1992), 621–629 (hier 627–628); und *Wassen*, Angels (s. Anm. 55).

[60] Wassen scheint sich, obwohl sie diesem Verständnis von „Engeln" in 1Kor 11,10 gegenüber aufgeschlossen ist, bewusst zu sein, dass dies eine einseitige Interpretation ist, denn sie betont ebenfalls, den Frauen werde auferlegt, sich in ihrem Aussehen weniger weiblich zu präsentieren (*Wassen*, Angels [s. Anm. 55], 753).

Fragen stellen, geht es nicht unbedingt darum, die theologische Intentionalität von Paulus vollständig nachzuvollziehen. Stattdessen legen wir Wert auf die Feststellung der Voraussetzungen, die die Forderung nach einer Kopfbedeckung für Frauen begleitet haben können.[61] Gewiss war das Tragen einer Kopfbedeckung bei Männern in der Antike nicht ungewöhnlich, aber bei Frauen hatte es erhebliche sexuelle Konnotationen. Bekleidung war ein Mittel, um die Unterschiede – oder besser: die Grenzen – zwischen Frauen und Männern zu markieren, um geschlechtsbezogene Kategorien zu unterscheiden. Man darf allerdings Praktiken in der griechisch-römischer Kultur der Antike nicht verallgemeinern: Wie man mit Kopfbedeckung umging, variierte nach Ort, nach kulturell und ethnisch bedingten Sitten, nach Gesellschaftschicht und nach der Zeit.[62] Wenn Frauen aber ihre Häupter bedeckten oder sich verschleierten – ob in der Öffentlichkeit,[63] bei Hochzeits-

[61] An dieser Stelle sind jüngere Studien, die eine ethnologische Perspektive berücksichtigen, von besonderer Wichtigkeit. Die unten aufgeführten Beobachtungen über die Signifikanz von Verschleierung in der griechisch-römischen Antike sind zum Teil den folgenden Veröffentlichungen zu verdanken: *H. King*, Producing Woman. Hippocratic Gynaecology, in: *L.J. Archer/S. Fischler/M. Wyke* (Hg.), Women in Ancient Societies, Houdsmills/Basingstoke/London 1994, 102–114; *G.P. Corrington*, The „Headless Woman“. Paul and the Language of the Body in 1 Cor 11:2–16, PRSt 18 (1991), 223–231; *A. Carson*, Putting Her in Her Place. Woman, Dirt, and Desire, in: *D.M. Halperin/J.J. Winkler/F.I. Zeitlin* (Hg.), Before Sexuality. The Construction of Erotic Experience in the Ancient Greek World, Princeton 1990, 135–169, bes. 153–164; und *Martin*, Body (s. Anm. 32), 229–249 und 294–300.

[62] So die unterschiedlichen Sitten über Verschleierung bei den Römern und den Griechen nach Plutarch, Römische Fragen 14.

[63] Vgl. Dio Chrysostomos, Or. 33,48–49: Es gibt eine fortwährende Sitte in Tarsus hinsichtlich „der Frauenkleidung“, sich in einer Weise anzuziehen, „dass niemand irgendwelchen Körperteil an ihnen sehen kann, weder das Gesicht noch den Rest des Körpers, und dass sie nichts von der Straße aus sehen.“ Die anschließende Erklärung von Dio konzentriert sich auf die Beherrschung der Frau (nicht des Mannes): Er bezeichnet die Bedeckung des Gesichts als eine

riten,[64] beim Trauern[65] oder bei der Teilnahme an einem religiösen Kult[66] – geschah das aufgrund der speziellen weiblichen Physiologie und Sexualität. Die Sitte der weiblichen Kopfbedeckung fand besonders Anklang innerhalb einer Gruppierung, die in der Sozialwissenschaft und Kulturanthropologie von Mary Douglas

Maßnahme, um Liederlichkeit (die einer Frau!) fernzuhalten, während ein enthülltes Gesicht so anfällig ist wie „eine unbedeckte Seele". Zur Schicklichkeit von Verschleierungen für Frauen in der Öffentlichkeit in frühjüdischer und rabbinischer Literatur vgl. *P.J. Tomson*, Paul and the Jewish Law. Halakha in the Letters of the Apostle to the Gentiles (CRINT III/l), Minneapolis 1990, 133. Vgl. Philo, Spec. Leg. 3,56: eine Deutung von Num 5, in der der Wegfall der Bedeckung einer Frau den Verlust ihrer Schuldlosigkeit symbolisiert.

[64] Vgl. *Carson*, Woman (s. Anm. 61), 160–164. Carson verweist auf eine Reihe von Quellen, von denen die folgenden (hinsichtlich der sozialen Beherrschung einer Braut) am wichtigsten scheinen: (a) Der Mythos, der die Unterwerfung der Göttin der Unterwelt (Ge) durch Verschleierung von Zeus erklärt (die Bedeckung soll ihre Verschönerung und Fruchtbarkeit bewirken); vgl. *H. Diels/W. Kranz* (Hg.), Die Fragmente der Vorsokratiker, Berlin [6]1951, 48. (b) Plutarch spricht von der gewöhnlichen Eheschließung in Böotien: Nach der Verschleierung der Braut wird ihrem Haupt eine Spargelkrone aufgelegt, die einen wohlriechenden Duft abgibt, damit sich ihre „anfängliche Widerwärtigkeit" in ein „nachgiebiges und süßliches Leben zusammen verwandele" (Moralia, Auffassung der Ehe 135 D). Hinsichtlich der Jungfräulichkeit einer Braut vgl. Lukian, Symposion oder die Lapith 8: Die Braut auf der Liegestatt, umgegeben von Frauen auf beiden Seiten, wird „durchaus verschleiert"; Homer, Odyssee 1,334: Penelope, begleitet von zwei Dienstmädchen an jeder Seite, ist von einem „Schleier über die Backen" bedeckt, ein Symbol ihrer Unverfügbarkeit für Interessenten. Zusätzlich gibt es zahlreiche Stellen in den Texten der klassischen Autoren über den Zeitpunkt der Enthüllung während einer Hochzeitsfeier, bei der die schützenden Grenzen um die Braut aufgehoben werden und sie dem durchdringenden Blick des Mannes ausgesetzt ist; vgl. *Carson*, Woman (s. Anm. 61), 163 und Anm. 55, und bes. *C.B. Patterson*, Marriage and the Married Woman in Athenian Law, in: *S.B. Pomeroy* (Hg.), Women's History and Ancient History, Chapel Hill 1991, 48–72.

[65] Vgl. Plutarch, Römische Fragen 14.

[66] So Apuleius, Metamorphosen 11.10; Varro, Über die lateinische Sprache 5,29,130; Juvenal, Satiren 6,390–392. S. auch den Exkurs oben S. 153–156.

„strong group“ genannt wird.[67] Diese Voraussetzungen reflektierten wiederum eine männliche Angst vor Gefahren, die mit der weiblichen Sexualität assoziiert wurden. Die Assoziation weiblicher Physiologie mit Feuchtigkeit und Porosität bzw. Durchlässigkeit führte zur Annahme, die Frau sei besonders gefährdet und ungeschützt vor Krankheit, sexueller Begierde, Irrationalität und Verschmutzung bzw. Kontamination. Diese Einschätzungen werden in der Antike erstaunlicherweise von denjenigen vertreten, die sich einer „wissenschaftlichen“ Untersuchung des weiblichen Körpers widmeten, wie sie zum Beispiel in den detaillierten Beobachtungen in den Schriften der hippokratischen Schule zu finden sind (beginnend im 4. und 5. Jh. v.u.Z.; vgl. das Werk „Krankheiten der Frauen“) und bei Aristoteles (4. Jh. v.u.Z., besonders in „Die Geschichte der Tiere“, „Die Teile der Tiere“, und „Die Entstehung der Tiere“).[68] Die Bedeutung dieser Quellen besteht weniger in ihrer traditionsgeschichtlichen Relevanz für Ideen, die Paulus bewusst aufgenommen hat oder die seiner Leserschaft in Korinth bekannt waren, sondern darin, dass Beobachtungen über das Weibliche selbst in „wissenschaftlichen“ Untersuchungen von männlichen Voraussetzungen über die Unterlegenheit von Frauen bedingt waren. In soziologischer Hinsicht bedeutete das Tragen einer Kopfbedeckung, vor allem wenn dies den Frauen auferlegt wurde, den Versuch, die Frau zu beherrschen, deren

[67] Zu diesem Ausdruck als ethnologische Kategorie s. *M. Douglas*, Natural Symbols, New York 1982, 54–64; hinsichtlich seiner Anwendung auf die neutestamentliche Exegese vgl. *B. Malina*, Christian Origins and Cultural Anthropology, Atlanta 1986, 14–15. Man darf annehmen, dass die Lage der korinthischen Gemeinde am ehesten dem „strong group, low grid“-Modell entspricht, nach dem eine strenge Berücksichtigung der Reinheit der Gemeinde mit ihrer Erfahrung hinsichtlich der Gefahr einer Verschmutzung von innen kombiniert wird.

[68] Vgl. die ausführliche Analyse dieser Quellen von *L. Dean-Jones*, The Cultural Construct of the Female Body in Classical Greek Science, in: *Pomeroy* (Hg.), Women's History (s. Anm. 64), 111–137.

physiologische Konstitution eine Gefahr für die männlich strukturierte Gesellschaft darstellte.[69] Es verwundert nicht, dass in einer Gruppe, die besonderen Wert auf den klar markierten Unterschied zwischen der „Reinheit“ der eigenen Mitglieder und dem Einfluss von außen legt, sich die Bestrebung nach Einschränkung der Verschmutzung und Unreinheit vornehmlich auf den Frauenkörper konzentriert; eine solche Haltung versucht Paulus bei den Korinthern zu bewirken (1Kor 5,1–2.9–13; 6,1.15–20; 8,7.11; 10,20–21).[70]

Die Annahme einer Anfälligkeit und Inferiorität des Weiblichen in der griechisch-römischen Antike zeigt sich in der jüdisch-apokalyptischen Literatur aus dieser Zeit,[71] und die damit verbundene Sitte, den Kopf zu bedecken, passte zu weit verbreiteten jüdischen Deutungen zu Gen 6,1–4. In Bezug auf diese Deutungstradition haben viele in der neutestamentlichen Wissenschaft den im Wesentlichen bösen Charakter der rebellierenden Engel, die der Schönheit der Menschentöchter auf der Erde verfielen, hervorgehoben. Dieses Bild basiert vor allem auf dem Wächterbuch in 1Hen (Kap. 6–11) und auf dem Buch der Riesen: In diesen verwandten Schriften werden „Gottessöhne“ in Genesis 6,1–2.4 für „Engel“ bzw. „Wächter“ gehalten, die das Böse in die Welt einführten, indem sie

[69] So mag die sexuelle Dimension von Kopfbedeckungen die Konstruktion einer weiblichen Physiologie voraussetzen (in der das Haupt und die Genitalien korreliert werden – die Entsprechung ist mehr als metaphorisch); vgl. in dieser Hinsicht *Dean-Jones*, Construct (s. Anm. 68), 124–125 und 136; ihrer Analyse folgt *Martin*, Body (s. Anm. 32), 237–239 und *G. Beattie*, Women and Marriage in Paul and His Early Interpreters (JSNT.SS 296), London 2005, 41–46.

[70] Es wäre deshalb einfach verfehlt, mit Fitzmyer in Bezug auf den Schleier als Schutzmaßnahme anzunehmen, es gäbe „lack of evidence showing that a woman's veil was ever thought of as having such a function in antiquity“ (*Fitzmyer*, Feature [s. Anm. 14], 193). Vgl. dazu *Martin*, Body (s. Anm. 32), 299 und Anm. 66.

[71] Z.B. Josephus, Gegen Apion 2,201 („die Frau ist dem Mann in allen Angelegenheiten unterordnet“) und Philo, Spec. Leg. 3,169–180 (die Frau hat eine untergeordnete Stellung und ist nach Sinnesempfindungen orientiert).

mit den Menschenfrauen unterdrückende und gewalttätige Giganten zeugten und der Menschheit verwerfliche Sitten und Praktiken beibrachten. Die gigantischen Nachkommen wurden als *mala mixta* betrachtet, da sie einer illegitimen und von Gott nicht erlaubten sexuellen Vereinigung zwischen himmlischen und irdischen Wesen entsprungen sind. Die Giganten verkörperten die Übertretung von Grenzen, die Gott der Weltordnung gegeben hatte (1Hen 15,8–16,3).

Vor diesem Hintergrund nehmen nicht wenige Exegeten an, dass die Engel in 1Kor 11,10 „böse" sind.[72] Dementsprechend sollen Frauen Kopfbedeckungen als Schutz gegen *diese* Engel tragen. Da diese Engel durchweg als männlich aufgefasst wurden, bedeuten irrende Engel eine sexuelle Gefahr, vor allem für Frauen. Dennoch, von der Bedeutung der Kopfbedeckung in der Antike ausgehend, scheint das Problem weniger mit der Wesensart von Engeln zu tun zu haben, als mit dem Bild des Frauenkörpers als für Begierde und Verschmutzung anfällig. Paulus geht es nicht darum, ein explizites Argument für die Anfälligkeit der Frauen angesichts einer Gefährdung durch die Engel zu liefern. Seine Begründungen für die Kopfbedeckung hängen vielmehr mit seinem Unvermögen zusammen, sich von der Vorstellung zu trennen, dass vor allem bei Frauen die Gefahr besteht, dass die von Gott gegebene Ordnung des Kosmos übertreten wird. Trotz der Aussage des Apostels zur Gleichwertigkeit von Frau und Mann in 11,11–12 manifestiert sich diese Meinung auf der Textebene.

[72] Vgl. *J. Hurd*, The Origin of 1 Corinthians, London 1965, 182–185 (bes. 184 Anm. 4 mit Bibliographie); *Walker*, Vocabulary (s. Anm. 6), 82; *B.S. Rosner*, Paul, Scripture and Ethics (AGJU 22), Leiden 1994, 139, und *L.J. Lietaert Peerbolte*, Man, Woman, and the Angels in 1 Cor 11:2–16, in: *G.P. Luttikhuizen* (Hg.), The Creation of Man and Woman. Interpretations of the Biblical Narratives in Jewish and Christian Traditions (Themes in Biblical Narrative 3), Leiden/ Boston 2000, 76–92.

Wenn Vorstellungen über Sexualität und Hierarchie in der Antike mit Kopfbedeckung verbunden waren, so ist die Frage nach „bösen“ oder „guten“ Engeln überflüssig. Hinsichtlich der jüdisch-apokalyptischen Überlieferungen wäre es zunächst wichtig, zu erkennen, dass die „gefallenen“ Engel am Anfang gute Wesen waren, bevor sie ihre Fehler begingen. Erst nachdem sie von ihrer zugeteilten Stellung abwichen, nahm das Problem seinen Anfang. Während im Wächterbuch die Entscheidung der Engel, mit Frauen Nachkommen auf der Erde zu zeugen, im Himmel getroffen wird, ist in der Fassung dieser Tradition im Buch der Jubiläen (5,1–11) der Ort des rebellierenden Verhaltens der Engel ein anderer; es findet nicht im Himmel, sondern auf der Erde statt, da die Engel von Gott zunächst beauftragt wurden, die Menschen zu unterrichten und Rechtschaffenheit und Gerechtigkeit auf der Erde auszuüben (Jub 5,6; vgl. 4,15). Kurz gefasst: Der Status der Engel ist in der Tradition nicht eindeutig. Was immer ihre Stellung gewesen sein mag – Engel haben das Potential, gegen die Weltordnung zu verstoßen. Trotz der Unterschiedlichkeit der Sphären, in denen Menschen und Engel ihre jeweilige Existenz verbringen, hatten Paulus und seine Leserschaft in Korinth eine Weltanschauung gemeinsam, nach der diese Wesen den gesellschaftlichen Raum teilten (vgl. 1Kor 4,9.15; 6,3; 13,1). Da sich die Vorstellung von Engeln gewöhnlich mit männlicher Sexualität verband, und da Frauen als anfällig für ein Eindringen von außen gehalten wurden, deutet der Verweis auf Engel in 11,10 subtil darauf hin, dass es sich bei der Kopfbedeckung um mehr als nur die Regelung der Beziehung zwischen Männern und Frauen handelt. Den Kopf zu bedecken, ist auch eine Maßnahme für die Einhaltung der bestehenden kosmischen Ordnung. Eine Kopfbedeckung wirkt prophylaktisch und sorgt für die Konstanz in der von Gott geschaffenen Weltordnung, indem sie die Grenzen zwischen getrennten, wenn auch manchmal sich gesellschaftlich überlappendenden, Bereichen klarer zieht.

Diese Abgrenzungen, die das Universum seit der Schöpfung bestimmen und strukturieren, sollen geachtet werden. Für Paulus diente zugleich die Kopfbedeckung der Trennung der Frauen und Männer voneinander; die geschlechtliche Differenzierung richtet sich beim Apostel nach der gesellschaftlich geläufigen Hierarchie und entsprach so dem Status quo. Zugleich bewirkt die Kopfbedeckung, dass Frauen von den Engeln unterschieden werden, da beide Kategorien jeweils einem anderen Teil der Weltordnung angehören.[73] Ebenso wie Männer sind Engel anfällig für die sexuellen Reize der Frauen. Die Kopfbeckung funktionierte also als zweifacher Schutz:[74] Einerseits schützt sie Frauen vor unzulässigem Eindringen von außen, und andererseits schützt sie jene, die (aus männlicher Sicht) außerhalb sind, vor einer Versuchung durch die Frau.[75]

[73] Daher die Wichtigkeit, die von den Engeln gezeugten Nachkommen als der Weltordnung unpassend zu betrachten.

[74] Diese doppelte Funktion findet sich im oben zitierten Text von Dio Chrysostomos (Anm. 63). Vgl. auch Tertullian, Vom Putz der Frauen und Über die Verschleierung der Jungfrauen: Der Schleier schützt sowohl eine Frau vor Gefahren von außerhalb (Über die Verschleierung 3: „jede öffentliche Enthüllung einer ehrenwürdigen Jungfrau ist … das Leiden einer Vergewaltigung“) als auch die Engel vor ihrer Anfälligkeit (Über die Verschleierung 7: „so ein gefahrvolles Gesicht soll beschattet werden, da es Anstoßsteine bis zu den Himmeln hinaufwirft: wenn es in der Anwesenheit Gottes steht und für den Abtrieb der Engel von ihren eingegrenzten Gebieten beschuldigt wird, könnte es im Angesicht der anderen Engel erröten“). In seiner Interpretation zu 1Kor 11 ist Tertullian vom Wächter-Mythos der henochschen Tradition deutlich beeinflusst worden. Im Unterschied zur Henoch-Tradition und anderen apokalyptisch orientierten Schriften beschränkt er das Interesse der bösen Engel auf Jungfrauen. Es gibt kein Indiz in 1Kor 11 dafür, dass bei Paulus von Jungfrauen die Rede ist.

[75] Es ist erwähnenswert, dass jüdische Deutungen von Gen 6,1–4 nicht nur die „Wächter“ bezichtigten, die Menschheit vor der Sintflutzeit gefährdet zu haben (bes. 1Hen 7–8; 69,1–15; 86,1–5; Jub 4,21–22), sondern auch (geschmückte) Frauen (so griech. Synk zu 1Hen 8,1; TestRub 5,1–6; vgl. 1Hen 19,1). Die Bedeckung des Hauptes hätte einen auffälligen Bereich des Frauenkörpers unsichtbar gemacht, der, wenn er geschmückt und verschönert war, oftmals mit

6 Schlusswort

In der vorangehenden Analyse über die Anweisungen des Apostels und seine Begründungen dafür habe ich versucht, 1Kor 11 so zu besprechen, als handelte es sich nicht um etwas Normatives. Stattdessen haben sich die Ausführungen mit der im Text vorausgesetzten Weltanschauung beschäftigt, nach der die Erwähnung der Engel einen Sinn ergibt.
Eine Berücksichtigung des weiteren Kontexts des 1. Korintherbriefes legt nahe, dass Paulus und die Gemeinde in Korinth den Gottesdienst als eine Versammlung im Beisein der Engel betrachteten. Diese Ansicht hätte die Gemeinde gezwungen, sich ordnungsgemäß „rein" zu halten, obwohl Paulus dieses Idealbild relativieren konnte (so 13,1), wenn er meint, dass einige Mitglieder der Gemeinde einen zu hohen Wert darauf legten. Obwohl Paulus sich im Brief positiv über die Bedeutung der Engel für die Gemeinde äußert, reicht dies für eine vollständige Erklärung von 11,10 nicht aus. Jeder Kommunikationsakt – Paulus ist dabei keine Ausnahme – bindet eine Reihe von Ideen ein, die einerseits mit Absicht, andererseits unreflektiert angeführt werden. Was absichtlich geäußert wird und was vorausgesetzt und ungeprüft im Hintergrund eine Rolle spielt, kann eine logische Spannung aufweisen. Im Fall von 1Kor 11 sollten wir deswegen die sich widersprechenden Aussagen von Paulus in V. 8–9 einerseits und V. 11–12 andererseits nicht zu schnell in Einklang miteinander bringen wollen, vor allem da der Apostel einer in der Antike weit verbreiteten Weltanschauung anhing, nach der die Kopfbedeckung bei Frauen mit sexuellen Konno-

sexuellen Untugenden assoziiert wurde; dies wiederum bedeutete einen fremden Einfluss auf die sittlich orientierten römischen Männer (etwa durch die aus dem Orient – Indien, China, und Arabien – eingeführte Kosmetik); vgl. *M. Wyke*, Woman in the Mirror. The Rhetoric of Adornment in the Roman World, in: *L.J. Archer* u.a. (Hg.), Women in Ancient Societies (Anm. 61), 134–151.

tationen belastet sein konnte. Die Erwähnung von Engeln ist als Reflex auf diese Konnotationen zu betrachten: Welcher Art auch immer die Teilnahme der Engel am Gottesdienst gewesen sein mag, es bleibt die Möglichkeit, dass auch sie gegenüber unbedeckten Frauenhäuptern sexuell anfällig sind.

Auch darf die Wirkungsgeschichte von 1Kor 11,2–16 nicht übersehen werden. Da die christliche Tradition der paulinischen Korrespondenz eine gewisse Autorität beimisst, muss man die Frage doch stellen, inwiefern unsere Erwägungen für theologisch sinnvoll zu halten sind. Eine Antwort ergibt sich im Blick darauf, was Paulus im Text einerseits absichtlich bewirken will und was andererseits tatsächlich bewirkt wird. Er schwankt zwischen einem Prinzip „weder Mann noch Frau", das für ihn der eschatologischen Realität „im Herrn" entspricht (Gal 3,28; 1Kor 11,11f.), und gesellschaftlich bedingten Ansichten und Voraussetzungen, die eine Umsetzung dieses Idealbilds in Bezug auf gerechte Verhältnisse zwischen Frauen, Männern und sogar Engeln abschwächen. Die Annahme bleibt bestehen, dass die Anweisungen in 1Kor 11,2–16 den Frauen in Korinth, selbst wenn sie im Gottesdienst beten oder prophetisch reden, eine untergeordnete Stellung beimessen. In der Praxis bleibt der Status der Frau in den hierarchischen Verhältnissen des Kosmos eingewoben (11,3: „Christus ist das Haupt eines jeden Mannes; der Mann aber ist das Haupt der Frau; Gott aber ist das Haupt Christi"). Letztendlich liegt im Text eine unauflösbare Spannung vor. Von theologischem Interesse ist weniger, zu welchem Schluss der Apostel hinsichtlich der Frage nach einer Kopfbedeckung gekommen ist, als vielmehr, dass er überhaupt bemüht war, seiner religiösen Identität und der seiner Leserschaft gerecht zu werden – und zwar in einem Komplex von frommen Traditionen, neuen Ansätzen im Evangelium und Sitten, die mit gesellschaftlich bedingten Vorstellungen von Sexualität im Mittelmeerraum verbunden waren. Es ist diese Verflochtenheit, die sich in unserem Text wiederfindet.

Jacob Brouwer

Gott, Christus, Engel, Männer und Frauen

Chronologisch-thematische Bibliographie zu 1Kor 11,2–16[1]

Diese chronologisch und thematisch geordnete Bibliographie ist über die Jahre hindurch gewachsen. Hier ist die Literatur zu 1Kor 11,2–16 von der frühesten Rezeption dieses Textes bis zur Forschungsdiskussion im 21. Jahrhundert gesammelt.
Die Quellentexte zur Rezeptions- und Wirkungsgeschichte (Abschnitt 1) sind chronologisch geordnet, die entsprechende Sekundärliteratur folgt dem jeweiligen Eintrag des Quellentextes. Die wissenschaftliche Literatur des 20. und 21. Jahrhunderts (Abschnitt 2) ist zunächst nach den Gattungen Monographien (2.1), Aufsätze (2.2) und Abschnitte zu 1Kor 11,2–16 in Beiträgen zu anderen Themen (2.3) geordnet. Innerhalb dieser Abschnitte sind die Einträge zum einen nach Themen, zum anderen nach Versgruppen oder Versen geordnet, sofern sich die Beiträge auf solche beziehen. Innerhalb dieser einzelnen Abschnitte ist die Reihenfolge chronologisch.
Vollständigkeit ist in dieser Bibliographie nicht angestrebt – wohl aber Breite in mancherlei Hinsicht. Übrige, hier nicht verzeichnete Literatur kann der Nutzer in Bibliotheken, (digitalen) Katalogen, in Kommentaren und im Internet auffinden.

[1] Ich danke dem Herausgeber dieses Bandes für die Bereitschaft, meine Bibliographie hier aufzunehmen und sie für die Drucklegung aufzuarbeiten.

Diese Bibliographie wird im Internet fortgeführt unter http://jbrouwer1978.wordpress.com. Ergänzungen seitens der Leser sind herzlich willkommen.

1 Rezeptions- und Wirkungsgeschichte von 1 Kor 11,2–16

1.1 Die Rezeption von 1 Kor 11,2–16 in der Alten Kirche

1.1.1 Quellen zur Rezeption von 1Kor 11,2–16 in der alten Kirche

a) Tertullian von Karthago (160–230 n.Chr.)

De Corona: Kroymann, Emil (Hg.), Quinti Septimi Florentis Tertulliani opera. Pars II, Opera montanistica (Corpus Christianorum Series Latina 2), Turnhout 1954, 1037–1065.

De Cultu Feminarum: Turcan, Marie (Hg.), La Toilette des Femmes (Sources Chrétiennes 173), Paris [2]2007.

De Virginibus Velandis: Mattei, Paul/Schulz-Flügel, Eva (Hg.), Le Voile des Vierges (Sources Chrétiennes 424), Paris 1997.

b) Origenes (185–253/254 n.Chr.)

Katenen-Fragmente zum Ersten Korintherbrief:

Jenkins, Claude, Origen on I Corinthians, The Journal of Theological Studies 9 (1908), 231–247, 353–372, 500–514; 10 (1909), 29–51.

Turner, Cuthbert Hamilton, Notes on the Text of Origen's Commentary on 1 Corinthians, The Journal of Theological Studies 10 (1909), 270–276.

c) Cyprian von Karthago (200–258 n.Chr.)

De Habitu Virginum: Keenan, Angela Elizabeth (Hg.), Thasci Caecili Cypriani de habitu virginum. A Commentary, with an Introduction and Translation, Patristic studies 34, Washington, D.C. 1932.

d) Quellen zur Rezeption von 1Kor 11,2–16 in der Spätantike

Eusebius von Caesarea: Historia ecclesiastica VI,27–28.
Makarios von Ägypten: Homiliae 12(,15); 15(,3).
Ambrosiaster: Ambrosiastri qui dicitur Commentarius in Epistulas Paulinas: Patrologia Latina 17, 253B–D, 254A.
Hieronymus von Stridon: Epistulae, Nr. 127, 136–148.
Augustin von Hippo: De Civitate Dei 15,7; De Genesi ad Litteram 3,22,34; 11,42; De Opere Monachorum 32,40; De Trinitate 12,7,10–12.

1.1.2 Quellen zur Rezeption einzelner Aspekte von 1Kor 11,2–16 in der Alten Kirche[2]

a) Das Verhältnis zwischen Christus, Mann und Frau (1Kor 11,2–3.7–9.11–12)

Klemens von Alexandrien (125/150–215 n.Chr.): Stromateis IV,63.5; Paedagogus III,63,1–2.
Tertullian von Karthago (160–230 n.Chr.): De Cultu Feminarum II,7,1–2.
Adversus Marcionem V,8,1-2; De Corona 14,1–2; De Virginibus Velandis 7,2.
Origenes (185–253/254 n.Chr.): Homiliae in Josua 9,9; Homiliae in Leviticum 8,9; Commentarius in Epistolam ad Romanos III,7 (10); V,1; V,7.
Didascalia Apostolorum (2./3. Jh. n.Chr.) III.

b) „Frauen, die in der Gemeinde prophezeien" (1Kor 11,4–5)

Irenaeus von Lyon (140–202 n.Chr.): Adversus Haereses III,11,9; V,6,1.
Tertullian von Karthago: Adversus Marcionem V,8,11; De Anima 9,4; De exhortatione castitatis 10,5; De resurrectione mortuorum 11,2.

[2] Die Textverweise und Versgruppierungen sind der Monographie von Riemer Roukema (siehe 1.1.3 a) entnommen.

Origenes: Katenen-Fragmente zum Ersten Korintherbrief fr. 74,18–19; De Oratione 2,2.
Cyprian von Karthago (200–258 n.Chr.): Epistula 75,10 (Chainoine Bayard [Hg.], Saint Cyprien. Correspondance I–II [Collections des Universités de France], Paris 1925. In anderen Zählungen: Epistula 74).

c) *Die Kopfbedeckung von Frauen (1Kor 11,5–6.13–16)*

Klemens von Alexandrien: Paedagogus II,54,2; II,114,1–3; III,79,4.
Tertullian: De Corona 4,2; De Cultu Feminarum II,7,1–2; De Oratione 15,2; 21,1–22,10; De Pudicitia 14,12; De Virginibus Velandis 1,7; 2,1; 2,3–4; 3,1; 4,1–8,4; 9,1–3; 11,1–6; 13,2; 14,1–5; 16,3; 17,1–4.
Hippolyt von Rom (170–235 n.Chr.): Traditio Apostolica 18,5.
Origenes: Homilia in Ezechielem 3,3–5.
Cyprian von Karthago: De Habitu Virginum 5, 9, 18, 21.

d) *„Die ‚Macht' auf dem Haupt um der Engel willen" (1Kor 11,10)*

Klemens von Alexandrien: Excerpta ex Theodoto 44; Hypotyposeis IV.
Irenaeus: Adversus Haereses I,4,5; I,8,2.
Hippolyt von Rom: Commentarius in Danielem I,25.
Tertullian von Karthago: Adversus Marcionem V,8,2; De Corona 14,2; De Oratione 22,5-6; De Virginibus Velandis 7,2; 17,2.
Origenes: Commentarii in Canticum Canticorum II,4,10; IV,2,25 De Principiis I,6,2; Homiliae in Lucam 23,8.

e) *Anthologien altkirchlicher Texte zum 1. Korintherbrief*

Kovacs, Judith L., 1 Corinthians. Interpreted by Early Christian Commentators, Grand Rapids 2005, 177–184.
Bray, Gerald, Ancient Christian Commentary on Scripture. New Testament VII: 1–2 Corinthians, Downers Grove, Ill. ^{2}2006, 101–106.

1.1.3 Sekundärliteratur zur Rezeption von 1Kor 11,2–16 in der Alten Kirche

a) Monographien zur Rezeption von 1 Kor 11,2–16 in der Alten Kirche

Roukema, Riemer, De uitleg van Paulus' eerste brief aan de Corinthiërs in de tweede en derde eeuw, Kampen 1996 (Eine deutsche Ausgabe ist geplant in der Reihe Novum Testamentum Patristicum bei Vandenhoeck & Ruprecht, Göttingen.)

Daniel-Hughes, Carly, Dressing for the Resurrection. The Salvation of the Flesh in Tertullian of Carthage, New York 2011.

b) Aufsätze zur Rezeption einzelner Aspekte von 1Kor 11,2–16 und zur Thematik von Kleidung, Kopfbedeckung und Haartracht bei altkirchlichen Autoren

Zu 1Kor 11,3

Bolt, Peter G., Three Heads in the Divine Order. The Early Church Fathers and 1 Corinthians 11:3, The Reformed Theological Review 64 (2005), 147–161.

Zu 1Kor 11,4.7

Harrison, Nonna Verna, Women, Human Identity, and the Image of God. Antiochene Interpretations, Journal of Early Christian Studies 9 (2001), 205–249.

Brown II, A. Philip, Chrysostom and Epiphanius. Long Hair Prohibited as Covering in 1 Corinthians 11:4, 7, Bulletin of Biblical Research 23 (2013), 365–376.

Zu Klemens von Alexandrien

Desjardins, Michel, Why Women Should Cover Their Heads and Veil Their Faces. Clement of Alexandria's Understanding of the Body and His Rhetorical Strategies in the *Paedagogus*, Scriptura 90 (2005), 700–708.

Zu Tertullian von Karthago

Elssner, Thomas R., Tertullian und der gegenwärtige Kopftuchstreit. Eine Relektüre, Zeitschrift für Religions- und Geistesgeschichte 56 (2004), 317–331.

Dunn, Geoffrey D., Rhetoric and Tertullian's *De virginibus velandis*, Vigiliae Christianae 59 (2005), 1–30.

Cohick, Lynn H., Virginity Unveiled. Tertullian's Veiling of Virgins and Historical Women in the First Three Centuries A.D., Andrews University Seminary Studies 45 (2007), 19–34.

Daniel-Hughes, Carly, „Wear the Armor of Your Shame!" Debating Veiling and the Salvation of the Flesh in Tertullian of Carthage, Studies in Religion/Sciences Religieuses 39 (2010), 179–201.

Zu Cyprian von Karthago

Hoffmann, Andreas, „Ad Dei munera per diuina praecepta" (Cypr., hab. uirg. 2). Ethische Unterweisung und ihre biblische Begründung in Cyprians Schrift de habitu uirginum, in: Hans-Ulrich Weidemann (Hg.), Asceticism and Exegesis in Early Christianity. The Reception of New Testament Texts in Ancient Ascetic Discourses (Novum Testamentum et Orbis Antiquus 101), Göttingen 2013, 377–412.

Zum Ambrosiaster

Hunter, David G., The Paradise of Patriarchy. Ambrosiaster on Woman as (Not) God's Image, The Journal of Theological Studies 43 (1992), 447–469.

Ioannides, Photios, Τα Υπομνήματα του Αμβροσιαστή στις δύο προς Κορινθίους Επιστολές του Απ. Παύλου (Die Kommentare des Ambrosiaster über Paulus' zwei Briefe an die Korinther), in: Belezos, Constantine J., (Hg.), Saint Paul and Corinth. 1950 Years since the Writing of the Epistles to the Corinthians. Exegesis – Theology – History of Interpretation – Philology – Philosophy – St. Paul's Time I, Athen 2009, 735–744, hier 742–744.

Zu Johannes Chrysostomos

Zamfir, Korinna, Men and Women in the House(hold) of God. Chrysostom's Homilies on 1 Tim 2,8–15, Sacra Scripta 6 (2008), 144–163.

Zu Augustinus von Hippo

Demyttenaere, Albert, De God van Augustinus en het geheim van de gesluierde vrouw. Enkele passages in een traktaat over de Drieëenheid, in: Mostert, Marco/Demyttenaere, Albert/van Hartingsveldt, Edward O./Künzel, Rudi E. (Hg.), Vrouw, familie en macht, Hilversum 1990, 195–234.

Martin, Thomas F., Augustine's Pauline Method. 1 Corinthians 11:2–16 as A Case Study, in: Spitaler, Peter (Hg.), Celebrating Paul. Festschrift in honor of Jerome Murphy-O'Connor, O.P., and Joseph A. Fitzmyer, S.J. (Catholic Biblical Quarterly Monograph Series 48), Washington, D.C. 2011, 337–360.

Doerfler, Maria E., „Hair!" Remnants of Ascetic Exegesis in Augustine of Hippo's *De Opere Monachorum*, Journal of Early Christian Studies 22 (2014), 79–111.

1.2 Die Rezeption von 1Kor 11,2–16 im Mittelalter und in der Reformationszeit

1.2.1 Quellen zur Rezeption von 1Kor 11,2–16 im Mittelalter (ca. 500–1500)[3]

Biblia sacra cum glossa ordinaria 6, Antwerpen 1617, Sp. 283–288.[4]

Hrabanus Maurus (780–856 n.Chr.): Patrologia Latina 112, Paris 1878, 99–105.

Haimo von Auxerre (9. Jh.): Patrologia Latina 117, Paris 1881, 567.

Sedulius Scottus (9. Jh.), Collectanea in omnes Beati Pauli Epistulas: Patrologia Latina 103, Paris 1851, 150.

Gratianus (Mönch, gest. 1159), Decretum Gratiani: Aemilius Richter, Ludouicus/Friedberg, Aemilius (Hg.), Decretum magistri Gratiani, C. 33, q. 5, c. 19. Leipzig 1879, 1255.

[3] Die Quellenverweise sind größtenteils dem Aufsatz von Gabriela Signori (siehe 1.2.2) entnommen.

[4] Diese Quellensammlung enthält frühmittelalterliche Texte, viele Bibelausgaben ab dem 15. Jahrhundert.

Wilhelmus Durandus (1230–1296), Rationale Divinorum Officiorum: Davril, Anselmus/Thibodeau, Timothy M. (Hg.), Gvillelmi Dvranti Rationale divinorvm officiorvm I–IV (Corpus christianorum. Continuatio mediaeualis 140), Turnhout 1995, 27, 351.

Nikolaus von Lyra (1270–1349), Postilla litteralis: Biblia sacra cum glossa ordinaria 6, Antwerpen 1617, Sp. 283–289.

Konzil von Lüttich/Liège (1287): Schannat, Johannes Friedrich/ Hartzheim, Joseph (Hg.), Concilia Germaniae Bd. 3, Köln 1760, 697; Bd. 4, Köln 1761, 131, 242; Bd. 5, Köln 1763, 14, 242, 573.

Heinrich von Langenstein (1325–1397), Erchantnuzz der sund: Rudolf, Rainer (Hg.), Erchantnuzz der sund. Nach österreichischen Handschriften (Texte des späten Mittelalters und der frühen Neuzeit 22), Berlin 1969, 165.

Jean Gerson (1363–1429), Comment on se doit maintenir à la messe: Glorieux, Palémon (Hg.), Œuvres completes de Jean Gerson 10, Paris 1973, 321–323, Nr. 532b.

Dionysius der Kartäuser (1402/1403–1471), Enarratio in epistolam 1 beati Pauli ad Corinthios: Doctoris ecstatici d. Dionysii Cartusiani opera omnia 13, Tournai 1909, 175.

Enea Silvio Piccolomini [auch Papst Pius II.] (1405–1464): Piccolomini an Guiliano de' Caesarini, Mailand, Juli 1434, in: Wolkan, Rudolf (Hg.), Der Briefwechsel des Eneas Silvius Piccolomini. 1. Abteilung. Briefe aus der Laienzeit (1431–1445), Bd. 1: Privatbriefe (Fontes rerum austriacarum 61), Wien 1909, Nr. 16, 33.

Spieghel der leyen (1444): Roolfs, Friedel Helga (Hg.), Der „Spieghel der leyen". Eine spätmittelalterliche Einführung in die Theologie der Sünde und des Leidens. Diplomatische Edition und philologische Untersuchung (Niederdeutsche Studien 50), Köln/Böhlau 2004, 243.

Der Große Seelentrost (1450): Schmitt, Margarete (Hg.), Der Große Seelentrost. Ein niederdeutsches Erbauungsbuch des vierzehnten Jahrhunderts, Köln/Graz 1959, 95.

Gottschalk Hollen (1411–1481), Preceptorium: Gotschalcus Hollen, Preceptorium domini Gotscalci Hollen de ordine heremetar[um] sancti Augustini, Nuremberg 1503.

Christian Wurstisen (1544–1588), Basler Chronik: Basler Chronik, Basel 1580 (Reprint Genf 1978), Bl. DCLXJ.

Robert de Blois, Chastoiement des dames (13. Jh.): Fox, John Howard (Hg.), Robert de Blois. Son oeuvre didactique et narrative – étude linguistique et littéraire suivie d'une édition critique avec commentaire et glossaire de „L'Enseignement des princes" et du „Chastoiement des dames", Paris 1950, 143f.

1.2.2 Sekundärliteratur zur Rezeption von 1Kor 11,2–16 im Mittelalter

Bloch, R. Howard, Chaucer's Maiden's Head. „The Physician's Tale" and the Poetics of Virginity, Representations 28 (1989), 113–134.

Hamaguchi, Keiko, Transgressing the Borderline of Gender. Zenobia in *The Monk's Tale*, The Chaucer Review 40 (2005), 183–205.

Signori, Gabriela, Schleier, Hut und Haar. Gedanken zur Rezeptionsgeschichte von 1 Korinther 11,3–16, in: dies., Räume, Gesten, Andachtsformen. Geschlecht, Konflikt und religiöse Kultur im europäischen Mittelalter, Ostfildern 2005, 96–113.
Englische Übersetzung: dies., Veil, Hat or Hair? Reflections on an Asymmetrical Relationship, The Medieval History Journal 8 (2005), 25–47.

Charry, Brinda, „[T]he Beauteous Scarf". Shakespeare and the „Veil Question", Shakespeare 4 (2008), 121–136.

Minnis, Alastair, *De impedimento sexus*. Women's Bodies and the Prohibition of Priestly Power, in: ders., Fallible Authors. Chaucer's *Pardoner* and *Wife of Bath*, Philadelphia 2008, 170–245, 419–439.

Ljungqvist, Fredrik Charpentier, Female Shame, Male Honor. The Chastity Code in Juan Luis Vives' *De institutione feminae Christianae*, Journal of Family History 37 (2012), 139–154.

1.2.3 Quellen zur Rezeption von 1Kor 11,2–16 in der Reformationszeit (ca. 1500–1600)[5]

Erasmus, Desiderius (1466/1467/1469–1536): Reeve, Anne/Screech, Michael Andrew (Hg.), Erasmus' Annotations on the New Testament. Acts – Romans – I and II Corinthians. Facsimile of the Final Latin Text with All Earlier Variants, Leiden 1990.

Capito, Wolfgang Fabricius (1478–1541), Hexemeron Dei Opus, Strasbourg 1539.

Cajetanus, Thomas (1480–1547), Opera omnia qvotqvot in Sacrae Scripturae Expositionem Reperiuntur, 5 Bände, Lyon 1639.

Luther, Martin (1483–1546): Luther's Works (American Edition). 55 Bände, Saint Louis/Philadelphia 1955–1986.

Zwingli, Huldrych (1484–1531): Egli, Emil (Hg.), Huldreich Zwinglis Sämtliche Werke (Corpus Reformatorum 88–101), 14 Bände, Neudruck, Zürich 1983.

Musculus, Wolfgang (1497–1563), In Ambas Apostoli Pauli Ad Corinthios Epistolas Commentarii, Basel 1566.

Vermigli, Petrus Martyr (1499–1562), In Librvm Ivdicvm ... Commentarii, Zürich 1561.

Bullinger, Heinrich (1504–1575), In Omnes Apostolicas Epistolas, Divi Videlicet Pavli xiiii. et vii. Canonicas, Commentarii, Zürich 1537.

—, Der christlich Ehestand, Zürich 1540.

[5] In der Zeit der protestantischen kirchlichen Reformation wird der Bibelkommentar als Sondergattung mehr erkennbar und verbreitet (siehe W. Wischmeyer, Art. Kommentar I: Kirchengeschichtlich, in: Oda Wischmeyer [Hg.], Lexikon der Bibelhermeneutik. Begriffe – Methoden – Theorien – Konzepte, Berlin/Boston ^{2}2013, 330–331). Es handelt sich qua Inhalt um eine mehr oder weniger systematische Auslegung und Interpretation von Bibelstellen, qua Form um Kommentare im engeren Sinne zu einzelnen Büchern der Bibel, oder um später herausgegebene Sammlungen von Predigten oder Vorlesungen. Wegen des mehr oder weniger systematischen Charakters der Kommentare kann man die Ausführungen zu einzelnen Bibelversen oder Perikopen ad locum nachlesen. Deshalb beschränke ich mich hier auf Verweise nach den Kommentaren bzw. Ausführungen zu 1Kor 11,2–16 in anderen Werken. Quellenverweise sind größtenteils der Monographie von John Thompson (Reading the Bible with the Dead; siehe 1.2.4) entnommen. In dieser Monographie findet sich auch eine Liste von Kommentaren zum 1. und 2. Korintherbrief aus der Zeit der Reformation (S. 295–296), sowie detailliertere Ausführungen zur Quellenlage und einzelnen Versen aus 1Kor 11,2–16.

Calvin, Johannes (1509–1564): Torrance, David W./Torrance, Thomas F. (Hg.), Calvin's New Testament Commentaries, 12 Bände, Grand Rapids 1959–1972.

1.2.4 Sekundärliteratur zur Rezeption von 1Kor 11,2–16 in der Reformationszeit

Thompson, John L., John Calvin and the Daughters of Sarah, Genf 1992, 65–105, 187–226.

—, Patriarchy and Prophetesses. Tradition and Innovation in Vermigli's Doctrine of Woman, in: James III, Frank A. (Hg.), Peter Martyr Vermigli and the European Reformations, Leiden 2004, 139–158.

—, Silent Prophetesses? Unraveling Theory and Practice in 1 Corinthians 11, in: ders., Reading the Bible with the Dead. What You Can Learn from the History of Exegesis That You Can't Learn from Exegesis Alone, Grand Rapids/Cambridge 2007, 113–135, 248–250.

—, Wasn't Adam Deceived? Deciphering Paul's Arguments about Women in Creation, Fall, and Redemption, in: ders., Reading the Bible with the Dead. What You Can Learn from the History of Exegesis That You Can't Learn from Exegesis Alone, Grand Rapids/Cambridge 2007, 161–184, 254–259.

1.3 Die Rezeption von 1Kor 11,2–16 vom 17. Jahrhundert bis zum Anfang des 21. Jahrhunderts

1.3.1 Quellentexte aus dem 17. und 18. Jahrhundert

Polyander a Kerckhoven, Johannes (1568–1646), Judicium & consilium de comæ & vestium usu & abusu, deductum ex 1 ad Corint. cap. 11, 1 ad Timoth. & Tit. c. 2 atque 1 Petr. cap. 3, Leiden 1644.

Raynaud, Théophile (1583–1663), Tractatus de pileo, coeterisque capitis tegminibus tam sacris quam profanis, Leiden 1655.

Revius, Jacobus (1586–1658), Libertas Christiana circa usum capillitii defensa; qua sex ejusdem disputationes de coma ab exceptionibus viri cujusdam docti vindicantur. Accedunt eædem disputationes, & approbatio Rev. Facultatis Theologica Leydensis, Leiden 1647.

De Saumaise, Claude (1588–1653), Epistola ad Andream Colvium: super Cap. XI. Primae ad Corinth. Epist. De Casarie Virorum et Mulierum Coma, Leiden 1644.

—, De Coma Dialogus. Primus. Caesarius en Curtius interlocutores, Leiden 1645.
Voet, Gijsbert (1589–1676), Politicæ ecclesiasticæ, partes I–II–III, Amsterdam 1663–1676, Erstes Buch, vierte Abhandlung.
Van Schurman, Anna Maria (1607–1678), Opuscula hebraea, graeca, latina, gallica, prosaica et metrica, Leiden 1650, 28–95.
—, Eukleria Seu Melioris Partis Electio. Tractatus Brevem Vitae ejus Delineationem exhibens, Hamburg 1673.[6]
Roth, Eberhard Rudolph (1646–1715)/Lorenz, Justus (17. Jh.)/Vermehren, Michael (1659–1718), De velamine capitis virili exercitatio historica, Jena 1673.
Wall, Thomas (17. Jh.), God's holy order in nature, which man and woman were created in, truly stated and explained, London 1690.
Stosch, Ferdinand (1717–1780), De conjugii consecratione sacerdotali per velamen ex I. Cor. XI.10, Lingen 1750.

1.3.2 Sekundärliteratur zur Rezeption von 1Kor 11,2–16 im 17. bis 18. Jahrhundert

Duker, Arnoldus Cornelius, Coccejus en Heidanus, Puriteinsche „precijsheyt", in: ders., Gisbertus Voetius. Tweede Deel, Leiden ²1910, 202–270, hier 261–270, XCII–XCIII.
Endres, Johannes, Diderot, Hogarth, and the Aesthetics of Depilation, Eighteenth Century Studies 38 (2004), 17–38, hier 28, 37 Anm. 53.
Fisher, Will, „The Ornament of Their Sexe". Hair and Gender, in: ders., Materializing Gender in Early Modern English Literature and Culture (Cambridge Studies in Renaissance Literature and Culture 52), Cambridge 2006, 129–158, 195–201.
Welch, Evelyn, Art on the Edge. Hair and Hands in Renaissance Italy, Renaissance Studies 23 (2009), 241–268, hier 242 Anm. 8, 246f.
Brown, Robert E., Hair Down to There. Nature, Culture, and Gender in Cotton Mather's Social Theology, in: Smolinski, Reiner/ Stievermann, Jan (Hg.), Cotton Mather and *Biblia Americana* –

[6] Die zwei Werke von van Schurman sowie das erwähnte Werk von Gijsbert Voet sind herausgegeben, eingeleitet und übersetzt von Joyce L. Irwin in: Van Schurman, Anna Maria, Whether a Christian Woman Should Be Educated and other writings from her intellectual circle (The Other Voice in Early Modern Europe), Chicago 1998. Diese Ausgabe enthält auch zwei sehr informative historische Einführungen der Herausgeber Margaret L. King und Albert Rabil Jr. sowie von Joyce L. Irwin. Dort sind auch zahlreiche bibliographischen Hinweise vom Mittelalter bis zur Neuzeit zu finden.

America's First Bible Commentary. Essays in Reappraisal, Tübingen 2010, 495–514.
Kesselring, Krista J., Gender, the Hat, and Quaker Universalism in the Wake of the English Revolution, The Seventeenth Century 26 (2011), 299–322.
De Bruijn, Enny, Eerst de waarheid, dan de vrede. Jacob Revius 1586–1658, Zoetermeer 2012, 405–408.

1.4 Die Wirkungsgeschichte von 1Kor 11,2–16 im 20. und 21. Jahrhundert: Texte zur kirchlichen Praxis

Lowrie, Samuel T., I Corinthians XI and the Ordination of Women as Ruling Elders, The Princeton Theological Review 19 (1921), 113–130.
Rice, John R., Bobbed Hair, Bossy Wives and Women Preachers. Significant Questions for Honest Christian Women Settled by the Word of God, Wheaton, IL 1941.
Bangert, Kurt, In Korinth. Kopfbedeckung der Frau – Zeichen der weiblichen Unterordnung? (zu 1. Kor. 11, 5–11), Adventecho 10 (1976), 12–13.
van Bruggen, Jakob, Emancipatie en Bijbel. Kommentaar uit 1 Korinthe 11, Amsterdam ^{4}1979.
Schenk, Wolfgang u.a. (Hg.), „Brauch und Sitte" oder Argumente?, in: dies., Gemeinde im Lernprozeß. Die Korintherbriefe (Bibelauslegung für die Praxis 22), Stuttgart ^{2}1980, 69–74.
Broekaert, Annie, Om vredeswil versluieren (1 Kor. 11,2–16), Kering. Maandblad van Kristenen voor het Socialisme 7 (1982), 22–27.
Juel, Donald H., The Role of Women in the Church of Corinth, in: ders., Living a Biblical Faith (Library of Living Faith), Philadelphia 1982, 29–37.
House, H. Wayne, Should a Woman Prophesy or Preach before Men?, Bibliotheca Sacra 145 (1988), 141–161.
Amjad-Ali, Christine (Hg.), Dare to Dream. Studies on Women and Culture with Reference to I Corinthians 11:2–16 by „Women in Reflection and Action" (Christian Study Centre Monograph 25), Rawalpindi 1990.
Shetler, Sanford G., Symbols of Divine Order in the Church. A Compendium on I Corinthians 11:2–16, Harrisonburg, Va./Johnstown, Pa. ^{2}1991.
Wilson, Kenneth T., Should Women Wear Headcoverings?, Bibliotheca Sacra 148 (1991), 442–462.
Nelson, Timothy, De hoofdbedekking. Wat zegt de Heilige Schrift?, Houten ^{2}1992.

Hobson, Peter, Head-Covering and Lady-Pastor Teachers, Kuala Lumpur 1997.

Agouridis, Savvas, Die Frau und kirchliche Dienste – ein exegetischer Beitrag zum Neuen Testament, Internationale Kirchliche Zeitschrift Communio 88 (1998), 83–93.

Vander Stichele, Caroline, Zoveel heisa om een hoofddoekje?, Oecumenisch maandblad Open Deur 22 (1998), 10–11.

Sanseri, Gary, Covered or Uncovered. How 1 Corinthians 11:2–16 applies to worship & leadership in the church. Foreword by R.C. Sproul, Milwaukie 1999.

Seldenrijk, Ruth, Haardracht, hoofdbedekking en engelen, in: ders., Man en vrouw in de traditie der eeuwen. Ethische overwegingen bij aspecten van levensstijl, Heerenveen 1999, 222–245.

den Dulk, Maarten, Talking Heads, in: ders., Een huis naast de synagoge. Herlezing van de brief aan Timoteüs met het oog op de gemeente, Zoetermeer 2000, 160–172.

Loonstra, Bert, De Bijbel en onze cultuur, in: ders., Zo goed en zo kwaad. Naar een ethiek van de christelijke gemeente, Zoetermeer 2000, 102–125.

Hursman, Laurie C./Smith, Christopher R., Headcoverings and Women's Roles in the Church. A New Reading of 1 Corinthians 11:2–16, Christian Ethics Today (2001), 18–22.

Bieberstein, Sabine/Egger, Dorothea/Kutzelmann, Sabine, Nur Schweigen, Schmuck und Schleier? Streitbare Prophetinnen in Korinth (1 Kor 11,2–16), in: dies., Prophetinnen – Apostelinnen – Diakoninnen. Frauen in den paulinischen Gemeinden (WerkstattBibel, herausgegeben von der Bibelpastoralen Arbeitsstelle SKB Zürich; wtb. Deutschschweizer Projekte Erwachsenenbildung Zürich 5), Stuttgart 2003, 54–69.

Cunningham, Loren/Hamilton, David J./Rogers, Janice, Wie en wat is het hoofd? (Deel 1 van 1 Korinthiërs 11:2–16), in: dies., Waarom geen vrouwen?, Hoornaar 2004, 203–223, 224–234.

—, Bidden en profeteren (Deel 2 van 1 Korinthiërs 11:2–16), in: dies., Waarom geen vrouwen?, Hoornaar 2004, 344–349.

Jongeneel, Jan B., Hoofddoeken, in: Kerk en theologie 55 (2004), 71–72.

Schüngel-Straumann, Helen, Das Kopftuch – im Blick auf biblische Stellen, Christ in der Gegenwart 2/2004.

Doedens, Jacob J.T., Vrijgevochten vrouwen in Korinte? Een Copernicaanse wending in de uitleg van 1 Korintiërs 11: 2–16, De Reformatie. Weekblad tot ontwikkeling van het gereformeerde leven 80 (2005), 853–856.

Linder, Irmgard, Ich will aber, dass ihr wisst ... Gedanken zu 1. Korinther 11,2–16, Dillenburg ^{2}2005.

Nothaas, Johannes R., Die Stellung der Frau in der Kirche nach 1 Kor 11,2–16, Forum Katholische Theologie 21 (2005), 161–181.

den Boer, Cornelis, Man en vrouw in bijbels perspectief. Een bijbelstheologische verkenning van de man-vrouwverhouding met het oog op de gemeente. Uitgave vanwege de Gereformeerde Bond in de Protestantse Kerk, samengesteld door een studiecommissie onder leiding van ds. C. den Boer, Kampen [3]2007, 41, 55, 88, 98–105, 115, 117–126.

Henderson, Warren, Glories Seen and Unseen. A Study of the Head Covering, Colfax, Wi. [3]2007.

English de Alminana, Margaret, Removing the Veil. Revealing God's Truth for Women, Alachua, Fl. 2008.

Schäller, Markus, Frauen und Männer nach 1. Korinther 11,2–16, in: ders., Sex Beziehungsweise Ehe. Biblische Sexualethik für die Gemeinde. Biblische Leitlinien – Studien zum 1. Korintherbrief – Themen und Hilfen für die Gemeindepraxis, Hammerbrücke/ Muldenhammer 2008, 133–148.

Yokarinis, Constantinos, Επιδράσεις των προς Κορινθίους Επιστολών του Παύλου στη θέση και το ρόλο της γυναίκας στη σύγχρονη Εκκλησία (Der Einfluss der Briefe des Paulus auf die Stellung und Rolle der Frauen in der heutigen Kirche), in: Belezos, Constantine J., (Hg.), Saint Paul and Corinth. 1950 Years since the Writing of the Epistles to the Corinthians. Exegesis – Theology – History of Interpretation – Philology – Philosophy – St. Paul's Time I, Athen 2009, 423–431, hier 419–442, 434–435.

Starr, Randy J., The Head Covering (The Bible Answer Series 1), Pennsylvania [2]2009.

Barnes McClendon, Michele (Hg.), Life as a Prayer. Recapturing the Wind of Head Covering, Lexington [2]2010.

Umahi, Gaius Anonaba, Head Covering in Selected Churches in Igboland, Nigeria. A Hermeneutical Study of 1 Cor 11:2–16, Saarbrücken 2010.

Baker, William R., Hat or Hair in 1 Corinthians 11:2–16 or Does it Matter? What Are Christian Women to Do?, in: Elizabeth A. McCabe (Hg.), Women in the Biblical World. A Survey of Old and New Testament Perspectives 2, Lanham 2011, 66–79.

Dietrich, Gabriele, Beyond the Veil, in: Revisiting the Veil. In God's Image – Journal of Asian Women's Resource Centre for Culture and Theology 30, (2011), 58–64, hier 63.

Suna, Sunita, Revisiting the Veil in the Indian Church, in: Revisiting the Veil. In God's Image. Journal of Asian Women's Resource Centre for Culture and Theology 30. Revisiting the Veil (2011), 3–12, hier 7–10, 12.

Bird, Michael, Bourgeois Babes, Bossy Wives, and Bobby Haircuts. A Case for Gender Equality in Ministry, Grand Rapids 2012.
De Boer, C.P., m/v op zondag, in: ders., Kleren maken de m/v. Bijbelse bezinning op kleding, Apeldoorn 2013, 84–91.
Hogchem, C., Een macht op het hoofd. 1 Korinthe 11:1–16 nader toegelicht, Barneveld 2013.
Nyamaah, Emmanuel/Nsiah, Alice Matilda, Christianity and Culture in Ghana. A Study of the Church of Pentecost's Decree on Head Covering and 1 Corinthians 11:2–16, 1st Annual International Interdisciplinary Conference, AIIC 2013, 24–26 April, Azores, Portugal – Proceedings (2013), 155–161.

1.5 Zur Rezeption von 1Kor 11,2–16 im Judentum

Krauss, Samuel, The Jewish Rite of Covering the Head, Hebrew Union College Annual 19 (1945 – 1946), 121–168, hier 135–163.
Ilan, Tal, Head-Covering, in: dies., Jewish Women in Greco-Roman Palestine, (Texts and Studies in Ancient Judaism 44), Tübingen 1995, 129–132.
Visotzky, Burton L., Trinitarian Testimonies, in: ders., Fathers of the World (Wissenschaftliche Untersuchungen zum Neuen Testament 80), Tübingen 1995, 61–73.
Poirier, John C., Three Early Christian Views on Ritual Purity. A Historical Note Contributing to an Understanding of Paul's Position, Ephemerides Theologicae Lovanienses 81 (2005), 424–434, hier 431–432.
Silverman, Eric Kline, Lilith, Yarmulkes, and the Eye of Circumcision, in: ders., From Abraham to America. A History of Jewish Circumcision, Lanham/Boulder/New York/Toronto 2006, 99–116, hier 104–111.

1.6 Zur Rezeption von 1Kor 11,2–16 im Islam

Demirer, Derya Keskin/Duran, Nicole Wilkinson, 1 Corinthians 11 in Christian and Muslim Dialogue, in: Daniel Patte (Hg.), Global Bible Commentary, Nashville 2004, 451–454.
Sailer-Pfister, Sonja, Geschlechtergerechtigkeit – interreligiös gedacht! Einblicke in einen christlich-islamischen Forschungsdiskurs, Theologie und Glaube 102 (2012), 240–260, hier 242, 259.

2 Wissenschaftliche Literatur zur Auslegung von 1Kor 11,2–16 im 20. und 21. Jahrhundert

2.1 Wissenschaftliche Monographien zu 1Kor 11,2–16 im 20. und 21. Jahrhundert

Lerle, Ernst, Eine Macht auf dem Haupte? Zur Auslegung von 1. Kor. 11,10, Uelzen 1955.

Isaksson, Abel, Marriage and Ministry in the New Temple. A Study with Special Reference to Mt. 19.13–12 and 1. Cor. 11.3–16 (Acta Seminarii Neotestamentici Upsaliensis XXIV), Lund 1965.

Mercadante, Linda, From Hierarchy to Equality. A Comparison of Past and Present Interpretations of 1 Cor 11:2–16 In Relation to the Changing Status of Women in Society, Vancouver, British Columbia, Canada [5]1980.

Küchler, Max, Schweigen, Schmuck und Schleier. Drei neutestamentliche Vorschriften zur Verdrängung der Frauen auf dem Hintergrund einer frauenfeindlichen Exegese des Alten Testaments im antiken Judentum (Novum Testamentum et Orbis Antiquus 1), Göttingen 1986.

Segraves, Daniel L., Hair Length in the Bible. A Study of I Corinthians 11:2–16, Hazelwood, Mo. [3]1995.

Schirrmacher, Thomas, Paulus im Kampf gegen den Schleier. Eine alternative Auslegung von 1. Korinther 11,2–16. Mit einem Vorwort von Hans-Georg Wünch, Nürnberg [5]2002.

Blattenberger III, David, Rethinking 1 Corinthians 11:2–16 Through Archaeological and Moral-Rhetorical Analysis (Studies in the Bible and Early Christianity 36), Lewiston/Queenston/Lampeter 1997.

Biguzzi, Giancarlo, Velo e silenzio. Paolo e la donna in 1Cor 11,2–16 e 14,33b–36 (Supplementi alla Rivista Biblica 37), Bologna 2001.

Lakey, Michael, Image and Glory of God. 1 Corinthians 11:2–16 as a Case Study in Bible, Gender and Hermeneutics (Library of New Testament Studies 418), London/New York 2010.

Külling, Heinz, Die Ordnung der Liebe. Zum Begriff Haupt in der Beziehung von Mann und Frau. Eine Auslegung zu 1 Kor 11,2–16 und Eph 5,21–33, Zürich 2011.

2.2 Wissenschaftliche Aufsätze zur Auslegung von 1Kor 11,2–16 im 20. und 21. Jahrhundert

2.2.1 Aufsätze zu 1Kor 11,2–16 als Ganzem (thematisch geordnet)

Interpolationsthesen zu 1Kor 11,2–16

Walker, William O., 1 Corinthians 11:2–16 and Paul's Views Regarding Women, Journal of Biblical Literature 94 (1975), 94–110.
Wieder abgedruckt, mit Nachtrag, in: ders., Interpolations in the Pauline Letters (Journal for the Study of the New Testament Supplement Series 213), London 2001, 91–126.

Murphy-O'Connor, Jerome, The Non-Pauline Character of 1 Corinthians 11:2–16?, Journal of Biblical Literature 95 (1976), 615–621.
Wieder abgedruckt, mit Nachtrag, in: ders., Keys To First Corinthians. Revisiting the Major Issues, Oxford/New York 2009, 129–141.

Cope, Lamar, 1 Cor 11:2–16. One Step Further, Journal of Biblical Literature 97 (1978), 435–436.

Trompf, Gary W., On Attitudes Toward Women in Paul and Paulinist Literature. 1 Corinthians 11:3–16 and Its Context, The Catholic Biblical Quarterly 42 (1980), 196–215.

Walker, William O., The Vocabulary of 1 Corinthians 11.3–16: Pauline or Non–Pauline?, Journal for the Study of the New Testament 35 (1989), 75–88.
Wieder abgedruckt, mit Nachtrag, in: ders., Interpolations in the Pauline Letters (Journal for the Study of the New Testament Supplement Series 213), London 2001, 91–126.

Richter, Hans-Friedemann, Anstössige Freiheit in Korinth. Zur Literarkritik der Korintherbriefe (1 Kor 8,1–13 und 11,2–16), in: Bieringer, Reimund (Hg.), The Corinthian Correspondence (Bibliotheca Ephemerides Theologicarum Lovaniensum 125), Leuven 1996, 561–575.

Mount, Christopher, 1 Corinthians 11:3–16. Spirit Possession and Authority in a Non-Pauline Interpolation, Journal of Biblical Literature 124 (2005), 313–340.

Verteidigung der Kohärenz von 1Kor 11,2–16

Delobel, Joël, 1 Cor 11,2–16. Towards A Coherent Interpretation, in: Vanhoye, Albert (Hg.), L'apôtre Paul. Personnalité, style et conception du ministère (Bibliotheca Ephemeridum theologicalrum Lovaniensium 73), Leuven 1986, 369–389.

Thompson, James W., Creation, Shame and Nature in 1 Cor 11:2–16. The Background and Coherence of Paul's Argument, in: Fitzgerald, John T./Olbricht, Thomas H./White, Michael L.(Hg.), Early Christianity and Classical Culture. Comparative Studies in Honor of Abraham J. Malherbe (Supplements to Novum Testamentum CX), Leiden 2003, 237–257.

van de Sandt, Huub, 1 Kor. 11,2–16 als een retorische eenheid, Bijdragen. Tijdschrift voor filosofie en theologie 49 (1988), 410–425.

1Kor 11,2–16 und 1Kor 14

Weeks, Noel, On Silence and Head Covering, Westminster Theological Journal 35 (1972), 21–27.

Hurley, James B., Did Paul Require Veils or the Silence of Women? A Consideration of 1 Cor. 11:2–16 and 1 Cor. 14:33b–36, Westminster Theological Journal 35 (1973), 190–220.

Burton, Keith A., 1 Corinthians 11 and 14. How Does a Woman Prophesy and Keep Silence at the Same Time?, Journal of the Adventist Theological Society 10 (1999), 268–284.

1Kor 11,2–16 und Gal 3,28

Röhser, Günther, Mann und Frau in Christus. Eine Verhältnisbestimmung von Gal 3,28 und 1 Kor 11,2–16, Studien zum Neuen Testament und seiner Umwelt 22 (1997), 57–78.

Ebner, Martin, Wenn alle „ein einziger" sein sollen ... Von schönen theologischen Konzepten und ihren praktischen Problemen. Gal 3,28 und 1 Kor 11,2–16, in: Klinger, Elmar/Böhm, Stephanie/Seidl, Theodor (Hg.), Der Körper und die Religion. Das Problem der Konstruktion von Geschlechterrollen, Würzburg 2000, 159–183.

von Arx, Urs, Gibt Paulus in 1Kor 7 eine Interpretation von Gal 3,28? Zugleich ein Beitrag zur relativen Chronologie der Paulusbriefe, in: Belezos, Constantine J. (Hg.), Saint Paul and Corinth. 1950 Years since the Writing of the Epistles to the Corinthians. Exegesis – Theology – History of Interpretation – Philology –

Philosophy – St. Paul's Time I, Athen 2009, 192–220, hier 206–211.

1Kor 11,2–16 und die Schriftrollen vom Toten Meer

Wassen, Cecilia, „Because of the Angels". Reading 1 Cor 11:2–16 in Light of Angelology in the Dead Sea Scrolls, in: Lange, Armin/Tov, Emanuel (Hg.), The Dead Sea Scrolls In Context. Integrating the Dead Sea Scrolls in the Study of Ancient Texts, Languages, and Cultures II (Vetus Testamentum Supplements 140), Leiden/Boston 2011, 735–754.

Androgynie

Hjort, Birgitte Graakjær, Gender Hierarchy or Religious Androgyny? Male-Female Interaction in the Corinthian Community – a Reading of 1 Cor. 11,2–16, Studia Theologica 55 (2001), 58–80.

Anthropologie

BeDuhn, Jason David, „Because of the Angels". Unveiling Paul's Antropology in 1 Corinthians 11, Journal of Biblical Literature 118 (1999), 295–320.

Beten und prophezeien

Holmyard III, Harold R., Does 1 Corinthians 11:2–16 Refer to Women Praying and Prophesying in Church?, Bibliotheca Sacra 154 (1997), 461–472.

Fee, Gordon D., Praying and Prophesying in the Assemblies. 1 Corinthians 11:2–16, in: Pierce, Ronald W./Groothuis, Rebecca Merrill/Fee, Gordon D. (Hg.), Discovering Biblical Equality. Complementarity Without Hierarchy, Leicester 2004, 142–160.

Cohick, Lynn, Prophecy, Women Leadership and the Body of Christ, in: Husbands, Mark A./Larsen, Timothy T. (Hg.), Women, Ministry and the Gospel. Exploring New Paradigms, Downers Grove, Il. 2007, 81–97.

Die Beziehung von Mann und Frau in 1Kor 11,2–16

Pella, Gérard, Voile et soumission? Essai d'interprétation de deux textes pauliniens concernant le statut de l'homme et de la femme, Hokhma 30 (1985), 3–20.

Pérez Gordo, Ángel, ¿Es el velo en 1 Cor 11, 2–16 símbolo de libertad o de sumisión?, Burgense 29 (1988), 337–366.

Khiok-khng, Yeo, Differentiation and Mutuality of Male-Female Relations in 1 Corinthians 11:2–16, Biblical Research. Journal of the Chicago Society of Biblical Research 43 (1998), 7–21.

Brown, Sherri, The Dialectic of Relationship. Paul and the Veiling of Women in 1 Corinthians 11:2–16, Salesianum 67 (2005), 457–477.

Massey, Preston T., Gender Versus Marital Concerns. Does 1 Corinthians 11:2–16 Address the Issues of Male/Female or Husband/ Wife?, Tyndale Bulletin 64 (2013), 239–256.

Zur Übersetzung von 1Kor 11,2–16

Kendrick, W. Gerald, Authority, Women and Angels. Translating 1 Corinthians 11.10, The Bible Translator 46 (1995), 336–343.

Larsen, Iver, 1 Corinthians 11.10 Revisited, The Bible Translator 48 (1997), 345–350.

Chatelion Counet, Patrick, Paulus, een feministische seksist? 1 Kor 11,2–16. Verwarde haren, verwarrende vertalingen. Een ontknoping, in: Welzen, Paulus Hubertus Mechtildis/Deckers-Dijs, Maria C./Smit, Joop F. M./Verdegaal, Cornelis Mattheus Leonardus (Hg.), Exegeten aan het werk. vertalen en interpreteren van de Bijbel. Opstellen van leden van het Bijbels Werkgenootschap St. Hiëronymus, 's-Hertogenbosch/Brugge 1998, 213–223.

Massey, Preston T., The Meaning of κατακαλύπτω and κατὰ κεφαλῆς ἔχων in 1 Corinthians 11.2–16, New Testament Studies 53 (2007), 502–523.

Kamphuis, André, 1 Korintiërs 11:2–16 ontsluierd in Nederlandse Bijbelvertalingen, Met Andere Woorden 27 (2008), 13–21.

Zu δόξα („Herrlichkeit")

Ginsburger, Moses, La „gloire" et l' „autorité" de la femme dans I Cor. 11, 1–10, Revue d'Histoire et de Philosophie religieuses 12 (1932), 245–248.

Zur Egalität von Mann und Frau in 1Kor 11,2–16

Shoemaker, Thomas P., Unveiling of Equality. 1 Corinthians 11:2–16, Biblical Theology Bulletin 17 (1987), 60–63.

Hasler, Victor, Die Gleichstellung der Gattin. Situationskritische Reflexionen zu I Kor 11,2–16, Theologische Zeitschrift 50 (1994), 189–200.

Ethik

MacGregor, Kirk R., Is 1 Corinthians 11:2–16 a Prohibition of Homosexuality?, Bibliotheca Sacra 166 (2009), 201–216.

Allard, Robert E., „Freedom on your head" (1 Corinthians 11:2–16). A Paradigm for the Structure of Paul's Ethics, Word & World. Theology for Christian Ministry 30 (2010), 399–407.

ἐκκλησία („Gemeinde")

Ellingworth, Paul, Hê ekklêsia hai ekklêsiai in the Pauline Corpus with Special Reference to 1 Corinthians 11.2–16 and 14.33b–35, in: Kerkovský, Jan (Hg.), EPITOAUTO. Studies in honour of Petr Pokorný on his sixty-fifth birthday, Prag 1998, 121–129.

ἐξουσία („Vollmacht")

Hall, David R., A Problem of Authority, The Expository Times 102 (1990), 39–42.

Everts Powers, Janet, Recovering a Woman's Head with Prophetic Authority. A Pentecostal Interpretation of 1 Corinthians 11.3–16, Journal of Pentecostal Theology 10 (2001), 11–37.

Gnosis

MacDonald, Dennis Ronald, Corinthians Veils and Gnostic Androgynes, in: King, Karen L. (Hg.), Images of the Feminine in Gnosticism (Studies in Antiquity and Christianity), Philadelphia 1988, 276–292.

Brooten, Bernadette J., Response to „Corinthian Veils and Gnostic Androgynes" by Dennis Ronald MacDonald, in: King, Karen L. (Hg.), Images of the Feminine in Gnosticism (Studies in Antiquity and Christianity), Philadelphia 1988, 293–296.

Haartracht

Padgett, Alan, Paul on Women in the Church. The Contradictions of Coiffure in 1 Corinthians 11.2–16, Journal for the Study of the New Testament 20 (1984), 69–86.

Payne, Philip B., Wild Hair and Gender Equality in 1 Corinthians 11:2–16, Priscilla Papers 20 (2006), 9–16.

Hermeneutik: Ehe, Gender, Kirche etc.

Meier, John P., On the Veiling of Hermeneutics (1 Cor 11:2–16), The Catholic Biblical Quarterly 40 (1978), 212–226.

Ekem, John D. K., Developing Akan Study Bible Material On 1 Corinthians 11.2–16, in: Loba-Mkole, Jean Claude/Wendland, Ernst R. (Hg.), Interacting With Scriptures in Africa (Biblical Studies in African Scholarship), Nairobi 2005, 102–122.

Townsley, Gillian, Gender Trouble in Corinth. Que(e)rying Constructs of Gender in 1 Corinthians 11:2–16, The Bible and Critical Theory 2 (2006), 1–14.

Townsley, Gillian, Wittig's Lesbian and the Corinthian Men. Problematising Categories of Sex in 1 Cor 11,2–16, Hecate. An Interdisciplinary Journal of Women's Liberation 33 (2007), 56–73.

Mwaniki, Lydia M., Unveiling Paul. A Postcolonial Feminist Examination of the Construction of the Roman Family and its Influence on Pauline and Contemporary Christians (1 Corinthians 11:1–16), Journal of Constructive Theology 16 (2010), 30–59.

Bird, Jennifer G., To What End? Revisiting the Gendered Space of 1 Corinthians 11:2–16 From a Feminist Postcolonial Perspective, in: Stanley, Christopher D. (Hg.), The Colonized Apostle. Paul Through Postcolonial Eyes (Paul in Critical Contexts), Minneapolis 2011, 175–185, 331–334.

Townsley, Gillian, The Straight Mind in Corinth. Problematizing Categories and Ideologies of Gender in 1 Corinthians 11:2–16, in: Hornsby, Teresa J./Stone, Ken (Hg.), Bible Trouble. Queer Reading at the Boundaries of Biblical Scholarship (Semeia Studies 67), Atlanta 2011, 247–281.

Peters, Janelle, Reading 1 Corinthians 11:1–16 through Habits and Hijabs in the United States, in: Kim, Yung Suk (Hg.), 1 and 2 Corinthians. Texts and Contexts, Minneapolis 2013, 129–146.

Sexuelle Identität

Radcliffe, Timothy, Paul and Sexual Identity. 1 Corinthians 11.2–16, in: Soskice, Janet Martin (Hg.), After Eve, Women and Religion Series, London 1990, 62–72.

Abetz, Katherine, Identity for Women. A Proposal for the Gendered Imago Dei Based on 1 Corinthians 11:1–16, Pacifica 23 (2010), 15–32.

κεφαλή („Haupt")

Belleville, Linda L., *Kephale* and the Thorny Issue of Head Covering in 1 Corinthians 11:2–16, in: Burke, Trevor J./Elliott, James K. (Hg.), Paul and the Corinthians (Supplements to Novum Testamentum CIX), Leiden 2003, 215–231.

Kleidung

Peterson, Erik, 11,2–16. Die Frage des Schleiers der Frauen. Christus, Mann und Frau bei Paulus. Die Kleidung des Menschen. Prophezeiende oder schweigende Frauen?, in: ders., Vorlesung zum 1. Korintherbrief an der Evangelisch-Theologischen Fakultät Bonn, 1926/1928/1929, in: ders., Der erste Brief an die Korinther und Paulus-Studien. Aus dem Nachlass herausgegeben von Hans-Ulrich Weidemann (Erik Peterson Ausgewählte Schriften, herausgegeben von Barbara Nichtweiß 7), Würzburg 2006, 217–234.

Edsall, Benjamin, Greco-Roman Costume and Paul's Fraught Argument in 1 Corinthians 11.2–16, Journal of Greco-Roman Christianity and Judaism 9 (2013), 132–146.

Der historische, kulturelle und archäologische Kontext von 1Kor 11,2–16

Lösch, Stefan, Christliche Frauen in Corinth (1 Cor. 11, 2–16). Ein neuer Lösungsversuch, Theologische Quartalschrift 127 (1947), 216–261.

Gill, David W.J., The Importance of Roman Portraiture for Head-Coverings in 1 Corinthians 11:2–16, Tyndale Bulletin 41 (1990), 245–260.

Oster, Richard E., Use, Misuse and Neglect of Archaeological Evidence in Some Modern Works on 1 Corinthians (1Cor 7,1–5;

8,10; 11,2–16; 12,14–26), Zeitschrift für die Neutestamentliche Wissenschaft und die Kunde der älteren Kirche 83 (1992), 52–73.

Finney, Mark, Honour, Head-coverings and Headship. 1 Corinthians 11.2–16 in its Social Context, Journal for the Study of the New Testament 33 (2010), 31–58.

Hanges, James C., Paul, Founder of Churches. A Study in Light of the Evidence for the Role of „Founder-Figures" in the Hellenistic-Roman Period (Wissenschaftliche Untersuchungen zum Neuen Testament 292), Tübingen 2011, 185, 223, 372, 374, 413.[7]

Lampe, Peter, Paulus und die erotischen Reize der Korintherinnen (1 Kor 11,2–16), in: Knieling, Reiner/Ruffing, Andreas/Bühlmann, Walter (Hg.), Männerspezifische Bibelauslegung. Impulse für Forschung und Praxis (Biblisch–theologische Schwerpunkte 36), Göttingen 2012, 196–207.

Röthlisberger, Daniel, Die capitis velatio von Männern und ihre Bedeutung für 1 Cor. 11,4, Jahrbuch für Antike und Christentum 55 (2012), 47–71.

Kopfbedeckung

Motta, Othoniel, The Question of the Unveiled Woman (1 Co. xi. 2–16), The Expository Times 44 (1932), 139–141.

Greig, James C.G., Women's Hats – 1 Corinthians xi. 1–16, The Expository Times 69 (1958), 156–157.

Jaubert, Annie, Le voile des femmes (I Cor. xi. 2–16), New Testament Studies 18 (1972), 419–430.

Bosold, Birgit, „Darum soll die Frau einen Schleier tragen ...", Schlangenbrut 23 (1988), 13–15.

Lambin, Rosine, Paul et le voile des femmes. Première épître aux Corinthiens, 11 : 2-16., Clio. Histoire, femmes et sociétés 2 (1995), 2–14.

Christian, Ed, Prophets Under God's Authority. Headcoverings in 1 Corinthians 11:1–16, Journal of the Adventist Theological Society 10 (1999), 291–295.

Gielen, Marlis, „Gehört es sich, dass eine Frau unverhüllt zu Gott betet?" Der Streit um Kopfbedeckung oder Frisur in 1 Kor 11,2–16, Bibel und Kirche. Organ der Katholischen Bibelwerke in Deutschland, Österreich und Schweiz 57 (2002), 134–138.

Marguerat, Daniel, Statut des femmes dans les communautés religieuses. L'affaire du voile des femmes à Corinthe, in: Bertholet, Florence/Bielman Sánchez, Anne/Frei-Stolba, Regula

[7] Zu Wertungen von Haartracht in der griechisch-römischen Kultur zur Zeit des Paulus.

(Hg.), Egypte – Grèce – Rome. Les femmes antiques entre sphère privée et sphère publique (Echo 2), Bern 2003, 237–247.

Der Körper in 1Kor 11,2–16

Paterson Corrington, Gail, The „Headless Woman“. Paul and the Language of the Body in 1 Cor 11:2–16, Perspectives in Religious Studies 18 (1991), 223–232.

Zu Argumentation, Logik und Rhetorik in 1Kor 11,2–16

Murphy-O'Connor, Jerome, Sex and Logic in 1 Corinthians 11:2–16, The Catholic Biblical Quarterly 42 (1980), 482–500.
Wieder abgedruckt, mit Nachtrag, in: ders., Keys To First Corinthians. Revisiting the Major Issues, Oxford/New York 2009, 142–158.

Wolmarans, Johannes L.P., Head-coverings for Women. The Circumstances and Logic of 1 Corinthians 11:2–16, Ekklesiastikos Pharos 24 (2003), 90–100.

Calef, Susan, *Kephalē*, Coverings, and Cosmology. The Impenetrable „Logic“ of 1 Corinthians 11:2–16, in: Calef, Susan/Simkins, Ronald A. (Hg.), Women, Gender, and Religion (Journal of Religion & Society, Supplement Series 5), Omaha 2009, 21–44.

Schriftgebrauch in 1Kor 11,2–16

Jervis, L. Ann, „But I Want You to Know ...“. Paul's Midrashic Intertextual Response to the Corinthian Worshippers (1 Cor 11:2–16), Journal of Biblical Literature 112 (1993), 231–246.

Böhm, Martina, 1 Kor 11,2–16. Beobachtungen zur paulinischen Schriftrezeption und Schriftargumentation im 1. Korintherbrief, Zeitschrift für die Neutestamentliche Wissenschaft und die Kunde der älteren Kirche 97 (2006), 207–234.

Labahn, Antje/Labahn, Michael, Die biblischen Schöpfungsgeschichten als paulinische Argumentationshilfe im Konfliktfall. Zur Rezeption von Gen 1–3 im 1. Korintherbrief, in: Hoffmann Matthias R./John, Felix/Popkes, Enno-Edzard (Hg.), Paulusperspektiven (FS Dieter Sänger; Biblisch Theologische Studien 145), Neukirchen-Vluyn 2014, 82–118.

Rhetorik

Bouwman, Gijs, „Het hoofd van de man is de vrouw“. Een retorische analyse van 1 Kor. 11,2–6, Tijdschrift voor theologie 21 (1981), 28–36.

van de Sandt, Huub, 1 Kor. 11,2–16 als een retorische eenheid, Bijdragen. Tijdschrift voor filosofie en theologie 49 (1988), 410–425.

Bolhuis, Arend Jan, Het verhaal van een retorische strategie. Wel en geen ‚affirmation and reversion‘ in I Korintiërs 11:2–16, in: Gillaerts, Paul (Hg.), Boanerges. Beschouwingen over (bijbel-) vertaling en retorica, Leuven/Voorburg 2004, 77–85.

Vander Stichele, Caroline, Paulus ontsluierd. De retoriek van het verschil tussen mannen en vrouwen (1 Kor. 11:2–16), Interpretatie. Tijdschrift voor bijbelse theologie 12 (2004), 10–12.

Martin, Troy W., Veiled Exhortations Regarding the Veil. Ethos as the Controlling Proof in Moral Persuasion (1 Cor 11:2–16), in: Eriksson, Anders/Olbricht, Thomas H. (Hg.), Rhetoric, Ethic and Moral Persuasion in Biblical Texts (Emory Studies in Early Christianity 11), London/New York 2005, 255–273.

Penner, Todd/Vander Stichele, Caroline, Paul and the Rhetoric of Gender, in: dies. (Hg.), Her Master's Tools? Feminist and Postcolonial Engagements of Historical–Critical Discourse (Global Perspectives on Biblical Scholarship 9), Atlanta 2005, 287–310.

–/–, Unveiling Paul. Gendering Ethos in 1 Corinthians 11:2–16, in: Eriksson, Anders/Olbricht, Thomas H. (Hg.), Rhetoric, Ethic and Moral Persuasion in Biblical Discourse (Emory Studies in Early Christianity 11), London/New York 2005, 214–237.

Torbus, Sławomir, The Rhetorical Dispositio of 1 Cor. 11, 2–16 and the Problem of the Veil, in: Pernot, Laurent (Hg.), New Chapters in the History of Rhetoric (International Studies in the History of Rhetoric 1), Leiden/Boston/New York 2009, 507–522.

Belezos, Constantine J., „Προσευχόμεναι“ καί „προφητεύουσαι“ στήν Ἐκκλησία τῆς Κορίνθου. Ρητορικο-θεολογική ἑρμηνευτική προσέγγιση τοῦ Α’ Κορ. 11,3–16 (Συμβολή στήν ἔρευνα γιά τή θέση τῶν γυναικῶν κατά τόν ἀπόστολο Παῦλο) („Betende“ und „prophetierende“ Frauen in der Kirche von Korinth. Eine rhetorisch-theologische Interpretation von 1Kor 11,3–16 [Ein Beitrag zum Studium der Rolle der Frauen nach Paulus]), in: Belezos, Constantine J., (Hg.), Saint Paul and Corinth. 1950 Years since the Writing of the Epistles to the Corinthians. Exegesis – Theology – History of Interpretation –

Philology – Philosophy – St. Paul's Time II, Athen 2009, 319–351.

Schöpfung

Gundry-Volf, Judith M., Gender and Creation in 1 Corinthians 11:2–16. A Study in Paul's Theological Method, in: Ådna, Jostein/Hafemann, Scott J./Hofius, Otfried (Hg.), Evangelium – Schriftauslegung – Kirche. Festschrift für Peter Stuhlmacher zum 65. Geburtstag, Göttingen 1997, 151–171.

Lietaert Peerbolte, Lambertus J., Man, Woman, and the Angels in 1 Cor 11:2–16, in: Luttikhuizen, Gerard P. (Hg.), The Creation of Man and Woman. Interpretations of the Biblical Narratives in Jewish and Christian Traditions (Themes in Biblical Narrative 3), Leiden/Boston/New York 2000, 76–92.

Thweatt-Bates, Jennifer, On Creation, New Creation and the Natural Order. A Theological Reading of 1 Corinthians 11.2–16, Leaven 16 (2008), 86–90.

Brown, Alexandra R., Creation, Gender, and Identity in (New) Cosmic Perspective – 1 Corinthians 11:2–16, in: Downs, David J./Skinner, Matthew L. (Hg.), The Unrelenting God. Essays on God's Action in Scripture in Honor of Beverly Roberts Gaventa, Grand Rapids 2013, 172–193.

Geschlechtsrollensymbolik

Gielen, Marlis, Beten und Prophezeien mit unverhülltem Kopf? Die Kontroverse zwischen Paulus und der korintischen Gemeinde um die Wahrung der Geschlechtsrollensymbolik in 1Kor 11,2–16, Zeitschrift für die Neutestamentliche Wissenschaft und die Kunde der älteren Kirche 90 (1999), 220–249.

„Urteilt ihr selbst …" (1Kor 11,13)

Ince, Gwen, „Judge for Yourselves". Teasing Out Some Knots in 1 Corinthians 11:2–16, Australian Biblical Review 48 (2000), 59–71.

Aufsätze zu verschiedenen Aspekten von 1Kor 11,2–16

Martin, William J., 1 Corinthians 11:2–16. An Interpretation, in: Gasque, W. Ward/Martin, Ralph P. (Hg.), Apostolic History and the Gospel. Biblical and Historical Essays Presented to F.F. Bruce, Exeter 1970, 231–241.

Waltke, Bruce K., 1 Corinthians 11:2–16. An Interpretation, Bibliotheca Sacra 135 (1978), 46–57.

Murphy-O'Connor, Jerome, 1 Corinthians 11:2–16: Once Again, The Catholic Biblical Quarterly 50 (1988), 265–273.
Wieder abgedruckt, mit Nachtrag, in: ders., Keys To First Corinthians. Revisiting the Major Issues, Oxford/New York 2009, 159–181.

Ellul, Danielle, „Sois belle et tais–toi !" Est-ce vraiment ce que Paul a dit? À propos de I Co 11, 2–16, Foi et Vie 88 (1989), 49–58.

Reiling, Jannes, Mann und Frau im Gottesdienst. Versuch einer Exegese von 1. Korinther 11,2–16, in: Brandt, Edwin/Fiddes, Paul S./Molthagen, Joachim (Hg.), Gemeinschaft am Evangelium (FS Wiard Popkes), Leipzig 1996, 197–209.

Boer, Dick, Dem Siegen ein Ende! Ein schwieriges Kapitel: 1 Kor 11, in: Bedenbender, Andreas (Hg.), Paulus und Israel. Festschrift fur Gerhard Jankowski zum 60. Geburtstag. 1. Teil: Texte und Kontexte – Exegetische Zeitschrift 73/74 (1997), 65–72.

Pastor Ramos, Federico, La cabeza „cubierta" en 1 Cor 11,2–16, in: Borrell, Agustí/Fuente Adánez, Alfonso de la/Puig i Tàrrech, Armand (Hg.), La Bíblia i el Mediterrani/La Biblia y el Mediterráneo/La Biblia e il Mediterraneo. Actes del Congrés de Barcelona 18–22 de setembre de 1995 II, Catalunya 1997, 311–328.

Williams, Ritva, Lifting the Veil. A Social-Science Interpretation of 1 Corinthians 11:2–16, Consensus 23 (1997), 53–60.

Watson, Francis, The Authority of the Voice. A Theological Reading of 1 Cor 11.2–16, New Testament Studies 46 (2000), 520–536.

Ekem, John D. K., Does 1 Cor 11:2–16 Legislate for „Head Covering"?, Neotestamentica 35 (2001), 169–176.

Cukrowski, Ken, The Problem of Uncovered Prophets. Exploring 1 Cor 11:2–16, Leaven 9 (2001), 138–145.

Padgett, Alan G., Beginning with the End in 1 Cor. 11:2–16. Understanding the Passage from the Bottom Up, Priscilla Papers 17 (2003), 17–23.

Schreiner, Thomas R. „Praying and Prophesying in the Assemblies. 1 Corinthians 11:2–16" (Ch. 8) by Gordon D. Fee, Journal for Biblical Manhood and Womanhood 10 (2005), 17–21.

Harnisch, Wolfgang, Das anarchische Gebaren der Frauen im Gottesdienst (1 Kor 11,2–16), in: ders., Rhetorik und Hermeneutik in der Apokalyptik und im Neuen Testament (Stuttgarter biblische Aufsatzbände 45), Stuttgart 2009, 102–119.

2.2.2 Aufsätze zu Abschnitten in 1Kor 11,2–16

a) *Aufsätze zu Gruppen von Versen*

Zu 1Kor 11,3–15

Martin, Troy W., Paul's Argument from Nature for the Veil in 1 Corinthians 11:3–15. A Testicle instead of a Head Covering, Journal of Biblical Literature 123 (2004), 75–84.

Zu 1Kor 11,4–15

van Leeuwen, F. G. C., De boodschap van de hoofdbedekking. De waarde van man en vrouw als teken in 1 Kor. 11,4–15, Communio. Internationaal Katholiek Tijdschrift 18 (1993), 127–136.

Zu 1Kor 11,5–6

Koch, Hugo, Zu I Cor 5 9f., 11 5ff. und Felix Culpa, Zeitschrift für die Neutestamentliche Wissenschaft und die Kunde der älteren Kirche 21 (1922), 137–140.

Baum, Armin D., Jeder Text ist Kind seiner Zeit. Wie die damalige Kultur Bibeltexte beeinflussen konnte (1 Kor 11,5–6), Faszination Bibel 4 (2012), 26–29.

—, Paul's Conflicting Statements on Female Public Speaking (1 Cor. 11:5) and Silence (1 Cor. 14:34–35). A New Suggestion, Tyndale Bulletin 65 (2014), 247–274.

Zu 1Kor 11,7–9

Perrot, Charles, Une étrange lecture de l'écriture. 1 Co 11,7–9, in: Département des études bibliques de l'institute catholique de Paris (Hg.), La vie de la Parole. De l'Ancien au Nouveau Testament. Festschrift Pierre Grelot, Paris 1987, 259–267.

Zu 1Kor 11,7–12

D'Angelo, Mary Rose, The Garden: Once And Not Again. Traditional Interpretation of Genesis 1:26–17 in I Corinthians 11:7–12, in: Robbins, Gregory A. (Hg.), Genesis 1–3 in the History of Exegesis. Intrigue in the Garden (Studies in women and religion 27), Lewiston, Ny. 1988, 1–41.

Zu 1Kor 11,8–9

Merkle, Benjamin L., Paul's Arguments from Creation in 1 Corinthians 11:8–9 and 1 Timothy 2:13–14. An Apparent Inconsistency Answered, Journal of the Evangelical Theological Society 49 (2006), 527–548.

Zu 1Kor 11,11–12

Boucher, Madeleine, Some Unexplored Parallels to 1 Cor 11, 11–12 on Gal 3, 28. The NT on the Role of Women, The Catholic Biblical Quarterly 31 (1969), 50–58.

Kürzinger, Josef, Frau and Mann nach 1 Kor 11,11f., Biblische Zeitschrift 22 (1978), 270–75.

Webb, William J., Balancing Paul's Original-Creation and Pro-Creation Arguments. 1 Corinthians 11:11–12 in Light of Modern Embryology, Westminster Theological Journal 66 (2004), 275–289.

b) Aufsätze zu einzelnen Versen

Zu 1Kor 11,3

Fitzmyer, Joseph A., Another Look at KEPHALÊ in 1 Corinthians 11:3, New Testament Studies 35 (1989), 503–511.

Fitzmyer, Joseph A., Kephalē in I Corinthians 11:3, Interpretation 47 (1993), 52–59.

Perriman, Andrew, The Head of a Woman. The Meaning of κεφαλή in I Cor. 11: 3, The Journal of Theological Studies 45 (1994), 602–622.

Zu 1Kor 11,4

Oster, Richard, When Men Wore Veils to Worship. The Historical Context of 1 Corinthians 11.4, New Testament Studies 34 (1988), 481–505.

Zu 1Kor 11,7

Williams, David T., „He is the Image and Glory of God, But Woman ...“ (1 Cor 11:7). „Unveiling“ the Understanding of the *Imago Dei*, Scriptura 108 (2011), 314–325.

Zu 1Kor 11,10

Herklotz, Franz, Zu 1 Kor 11, 10, Biblische Zeitschrift 10 (1905), 154.

Kellett, Ernest Edward, A Note on „Power on the Head“, The Expository Times 23 (1911), 39.

Rose, P., „Power on the Head“, The Expository Times 23 (1912), 183.

Brun, Lyder, „Um der Engel willen“ 1 Kor 11,10, Zeitschrift für die Neutestamentliche Wissenschaft und die Kunde der älteren Kirche 14 (1913), 298–308.

Perdelwitz, Richard, Die ἐξουσία auf dem Haupt der Frau. 1 Kor. 11,10, Theologische Studien und Kritiken 86 (1913), 611–613.

Jirku, Anton, Die „Macht“ auf dem Haupte (1. Kor. 11, 10), Neue Kirchliche Zeitschrift 32 (1921), 710–711.

Morris, W.D., 1 Corinthians xi. 10, The Expository Times 39 (1927), 139.

Wilson, James P., 1 Corinthians xi. 10, The Expository Times 39 (1928), 283–284.

Bornhäuser, D., „Um der Engel willen“. 1 Kor. 11, 10, Neue Kirchliche Zeitschrift 41 (1930), 475–488.

Foerster, W., Zu 1 Cor 11 10, Zeitschrift für die Neutestamentliche Wissenschaft und die Kunde der älteren Kirche 30 (1931), 185–186.

Rösch, Konstantin, „Um der Engel willen“ (1 Kor. 11, 10), Theologie und Glaube 24 (1932), 363–365.

Spicq, Ceslas, Encore la „puissance sur la tête“ (I Cor. XI, 10), Revue Biblique 68 (1939), 557–562.

Fitzmyer, Joseph A., A Feature of Qumrân Angelology and the Angels of I Cor. XI. 10, New Testament Studies 4 (1957), 48–58. Wieder abgedruckt, mit Nachträgen, in: ders., The Semitic Background of the New Testament, Grand Rapids 1997, 187–204.

Hooker, Morna D., Authority on Her Head. An Examination of I Cor. xi. 10, New Testament Studies 10 (1963), 410–416.

Feuillet, André, Le signe de puissance sur la tête de la femme. 1 Co 11, 10, Nouvelle Revue Theologique 55 (1973), 945–954.

Schwarz, Günther, ἐξουσίαν ἔχειν ἐπὶ τῆς κεφαλῆς? (1. Korinther 11,10), Zeitschrift für die Neutestamentliche Wissenschaft und die Kunde der älteren Kirche 70 (1979), 249.

Derrett, J. Duncan M., Miscellanea. A Pauline Pun and Judas' Punishment, Zeitschrift für die Neutestamentliche Wissenschaft und die Kunde der älteren Kirche 72 (1981), 131–133.

Winandy O.S.B., Jacques, Un curieux casus pendens. 1 Corinthiens 11.10 et son interprétation, New Testament Studies 38 (1992), 621–629.

Rigato, Maria-Luisa, A Quali Angeli Allude Paolo Nella Prima Lettera Ai Corinzi (11,10)?, Rivista Biblica 41 (1993), 305–312.

McGinn, Sheila E., ἐξουσίαν ἔχειν ἐπὶ τῆς κεφαλῆς. 1 Cor 11:10 and the Ecclesial Authority of Women, Listening, Journal of Religion and Culture 31 (1996), 91–104.

Price, Robert M., Amorous Archons in Eden and Corinth, Journal of Unification Studies 2 (1998), 19–35.

Soeting, Adriaan G., Een vrouw met een macht op haar hoofd?, Interpretatie. Tijdschrift voor bijbelse theologie 7 (1999), 17–18.

Vander Stichele, Caroline, Een kwestie van gezag. Het optreden van vrouwen in de gemeente van Korinte, Interpretatie. Tijdschrift voor bijbelse theologie 7 (1999), 19–20.

Stuckenbruck, Loren Theo, Why Should Women Cover Their Heads Because of the Angels? (1 Corinthians 11:10), Stone-Campbell Journal (2001), 205–234.

Standhartinger, Angela, „Die Frau muss Vollmacht haben auf ihrem Haupt" (1 Korinther 11,10). Zur Geschichte und Gegenwart feministischer Paulusauslegungen, in: Dingel, Irene (Hg.), Feministische Theologie und Gender-Forschung. Bilanz – Perspektiven – Akzente, Leipzig 2003, 43–66.[8]

Taylor, Joan E., „The Woman Ought to Have Control over her Head because of the Angels" (1 Corinthians 11.10), in: Campbell, Douglas A. (Hg.), Gospel and Gender. A Trinitarian Engagement with Being Male and Female in Christ (Studies in Theology and Sexuality, 7), London/New York 2003, 37–57.

Adamtziloglou, Evanthia, Die Verantwortung der Frau für die Ausübung der Macht Christi durch den Mann (1 Kor 11,10). Eine Interpretation im Kontext orthodoxer Frauentraditionen, Journal of the European Society of Women in Theological Research 13 (2005), 141–151.

[8] http://www.lectio.unibe.ch/02_2/standhartinger.pdf (abgerufen am 21.11.2014).

Keener, Craig, „Let the Wife Have Authority over her Husband“ (1 Corinthians 11.10), Journal of Greco-Roman Christianity and Judaism 2 (2001–2005), 146–152.
Romerowski, Sylvain, L'*exousia* sur la tête en 1 Corinthiens 11.10, Théologie Evangélique 5 (2006), 147–166.
Perry, Victor, I Corinthians 11:10, Notes and Queries 58 (2011), 289.

Zu 1Kor 11,12

Schelkle, Karl Hermann, 1 Cor 11:12. „Woman from man, man from woman“, Theology Digest 32 (1985), 145–147.

Zu 1Kor 11,15

Padgett, Alan G., The Significance of *anti* in 1 Corinthians 11:15, Tyndale Bulletin 45 (1994), 181–187.
Goodacre, Mark, Does περιβόλαιον Mean „Testicle“ in 1 Corinthians 11:15?, Journal of Biblical Literature 130.2 (2011), 391–396.
Massey, Preston T., Long Hair as a Glory *and* as a Covering. Removing an Ambiguity from 1 Cor 11:15, Novum Testamentum 53 (2011), 52–72.
Martin, Troy W., Περιβόλαιον as „Testicle“ in 1 Corinthians 11:15. A Response to Mark Goodacre, Journal of Biblical Literature 132 (2013), 453–465.

Zu 1Kor 11,16

Engberg-Pedersen, Troels, 1 Corinthians 11:16 and the Character of Pauline Exhortation, Journal of Biblical Literature 110 (1991), 679–689.

2.2.3 Aufsätze zu einzelnen Wörtern und Themen aus 1Kor 11,2–16

a) κεφαλή („Haupt“, V. 3–7, 10, 13)[9]

Bedale, Stephen, The Meaning of κεφαλή in the Pauline Epistles, The Journal of Theological Studies 5 (1954), 211–215.

[9] Vgl. hierzu auch oben unter 2.2.2 b) zu 1Kor 11,3.

Grudem, Wayne, Does Kephalê (Head) Mean „Source“ or „Authority Over“ in Greek Literature? A Survey of 2,336 Examples, Trinity Journal 6 (1985), 38–59.

Bilezikian, Gilbert, A Critical Examination of Wayne Grudem’s Treatment of kephale in Ancient Greek Texts, in: ders., Beyond Sex Roles, Grand Rapids ^{2}1985, 215–252.

Liefeld, Walter L., Women, Submission & Ministry in 1 Corinthians, in: Mickelsen, Alvera (Hg.), Women, Authority & the Bible, Grand Rapids 1986, 134–153.

Kroeger, Catherine C., The Classical Concept of Head as „Source“, in: Hull, Gretchen Gaebelein (Hg.), Equal to Serve, Old Tappan, Nj. 1987, 267–283.

Cervin, Richard S., Does kephalê Mean „Source“ or „Authority Over“ in Greek Literature? A Rebuttal, Trinity Journal ns 10.1 (1989), 85–112.

Grudem, Wayne, The Meaning of Kephale („Head“). A Response to Recent Studies, in: Piper, John/Grudem, Wayne (Hg.), Recovering Biblical Manhood and Womanhood, Wheaton, IL 1991, 425–468.

—, The Meaning of kephale („Head“). An Evaluation of New Evidence, Real and Alleged, Journal of the Evangelical Theological Society 44 (2001), 25–65.

Johnson, Alan F., A Meta-Study of the Debate over the Meaning of „Head“ (Kephalē) in Paul’s Writings, Priscilla Papers 20 (2006), 21–29.

—, A Review of the Scholarly Debate on the Meaning of „Head“ (kephale) in Paul’s Writings, Ashland Theological Journal 41 (2009), 35–57.

Wolters, Al, Head as metaphor in Paul, Koers 76 (2011), 137–153.

b) προφητεύειν („prophezeien“, V. 4–5)

Heine, Susanne, Frauen der frühen Christenheit. Zur historischen Kritik einer feministischen Theologie, Göttingen, ^{3}1990, 106–110.
Englische Übersetzung: Women and Early Christianity. A Reappraisal, Minneapolis, MN 1988, 95–99.
Niederländische Übersetzung: Vrouwen der vroege Christenheid, Nijkerk 1991, 105–109.
Koreanische Übersetzung: Seoul 1998.

—, Frauenbilder – Menschenrechte. Theologische Beiträge zur feministischen Anthropologie, Hannover 2000, 71–83.

Dautzenberg, Gerhard, Prophetie bei Paulus, Jahrbuch Biblische Theologie 14, Neukirchen–Vluyn 1999, 55–70.

c) *κόμη („Haar", V. 5–7, 14–15)*

Derrett, J. Duncan M., Religious Hair, Man. The Journal of the Royal Anthropological Institute 8 (1973), 100–103.

d) *δόξα („Herrlichkeit", V. 7)*

Feuillet, André, L'homme „gloire de Dieu" et la femme „gloire de l'homme" (I Cor., xi,7b), Revue Biblique 81 (1974), 161–182.

2.3 Abschnitte zu 1. Kor 11,2–16 in wissenschaftlichen Monographien, Aufsätzen und anderen Publikationen im 20. und 21. Jahrhundert (thematisch geordnet)

2.3.1 Exegetisch-Methodisches zu 1Kor 11,2–16

Scroggs, Robin, Paul and the Eschatological Woman: Revisited, Journal of the American Academy of Religion 42 (1974), 532–537, hier 533–536.

Pagels, Elaine H., Paul and Women. A Response to Recent Discussion, Journal of the American Academy of Religion 42 (1974), 538–549, hier 543–546.

Barton, Stephen C., Historical and Social-Scientific Criticism Applied: The Case of 1 Corinthians 11:2–34, in: Green, Joel B. (Hg.), Hearing the New Testament. Strategies for Interpretation, Grand Rapids [2]2010, 50–55.

Turner, Max, Ascertaining the Sense of *kephale* („Head") in 1 Cor 11:3, in: Green, Joel B. (Hg.), Hearing the New Testament. Strategies for Interpretation, Grand Rapids [2]2010, 209–215.

Agosto, Efrain, Reading 1 Corinthians 11 through Latino Eyes, in: Green, Joel B. (Hg.), Hearing the New Testament. Strategies for Interpretation, Grand Rapids [2]2010, 366–368.

2.3.2 Exegetisch-historisch: Zur Auslegung von 1Kor 11,2–16

Delling, Gerhard, Die Schleierfrage, in: ders., Paulus' Stellung zu Frau und Ehe (Beiträge zur Wissenschaft vom Alten und Neuen Testament 56), Stuttgart 1931, 96–105.

—, Die religiöse Minderwertigkeit der Frau, in: a.a.O., 105–109.

Kähler, Else, Die Aussagen über die Frau in 1. Kor 11, in: dies., Die Frau in den paulinischen Briefen. Unter besonderer Berücksichtigung des Begriffs der Unterordnung, Zürich/Frankfurt am Main 1960, 43–70, 219–232.

van Unnik, Willem Cornelis, De Semitische achtergrond van *parresia* in het Nieuwe Testament (Mededelingen van de Koninklijke Nederlandse Academie van Wetenschappen, Afdeling Letterkunde Nieuwe Reeks 25, no. 11), Amsterdam 1962, 585–601, hier 598.

Fitzer, Gottfried, „Das Weib schweige in der Gemeinde". Über den unpaulinischen Charakter der mulier-taceat-Verse in 1. Korinther 14 (Theologische Existenz heute, N.F. 110), München 1963, 5 Anm. 2, 9–16, 33, 36–37, 40.
Wieder abgedruckt in: Niederwimmer, Kurt/Pratscher, Wilhelm (Hg.), Das Prinzip der Gemeinschaft. Theologisches Denken von Gottfried Fitzer (Wiener Beiträge für Theologie und Gemeinde III), Wien 1994, 51–88.

Scroggs, Robin, Paul and the Eschatological Woman, Journal of the American Academy of Religion 40 (1972), 283–303, hier 297–302.

Leslie, William Houghton, 11:2–16. Praying and Prophesying with Covered Heads, in: ders., The Concept of Woman in the Pauline Corpus in Light of the Social and Religious Environment of the First Century, Ann Arbor 1976, 88–124.

Horowitz, Maryanne Cline, The Image of God in Man. Is Woman Included?, The Harvard Theological Review 72 (1979), 175–206, hier 177–179, 199, 201, 203, 205.

Meuzelaar, Jacobus Johannes, Der Leib des Messias. Eine exegetische Studie über den Gedanken vom Leib Christi in den Paulusbriefen, Kampen ^{2}1979, 25–26, 32, 34–35, 85, 102, 106, 109, 117–125.

Sigountos, James G., Shank, Myron, Public Roles for Women in the Pauline Church. A Reappraisal of the Evidence, Journal of the Evangelical Theological Society 26 (1983), 283–295.

Heister, Maria-Sybilla, Die Frau in den Texten des Paulus, in: dies., Frauen in der biblischen Glaubensgeschichte, Göttingen ^{2}1986, 167–171, 219–220.

Murphy-O'Connor, Jerome, Interpolations in 1 Corinthians, The Catholic Biblical Quarterly 48 (1986), 81–94, hier 87–90.
Wieder abgedruckt, mit Nachtrag, in: ders., Keys To First Corinthians. Revisiting the Major Issues, Oxford/New York 2009, 257–287.

Byrne, Brendan, Woman's Attire in the Christian Assembly. 1 Corinthians 11:2–16, in: ders., Paul and the Christian Woman, Collegeville 1988, 31–58.

Tomson, Peter J., Worship and Liturgy (1Cor 11–14), in: ders., Paul and the Jewish Law. Halakha in the Letters of the Apostle to the Gentiles (Compendia rerum Iudaicarum ad Novum Testamentum, Section 3, Jewish traditions in early Christian literature 1), Assen/ Minneapolis 1990, 131–139.

Baumert, Norbert, Muss die Frau einen Schleier tragen? 1 Kor 11,3–16, in: ders., Antifeminismus bei Paulus? Einzelstudien (Forschungen zur Bibel 68), Würzburg 1992, 53–108.

—, Schleier als Zeichen der Unterordnung? 1 Kor 11,3–16, in: ders., Frau und Mann bei Paulus. Überwindung eines Mißverständnisses, Würzburg 1992, 166–181.

Hofius, Otfried, Gemeinschaft mit den Engeln im Gottesdienst der Kirche, Zeitschrift für Theologie und Kirche 89 (1992), 172–196, hier 187.

Black, Mark C., 1 Cor. 11:2–16. A Reinvestigation, in: Osburn, Carroll D. (Hg.), Essays on Women in Earliest Christianity I, Joplin, MO 1993 (Neudruck: Eugene, OR 2007), 190–218.

Hasler, Victor, Die Würde der Frau im Gottesdienst, in: ders., Die befreite Frau bei Paulus. Perspektiven und Bilanz (Theologische Studien 139), Zürich 1993, 24–34.

Fatum, Lone, Image of God and Glory of Man. Women in the Pauline Congregations, in: Børresen, Kari Elisabeth (Hg.), The Image of God. Gender Models in Judaeo–Christian Tradition, Minneapolis 1995, 50–133, hier 65–81, 94–125.

Osburn, Carroll D., 1 Cor. 11:2–16 – Public or Private?, in: dies. (Hg.), Essays on Womenin Earliest Christianity II, Joplin, MO 1995 (Neudruck: Eugene, OR 2007), 307–317.

Wischmeyer, Oda, *Physis* und *ktisis* bei Paulus, Zeitschrift für Theologie und Kirche 93 (1996), 352–375, hier 361–362.
Wieder abgedruckt in: dies., Von Ben Sira zu Paulus (Wissenschaftliche Untersuchungen zum Neuen Testament 173), Tübingen 2004, 207–228.

Corrington Streete, Gail, Spirituality and Sexuality in the Body of Christ, in: dies., The Strange Woman. Power and Sex in the Bible, Louisville 1997, 120–139, 189–191.

Lüdemann, Gerd, 1Kor 11,2–16, in: ders., Paulus, der Gründer des Christentums, Lüneburg 2001, 139–140.

Meeks, Wayne A., The Image of the Androgyne. Some Uses of a Symbol in Earliest Christianity, in: ders., In Search of the Early Christians. Selected Essays, New Haven/London 2002, 3–54, hier 19–25, 50–53 Anm. 142–163).

Odell-Scott, David W., An A/Theocratic Conclusion, in: ders., Paul's Critique of Theocracy. A/Theocracy in Corinthians and Galatians (Journal for the Study of the New Testament Supplement Series 25), London/New York 2003, 168–173.

Økland, Jorunn, Cosmic Gender Hierarchy, in: dies., Women In Their Place. Paul and the Corinthian Discourse of Gender and Sanctuary Space (Journal for the Study of the New Testament Supplement Series 269), London/New York 2004, 170–188.

—, Manifestations of the Cosmic Structure in *Ekklesia* Space, in: a.a.O., 188–201.

—, Paul in the Early Roman Corinthian Discourse of Gender and Sanctuary Space. Obedient and Subversive, in: a.a.O., 224–246.

Sullivan, Kevin P., Wrestling with Angels. A Study of the Relationship between Angels and Humans in Ancient Jewish Literature and the New Testament (Arbeiten zur Geschichte des antiken Judentums und des Urchistentums 55), Leiden/Boston 2004, 167–171.

Beattie, Gillian, Women in 1 Corinthians, in: dies., Women and Marriage in Paul and his Early Interpreters (Library of New Testament studies 296), London/New York 2005, 37–54.

Heil, John Paul, 1 Corinthians 11:7–12, in: ders., The rhetorical role of Scripture in 1 Corinthians (Studies in Biblical Literature, Society of Biblical Literature, 15), Atlanta 2005, 173–190.

Ostmeyer, Karl-Heinrich, Kommunikation mit Gott und Christus. Sprache und Theologie des Gebetes im Neuen Testament (Wissenschaftliche Untersuchungen zum Neuen Testament 197), Tübingen 2006, 41, 43, 61–62, 75, 78, 100, 111, 113.

Berger, Klaus, Kirchliche Ämter für Frauen?, in: ders., Die Urchristen. Gründerjahre einer Weltreligion, München 2008, 238–244.

Gielen, Marlis, Von Herrlichkeit zu Herrlichkeit. *Doxa* bei Paulus zwischen den Polen protologischer und eschatologischer Gottebenbildlichkeit am Beispiel der Korintherkorrespondenz, in: Kampling, Rainer (Hg.), Herrlichkeit. Zur Deutung einer theologischen Kategorie, Paderborn 2008, 79–122, hier 90–94.

Judge, Edwin A., The Appeal to Convention in St. Paul, in: ders., The First Christians in the Roman World. Augustan and New Testament Essays, hg. von Harrison, James R. (Wissenschaftliche Untersuchungen zum Neuen Testament II/229), Tübingen 2008, 684–692, hier 684–686.

Dunn, James D.G., The Tension between Household and Church (1 Cor. 11.2–16), in: ders., Beginning from Jerusalem (Christianity in the Making 2), Grand Rapids 2009, 810–814.

Payne, Philip B., Kap. 6–13, in: ders., Man and Woman, One in Christ. An Exegetical and Theological Study of Paul's Letters, Grand Rapids 2009, 109–215.

Williams, Guy, The Presence and Problem of the Angels (1Corinthians 11.10), in: ders., The Spirit World in the Letters of Paul the Apostle. A Critical Examination of the Role of Spiritual

Beings in the Authentic Pauline Epistles (Forschungen zur Religion und Literatur des Alten und Neuen Testaments 231), Göttingen 2009, 269–279.

Marguerat, Daniel, Saint Paul contre les femmes? Essor et decline de la femme chrétienne au premier siècle, in: ders., Le Dieu des premiers chrétiens (Essais bibliques 16), Genève [4]2011, 137–162.

Wolter, Michael, Die Gottesdienstgestalt der paulinischen Gemeinden, in: ders., Paulus. Ein Grundriss seiner Theologie, Neukirchen-Vluyn 2011, 262–272, hier 264–266.

Marguerat, Daniel, The Affair of Women's Veil in Corinth (1 Cor 11:2–16), in: ders., Paul in Acts and Paul in his Letters (Wissenschaftliche Untersuchungen zum Neuen Testament 310), Tübingen 2013, 244–253.

Milinovich, Timothy, Order in Worship and the Church, 11:2–14:40, in: ders., Beyond What Is Written. The Performative Structure of 1 Corinthians, Eugene, Or. 2013, 143–185.

2.3.3 Exegetisch-historisch: Zum historischen Kontext von 1Kor 11,2–16

Thompson, Cynthia L., Hairstyles, Head-coverings, and St. Paul. Portraits from Roman Corinth, Biblical Archaeologist 51 (1988), 99–115, hier 99, 112–113.

MacDonald, Margaret Y., Early Christian Women and Pagan Opinion. The Power of the Hysterical Woman, New York, Ny. 1996.

Llewellyn-Jones, Lloyd, Aphrodite's Tortoise. The Veiled Woman of Ancient Greece, Swansea 2003 ([2]2010).

Fantham, Elaine, Covering the Head at Rome. Ritual and Gender, in: Edmondson, Jonathan/Keith, Alison (Hg.), Roman Dress and the Fabrics of Roman Culture, Toronto 2008, 158–171, hier 158–159.

Wagner-Hasel, Beate, Penelopes Schleier und das textile Band der Ehe, in: Heininger, Bernhard (Hg.), Ehe als Ernstfall der Geschlechterdifferenz (Geschlecht – Symbol – Religion 7), Münster 2010, 31–49, hier 32–33 Anm. 8

Massey, Preston T., Is there a Case for Elite Roman „New Women" causing Division at Corinth?, Revue Biblique 118 (2011), 76–93.

2.3.4 Exegetischer Vergleich mit anderen biblischen und außerbiblischen Texten (Intertextualität)

a) *Altes Testament*

Podella, Thomas, Zur „Theologie des Kleides“, in: ders., Das Lichtkleid JHWHs. Untersuchungen zur Gestalthaftigkeit Gottes im Alten Testament und seiner altorientalischen Umwelt (Forschungen zum Alten Testament 15), Tübingen 1996, 72–82, hier 78 („Die paulinische Kleiderordnung“).

Schroer, Silvia/Staubli, Thomas, Das Haar. Vitalität und Erotik, in: dies., Die Körpersymbolik der Bibel, Darmstadt 1998, 107–114.

Huddlestun, John R., Unveiling the Versions. The Tactics of Tamar in Genesis 38:15, Journal of Hebrew Scriptures 3 (2001), 1–25, hier 13, 23 Anm. 50.

b) *Frühjudentum: Qumran*

Sterling, Gregory E., „Wisdom Among the Perfect“. Creation Traditions in Alexandrian Judaism and Corinthian Christianity, Novum Testamentum 37 (1995), 355–384, hier 377–382.

Brooke, George J., Between Qumran and Corinth. Embroidered Allusions to Women's Authority, in: Davila, James R. (Hg.), The Dead Sea Scrolls as Background to Postbiblical Judaism and Early Christianity. Papers from an International Conference at St. Andrews in 2001 (Studies on the Texts of the Desert of Judah XLVI), Leiden/Boston/New York 2003, 157–176, hier 168–176.

Wold, Benjamin G., Family Ethics in *4Q Instruction* and the New Testament, Novum Testamentum 50 (2008), 286–300, hier 297–298.

Worthington, Jonathan D., Paul's Reading of Genesis 1:27, in: ders., Creation in Paul and Philo. The Beginning and Before (Wissenschaftliche Untersuchungen zum Neuen Testament II 317), Tübingen 2011, 151–157; ders., Paul's Reading of Genesis 2:7, in: a.a.O., 172–175, 176–185.

c) *Neues Testament*

Merz, Annette, Why did the Pure Bride of Christ (2 Cor. 11.2) Become a Wedded Wife (Eph. 5.22–33)? Theses about the Intertextual Transformation of an Ecclesiological Metaphor, Journal for the Study of the New Testament 79 (2000), 131–147, hier 136–137, 140.

Osiek, Carolyn, The Bride of Christ (Ephesians 5:22–33). A Problematic Wedding, Biblical Theology Bulletin 32 (2002), 29–39, hier 30, 35.

Pratscher, Wilhelm, Gottfried Fitzer als Exeget und Theologe. Sein Beitrag zur Interpretation von 1. Kor 14,34f., Amt und Gemeinde. Theologisches Fachblatt 54 (2003), 86–94, hier 86–92.

Brower, Kent E., Jesus and the Lustful Eye. Glancing at Matthew 5:28, Evangelical Quarterly 76 (2004), 291–309, hier 303–305, 308–309.

Wischmeyer, Oda, Machtverständnis und Geschlechterdifferenz im Urchristentum am Beispiel des Epheserbriefes, in: Becker, Eve-Marie/Wischmeyer, Oda (Hg.), Von Ben Sira zu Paulus. Gesammelte Aufsätze zu Texten, Theologie und Hermeneutik des Frühjudentums und des Neuen Testaments (Wissenschaftliche Untersuchungen zum Neuen Testament 173), Tübingen 2004, 352–360, hier 357–358.
Auch erschienen in: Heininger, Bernhard/Böhm, Stephanie/Sals, Ulrike (Hg.), Machtbeziehungen, Geschlechterdifferenz und Religion (Geschlecht – Symbol – Religion 2), Münster 2004, 87–95.

Capper, Brian J., To Keep Silent, Ask Husbands at Home, and Not to Have Authority over Men (I Corinthians 14:33–36 and I Timothy 2:11–12). The Transition from Gathering in Private to Meeting in Public Space in Second Generation Christianity and the Exclusion of Women from Leadership of the Public Assembly. Part I, Theologische Zeitschrift 61 (2005), 113–131, hier 113 Anm. 1,

—, To Keep Silent, Ask Husbands at Home, and Not to Have Authority over Men (I Corinthians 14:33–36 and I Timothy 2:11–12). The Transition from Gathering in Private to Meeting in Public Space in Second Generation Christianity and the Exclusion of Women from Leadership of the Public Assembly. Part II, Theologische Zeitschrift 61 (2005), 301–319, hier 301, 305, 307, 310.

Cosgrove, Charles H., A Woman's Unbound Hair in the Greco–Roman World, with Special Reference to the Story of the „Sinful Woman“ in Luke 7:36–50, The Journal of Biblical Literature 124 (2005), 675–692, hier 678.

Roose, Hanna, Die Hierarchisierung der Leib-Metapher im Kolosser- und Epheserbrief als „Paulinisierung“. Ein Beitrag zur Rezeption paulinischer Tradition in pseudo-paulinischen Briefen, Novum Testamentum 47 (2005), 117–141, hier 119–121, 127, 132.

Verheyden, Joseph/Zamfir, Korinna, Text-Critical and Intertextual Remarks on 1 Tim 2:8–10, Novum Testamentum 50 (2008), 376–406, hier 389–405.

Batten, Alicia J., Neither Gold nor Braided Hair (1 Timothy 2.9; 1 Peter 3.3). Adornment, Gender and Honour in Antiquity, New Testament Studies 55 (2009), 484–501, hier 499.

Yarbro Collins, Adela, The Female Body as Social Space in 1 Timothy, New Testament Studies 57 (2011) 155–175, hier 156–157, 171–172 Anm. 97.

Klinker-de Klerck, Myriam, 1 Korintiërs 11,2–16, in: dies., Herderlijke regel of inburgeringscursus? Een bijdrage aan het onderzoek naar de ethische richtlijnen in 1 Timoteüs en Titus, Zoetermeer 2013, 197–212.

Zamfir, Korinna, The argument from creation in 1 Cor 11, in: dies., Men and Women in the Household of God. A Contextual Approach to Roles and Ministries in the Pastoral Epistles (Novum Testamentum et Orbis Antiquus 103), Göttingen 2013, 238–239,

—, Women in the Pauline communities, in: a.a.O., 339–346.

d) Historische Rekonstruktion des Hintergrundes von 1Kor 11,2–16

Wire, Antoinette Clark, Women in the Image and Glory of God. 1 Corinthians 11:2–16, in: dies., The Corinthians Women Prophets. A Reconstruction Through Paul's Rhetoric, Minneapolis 1990, 116–134, 220–223, 279–281.

Merklein, Helmut, Im Spannungsfeld von Protologie und Eschatologie. Zur kurzen Geschichte der aktiven Beteiligung von Frauen in paulinischen Gemeinden, in: Evang, Martin/Merklein, Helmut/Wolter, Michael (Hg.), Eschatologie und Schöpfung. Festschrift für Erich Gräßer zum siebzigsten Geburtstag (Beihefte zur Zeitschrift für die neutestamentliche Wissenschaft und die Kunde der älteren Kirche 89), Berlin/New York 1997, 231–259, hier 236–245.

Rakotoharintsifa, Andrianjatovo, Hommes et femmes dans l'assemblée. Le baptême à l'épreuve de la réalité, in: ders., Conflits à Corinthe. Église et Société selon I Corinthiens. Analyse socio-historique (Le Monde de la Bible 36), Genf 1997, 199–248.

Goulder, Michael D., Women and Ascesis, in: ders., Paul and the Competing Mission in Corinth (Library of Pauline Studies), Peabody 2001, 125–140.

—, Sex and God, in: a.a.O., 141–151.

Winter, Bruce W., Veiled Men and Wives and Christian Contentiousness (1 Corinthians 11:2–16), in: ders., After Paul left Corinth. The Influence of Secular Ethics and Social Change, Grand Rapids 2001, 121–141.

Winter, Bruce W., The Appearance of Unveiled Wives in 1 Corinthians 11:2–16, in: ders., Roman Wives, Roman Widows. The Appearance of New Women and the Pauline Communities, Grand Rapids 2003, 77–96.

Peppiatt, Lucy, Women and Worship in 1 Corinthians, Eugene, OR 2015.

e) Frühchristliche Rezeption

Upson-Saia, Kristi, Early Christian Dress. Gender, Virtue, and Authority, London/New York 2011, 64, 66, 72, 80, 102, 138.

f) Hermeneutisch

Van Spanje, Teunis Erik, Contextualization. Hermeneutical Remarks, Bulletin of the John Rylands Library of Manchester 80 (1998), 197–217, hier 213–215.

g) Sozialwissenschaftlich

Sozialhistorisch: Sexualität

Neumann, Klaus, Sexualität im Urchristentum. Kulturanthropologische Aspekte, Evangelische Theologie 68 (2008), 444–459, hier 454–455.

Anthropologisch: Erfahrung

Johnson, Luke Timothy, Glossolalia and the Embarrassments of Experience, in: ders., Religious Experience in Earliest Christianity. A Missing Dimension in New Testament Studies, Minneapolis 1998, 129–133.

Anthropologisch: Gender

Downing, F. Gerald, The Nature(s) of Christian Women and Men, Theology 108 (2005), 178–184, hier 181.

Odell-Scott, David W., Patriarchy and Heterosexual Eroticism. The Question in Romans and Corinthians, in: Cristina Grenholm (Hg.), Gender, Tradition and Romans. Shared Ground, Uncertain

Borders (Romans Through History and Cultures 3), New York 2005, 209–226, hier 211–214.
Blomberg, Craig L., Neither Hierarchicalist nor Egalitarian. Gender Roles in Paul, in: Stanley E. Porter (Hg.), Paul and his Theology (Pauline Studies 3), Leiden/Boston/New York 2006, 283–326, hier 295–302, 322.
Mayordomo, Moisés, Konstruktionen von Männlichkeit in der Antike und der paulinischen Korintherkorrespondenz, Evangelische Theologie 68 (2008), 99–115, hier 110–111.
Penner, Todd C./Vander Stichele, Caroline, 1 Corinthians 11.2–16, in: dies., Contextualizing Gender in Early Christian Discourse. Thinking Beyond Thecla, London 2009, 204–209.
DeConick, April, To Veil or Not to Veil, in: dies., Holy Misogyny. Why the Sex and Gender Conflicts in the Early Church Still Matter, New York 2011, 57–63.
Gonzalez, Eliezer, Gender and Shame in Paul's Churches. Intersections Between Theology and Culture, Journal of the Adventist Theological Society 22 (2011), 50–65, hier 52–54, 58–59.

Anthropologisch: Körpersprache

Hofstede, Rokus, „Of en leert u ook de natuur zelve niet …" Over haardracht en sociale wetenschap, Etnofoor 1 (1988), 10–37.
Neyrey, Jerome, Perceiving the Human Body. Body Language in 1 Corinthians, in: ders., Paul in Other Words. A Cultural Reading of his Letters, Louisville, Kentucky 1990, 103–146, hier 131–135.
Synnott, Anthony, Gender. Dualism and the Opposite Sex, in: ders., The Body Social. Symbolism, Self and Society, London 1993, 38–72, hier 44–45.
—, Beauty and the Face. Truth and goodness, mirrors and masks, in: a.a.O., 73–102, hier 82.
—, Hair. Shame and Glory, in: a.a.O., 103–127, hier 103.
D'Angelo, Mary Rose, Veils, Virgins, and the Tongues of Men and Angels. Women's Heads in Early Christianity, in: Eilberg–Schwartz, Howard/Doniger, Wendy (Hg.), Off with Her Head! The Denial of Women's Identity in Myth, Religion, and Culture, Berkeley/Los Angeles/London 1995, 131–164, hier 131–142.
Martin, Dale B., Prophylactic Veils, in: ders., The Corinthian Body, New Haven 1995, 229–249, 294–300.
Batten, Alicia, Clothing and Adornment, Biblical Theology Bulletin 40 (2010), 148–159, hier 155.
Bourland Huizenga, Annette, Epitomizing virtue. Clothing the Christian woman's Body, in: Rothschild, Clare K./Thompson, Trevor W. (Hg.), Christian Body, Christian Self. Concepts of Ear-

ly Christian Personhood (Wissenschaftliche Untersuchungen zum Neuen Testament 284), Tübingen 2011, 261–281, hier 266 Anm. 13, 274 Anm. 43, 280.

Strecker, Christian, „It matters!“ Der Körper in der jüngeren neutestamentlichen Forschung, Zeitschrift für neues Testament 14 (27) (2011), 2–14, hier 9, 14 Anm. 52–54.

Klinghardt, Matthias, Androgyne Gleichheit – sexuelle Hierarchie. Die Kultur der Geschlechtskörper im frühen Christentum, Zeitschrift für neues Testament 15 (30) (2012), 3–11, hier 9.

Anthropologisch: Liminalität

Strecker, Christian, 1Kor 11,2–16, in: ders., Die liminale Theologie des Paulus. Zugänge zur paulinischen Theologie aus kulturanthropologischer Perspektive (Forschungen zur Religion und Literatur des Alten und Neuen Testaments 185), Göttingen 1999, 423–449.

Psychologisch

Theißen, Gerd, Exkurs zu 1.Kor 11,3–16. Die Hülle auf dem Kopf der Frau, in: ders., Psychologische Aspekte paulinischer Theologie (Forschungen zur Religion und Literatur des Alten und Neuen Testaments 131), Göttingen 1983, 161–180.

Marchal, Joseph A., The Corinthian Women Prophets and Trans Activism. Rethinking Canonical Gender Claims, in: Hornsby, Teresa J./Stone, Ken (Hg.), Bible Trouble. Queer Reading at the Boundaries of Biblical Scholarship (Semeia Studies 67), Atlanta 2011, 223–246.

Religionsgeschichtlich

Brinkschröder, Michael, Eine Naturfrisur für unmännliche Korinther (1 Kor 11,2–16), in: ders., Sodom als Symptom. Gleichgeschlechtliche Sexualität im christlichen Imaginären – eine religionsgeschichtliche Anamnese (Religionsgeschichtliche Versuche und Vorarbeiten 55), Berlin/New York 2006, 486–495.

Bromberger, Christian, Hair. From the West to the Middle East through the Mediterranean, Journal of American Folklore 121 (2007), 379–399, hier 387–388.

Kahf, Mohja, „From Her Royal Body the Robe Was Removed“. The Blessings of the Veil and the Trauma of Forced Unveilings in the Middle East, in: Heath, Jennifer (Hg.), The Veil. Women Writers on Its History, Lore, and Politics, Berkely/Los Angeles/London 2008, 27–43, hier 29, 41 Anm. 2.

Lafontaine, Laurene M., Out of the Cloister. Unveiling to Better Serve the Gospel, in: a.a.O., 75–89, hier 78–79, 87 Anm. 13.

Hawley, Jana M., The Amish Veil. Symbol of Separation and Community, in: a.a.O., 90–98, hier 95.

Heath, Jennifer, „What is subordinated, dominates." Mourning, Magic, Masks, and Male Veiling, in: a.a.O., 99–118, hier 106–107.

h) Theologisch

Theologisch-anthropologisch

Haulotte, Edgar, Le „voile" des femmes dans l'assemblée liturgique. I Cor 11, 2–16, in: ders., Symbolique du vêtement selon la Bible (Théologie 65), Paris 1966, 237–271.

Reinmuth, Eckart, Anthropologie im Neuen Testament, Tübingen/Basel 2006, 264–267.

van Kooten, George H., Paul's Anthropology in Context. The Image of God, Assimilation to God, and Tripartite Man in Ancient Judaism, Ancient Philosophy and Early Christianity (Wissenschaftliche Untersuchungen zum Neuen Testament 232), Tübingen 2008, 71–75, 216–217, 274–275, 376–377.

Cras, Alban, Le voile selon saint Paul, in: ders., La symbolique du vêtement dans la Bible. Pour une théologie du vêtement, Paris 2011, 109–117.

Biblisch-theologisch

Feuillet, André, La dignité et le role de la femme d'après quelques textes pauliniens. Comparaison avec l'Ancien Testament, New Testament Studies 21 (1975), 157–191, hier 159–162, 166–168, 170, 174, 176, 190–191.

Carlé, Graeme, Because of the Angels. Unveiling 1 Corinthians 11:2–16, Howick, NZ [2]2002.

Theologisch-ethisch

Sevenster, Jan Nicolaas, Bijbel en bewapening, Den Haag 1980, 27–29, 32–33, 42–43 Anm. 27 und 39–42.[10]

Holtz, Traugott, Zur Frage der inhaltlichen Weisungen bei Paulus, Theologische Literaturzeitung 106 (1981), 385–400, hier 388–389, 392, 397–398 Anm. 12–13 und 35–38.
Englische Übersetzung in: Rosner, Brian S. (Hg.), Understanding Paul's Ethics. Twentieth-Century Approaches, Grand Rapids/ Carlisle 1995, 51–71.

Bockmuehl, Markus, 1 Corinthians 11.14, in: ders., Jewish Law in Gentile Churches. Halakhah and the Beginning of Christian Public Ethics, Edinburgh 2000, 132–134.

Watson, Francis, Velamen. I Corinthians 11, in: ders., Agape, Eros, Gender. Towards a Pauline sexual ethic, Cambridge 2000, 1–89.

Fenske, Wolfgang, 1Kor 11,2–16. Viele Argumente prägen das Geforderte besser ein als ein kurzer Befehl; die Argumentation spiegelt die in der Gemeinde erwartete Auseinandersetzung wider, in: ders., Die Argumentation des Paulus in ethischen Herausforderungen, Göttingen 2004, 152–169, 301–316.

Konradt, Matthias, Die gottesdienstliche Feier und das Gemeinschaftsethos der Christen bei Paulus, in: Ebner, Martin/ Fischer, Irmtraud, u.a. (Hg.), Das Fest. Jenseits des Alltags (Jahrbuch für Biblische Theologie 18), Neukirchen-Vluyn 2004, 203–229, hier 207, 225–227.

Blischke, Folker, Kopfbedeckungen im Gottesdienst (11,2–16), in: ders., Die Begründung und die Durchsetzung der Ethik bei Paulus (Arbeiten zur Bibel und ihrer Geschichte 25), Leipzig 2007, 213–216.

Zimmermann, Ruben, Ehe, Sexualität und Heiligkeit. Aspekte einer Ehe-Ethik im Neuen Testament, in: Heininger, Bernhard (Hg.), Ehe als Ernstfall der Geschlechterdifferenz (Geschlecht – Symbol – Religion 7), Münster 2010, 87–113, hier 98–99, 101–102.

Reinmuth, Eckart, Kontroverse: Kann das Neue Testament Grundlage einer zeitgemäßen Sexualethik sein?, Zeitschrift für Neues Testament 30 (2012), 52–56, hier 53.

[10] Der Autor führt hier eine Auseinandersetzung mit Jakob van Bruggen (siehe 1.4).

Dogmatisch

Fiddes, Paul, „Woman's Head is Man". A Doctrinal Reflection Upon A Pauline Text, Baptist Quarterly 31 (1986), 370–383.

Schreiner, Thomas, Head Coverings, Prophecies, and the Trinity. 1 Corinthians 11:2–16, in: Piper, John/Grudem, Wayne (Hg.), Recovering Biblical Manhood & Womanhood. A Response to Evangelical Feminism, Wheaton, Il. 1991, 124–139.

Hennecke, Susanne, Schöpfungsraum, in: dies., Der vergessene Schleier. Versuch eines theologischen Gesprächs zwischen Luce Irigaray und Karl Barth, Amsterdam 2000, 111–184, hier 158–161, 178.

Ouweneel, Willem J., De Kerk van God I (Evangelisch-Dogmatische Reeks), Heerenveen 2010, Kap. 12.

Stellenregister

1 Altes Testament

2 Frühjüdische Literatur

3 Qumran

4 Neues Testament

5 Frühchristliche und altkirchliche Literatur

6 Antike Autoren

Autorenregister

In diesem Register sind nur diejenigen Autoren aufgenommen, die in den Beiträgen ausführlicher besprochen werden. Erwähnungen in Fußnoten werden nicht eigens nachgewiesen; es wird nur die Seite angegeben.